SERVIAM

SERVIAM

La Pensée politique d'Adrien Arcand

Anthologie
élaborée par Paul Beaumont

Préface de l'abbé Olivier Rioult
Essai de Joseph Mérel
Biographie par Rémi Tremblay

2e édition

Reconquista Press

Que les chefs des nations Vous glorifient par des honneurs publics ; que les maîtres et les juges Vous confessent, que les lois et les arts portent Votre marque.

Que les étendards des rois Vous soient consacrés et resplendissent de Vous être soumis ; que Votre douce autorité régente la patrie et les foyers.

Hymne des premières vêpres de la Fête du Christ-Roi

PRÉFACE

Des hommes qui ont su allier en eux, et à un degré éminent, l'amour de la vérité, le sens de l'honneur et du service, la possession à la fois de la théologie, de la philosophie, des langues et des lettres, la force et la fidélité dans un combat politique et doctrinal, avec la sûreté du jugement et la profondeur des réflexions, qualités qui faisaient d'eux un don de Dieu pour leur temps, de tels hommes peuvent, à chaque siècle, se compter sur les doigts d'une main.

L'Espagne a eu Donoso Cortés. La France a eu Antoine Blanc de Saint-Bonnet et Louis de Bonald. Le Québec, lui, a eu M. Adrien Arcand.

Et comme cela arrive souvent, les grands sont incompris des mesquins ; les hommes d'honneur sont salis par des hommes serviles ; les hommes généreux sont persécutés par des hommes vils...

M. Adrien Arcand est aujourd'hui, presque totalement, oublié après avoir été méprisé et persécuté. Reconquista Press et ses collaborateurs ont voulu, et qu'ils en soient remerciés, remédier à cette injustice en faisant un peu revivre M. Adrien Arcand par la parution de *Serviam : La Pensée politique d'Adrien Arcand*. Il était en effet bien juste que l'on sorte de l'ombre cet homme hors du commun.

Né en 1899 à Montréal, M. Adrien Arcand est décédé en 1967. Journaliste brillant, il deviendra un homme politique incontournable et redouté du monde canadien. Fondateur, en 1933, du Parti national social chrétien et d'un journal ayant pour devise « *Le Canada aux Canadiens* », il fut interné, innocent de tout crime, dont trois ans au camp concentrationnaire canadien de Fredericton, avec ses cadres, par vengeance politique, du 30 mai 1940 jusqu'à la fin de la guerre. Sans la moindre inculpation, sans procès, sans condamnation, uniquement parce que l'on prétendait qu'ils présentaient un « *risque pour le Canada* ». M. Arcand contracta en captivité une affection rénale dont il ne se remit jamais complètement. Ni lui ni les autres membres de son parti emprisonnés avec lui ne reçurent jamais le moindre centime de « réparation ».

Si les clercs modernes n'avaient point trahi leur Seigneur et Christ-Roi, ce ne serait pas à un simple et insignifiant prêtre que reviendrait l'honneur d'assurer la préface d'un livre offrant la pensée politique d'un tel homme, mais à un prince de l'Église, tel que l'archevêque du Québec, tant M. Adrien Arcand fut un bon et fidèle serviteur de Dieu et de la Patrie, et par là un insigne bienfaiteur pour ses contemporains.

Il fut un temps où le clergé avait encore assez de courage et de lucidité pour collaborer avec un tel serviteur. Le *Catéchisme national* du mouvement de M. Arcand avait ainsi reçu en son temps l'*imprimatur* du cardinal Rodrigue Villeneuve, archevêque de Québec. Et ce catéchisme, à la question : « *Quels sont les plus mortels ennemis du Christ ?* », répondait tout simplement : « *la franc-maçonnerie, la judéo-maçonnerie et le néo-messianisme juif* ».

Ce qui nous fait toucher du doigt le principal reproche que l'on a fait et que l'on fera encore à notre héros : M. Adrien Arcand est un « antisémite », sous-entendu « un très méchant homme »...

Ceux qui accusent M. Arcand d'antisémitisme devraient, avant de crier avec la meute des loups, prendre le temps de lire le Talmud. Ils constateraient que jamais esprit humain n'a produit de livre plus absurde, raciste et haineux, au point de décréter que « *le meilleur des non-juifs mérite d'être mis à mort* ». Or, cet axiome du Talmud, comme l'écrivait M. Hirschfeld, juif converti, « *forme le fond de la foi et de la conscience juive* ».

Ils devraient ensuite ne jamais oublier l'inversion accusatoire que renferme l'accusation médiatique d'antisémitisme et qui fut bien dénoncée, à 86 ans, par le Dr Hajo Meyer, professeur juif et ancien interné d'Auschwitz durant dix mois pour sabotage :

« *Avant, un antisémite était quelqu'un qui détestait les juifs, mais de nos jours un antisémite est quelqu'un qui est détesté par les juifs.* » Et c'est un fait que certains juifs ont détesté Adrien Arcand de son vivant, comme d'autres le détestent après sa mort. Car son rayonnement lui a survécu, puisque, par exemple, c'est à M. Adrien Arcand, à son amour de la vérité et à son courage, que l'on doit M. Ernst Zündel. Ce pacifiste, pour fuir le service militaire dans les forces armées allemandes, émigra à Montréal, le 3 septembre 1958, âgé de 19 ans. Et comme tous les jeunes de sa génération, Zündel avait appris à détester son pays et son histoire, endoctriné par les livres scolaires produits par les autorités d'occupation. Mais après avoir fait la connaissance d'Adrien Arcand, après avoir pu consulter les livres et les documents qu'il découvrait dans la bibliothèque d'Arcand, il comprit que la version officielle de l'histoire de son pays était une version fausse due à la propagande imposée par les Alliés. Ces informations transformèrent sa vie. Il deviendra le plus célèbre révisionniste du monde, surtout après les deux retentissants procès de Toronto (1985/1988) qui virent les reculades du Dr Raul Hilberg, le « pape de l'Holocauste », et le ravageur rapport de Fred Leuchter, l'unique expert et consultant pour les États-Unis en matière d'installations d'exécution, chaises électriques et chambres à gaz comprises. Comme Arcand, Zündel connaîtra persécution et prison... C'est donc bien à propos que Brother Nathanaël, un juif converti, concluait une de ses vidéos par ces mots : « *Les antisémites d'aujourd'hui seront les héros de demain.* »

Enfin, les accusateurs de M. Arcand devront comprendre que, depuis la rédemption opérée par le Christ et la ruine du Temple, le judaïsme n'existe plus. Il n'est plus qu'un phantasme entretenu chez ceux qui s'obstinent à se croire juif. Mais si le judaïsme biblique n'existe plus depuis l'événement qui le fondait et qu'il préfigurait, il lui a succédé une horrible caricature, le judaïsme talmudique, qui n'a plus rien à voir avec le judaïsme mosaïque. Il convient donc d'avoir toujours à l'esprit ces distinctions essentielles avant de parler d'antisémitisme. Et c'est justement cette distinction que le judéo-paganisme, uni contre le Christ, s'évertue à ne pas faire, car cette ambiguïté lui permet de mieux brouiller les pistes et de combattre les défenseurs de la civilisation helléno-chrétienne.

Parce que M. Arcand était chrétien, il n'avait, il est vrai, que mépris et dégoût pour les doctrines judaïques. Il confiait en effet : « *Entre la loi du Talion "œil pour œil, dent pour dent" et la loi du pardon, "aimez-vous les uns les autres", c'est celle-là que j'ai choisie car elle rejoint les fibres les plus profondes de mon être.* »

M. Arcand écrivait au R.P. Adalbert Hamman, o.f.m., suite à une causerie faite par ce religieux, le 19 février 1964, devant le Cercle juif de Montréal : « *Peut-être que vous avez voulu être aimable envers nos frères "dans le péché", fils d'Adam et d'Ève comme nous, mais qui ne sont pas nos frères et sont nos "ennemis dans la rédemption du Christ". En société civilisée, il faut être aimable, tolérant, amène, gentil, respectable, vraiment chrétien. Mais on ne l'est pas ou on cesse de l'être quand c'est aux dépens de la vérité, image de Dieu.* »

Une autre lettre révèle bien et la grandeur d'âme d'Adrien Arcand et le drame apocalyptique de notre monde. Il s'agit d'une lettre où il s'évertue, par une accumulation de faits indubitables, à ouvrir les yeux d'un prêtre aveuglé au sujet des enjeux et des mensonges historiques ayant trait à la guerre d'Espagne, où il concluait :

« *Ce que j'ai à vous dire, je vous le dis, peut-être brutalement et sans "gants blancs", mais dans un total amour de la Vérité, car la Vérité est tout ce qu'il nous reste dans un monde imprégné de mensonges. Ne croyez pas que je vous en veux, que je vous déteste ou vous hais. Au contraire, je vous plains pour ne pas avoir toute la Vérité, "lavé du cerveau" que vous êtes par la propagande aux mains des ennemis du Christ. Je ne vous aime que d'autant plus, parce que d'abord vous êtes prêtre, ensuite parce que vous avez tant besoin de Vérité, la seule chose qui rend libre en ce monde. Votre dévoué et respectueux paroissien. Adrien Arcand.* »[1]

---

[1] À l'abbé Benjamin Brunelle, 30 décembre 1965.

Il suffit de lire M. Arcand pour voir la bonté de cet homme et la vérité de Dieu qu'il transmettait à ses frères.

« *M. Arcand, ce nationaliste à l'âme de feu serait aujourd'hui millionnaire et n'aurait pas fait de camp de concentration s'il avait accepté de se taire. En effet, les francs-maçons, la juiverie internationale ont tenté vainement d'acheter le silence de ce chef hors du commun. [...] Avant de parler de quelqu'un, il faut se renseigner à son sujet et non pas se fier à la propagande mensongère des ennemis de l'Église et de la Patrie.* »[2]

Puisse la Vérité du Christ nous libérer. Puissent les vérités exposées par M. Arcand nous libérer.

Abbé Olivier Rioult

---

[2] M. l'abbé Ouellette, 1956, Bulletin de la Paroisse Saint-Jean de la Croix.

NOTE LIMINAIRE

Afin de souligner l'aspect universel et intemporel de la pensée d'Adrien Arcand, nous avons écarté de notre sélection les considérations spécifiquement canadiennes ou liées à l'actualité de l'époque. Les pages qu'Adrien Arcand a consacrées au communisme pourraient, dans cette perspective, sembler caduques. Nous en avons toutefois retenu certains passages car, si les régimes du bloc de l'Est se sont effondrés, les principes révolutionnaires qui les animaient — maintes fois dénoncés par Adrien Arcand — sont eux inchangés et plus présents que jamais.

Comme il est naturel, certains thèmes reviennent régulièrement sous la plume d'Adrien Arcand au fil des décennies (la lutte entre l'esprit et la matière, le libéralisme, la conspiration juive, le mondialisme, le corporatisme, etc.). Nous n'avons pas craint de retenir dans différents ouvrages des extraits les abordant, ceci afin de montrer la constance de sa doctrine et l'importance que revêtaient ces questions à ses yeux.

Le titre de cette anthologie, *Serviam*, fut la devise du Parti national social chrétien ainsi que le nom donné par Adrien Arcand, une trentaine d'années plus tard, au bulletin de la section québécoise du Parti de l'unité nationale du Canada. Il nous semble être non seulement le plus court mais peut-être aussi le meilleur résumé de sa pensée, toute son action politique trouvant en effet sa source dans son désir ardent et absolu de servir Dieu.

P. B.

Précisions : Les inter-titres en romain sont d'Adrien Arcand, ceux en italique ont été ajoutés par nous. Les notes de bas de page sont également notre addition.

CHRÉTIEN OU JUIF ?

Discours prononcé au ralliement de l'Ordre patriotique des
Goglus au Monument-National à Montréal
3 novembre 1930

RACE QUI S'ISOLE

[...] De tout temps, la race juive vécut de la vie de tribu,
s'isolant du reste du monde et ne voulant jamais se mêler ni se
fondre aux autres races. Que ce fût sous l'ère des patriarches,
des dictateurs mosaïques, des juges, des rois ou des sanhédrins,
que ce fût en captivité, dans ses pérégrinations, sous les domi-
nations étrangères, dans son pays ou dans sa dispersion, jamais
cette race ne perdit son identité. Elle ne se mêla même jamais
aux autres races sémitiques. De nos jours, en quelques pays
qu'ils soient, les Juifs restent juifs comme de toute antiquité,
portant même le sceau physique de leur sémitisme ; comme de
tout temps, ils s'isolent du reste du monde, formant tribu à part,
ne contractant mariage qu'avec ceux et celles de leur race.

Les Romains ont fait place aux Italiens ; les Francs, les
Celtes et les Gaulois ont fait place aux Français ; les Vikings et
les Normands ont fait place aux Anglais et aux Gallois, mais les
Juifs sont restés les mêmes Juifs qu'au début. Pourquoi ? Parce

que leur problème raciel[1] est un problème religieux, parce que leur religion est une chose inséparable de leur race, toutes deux identiques, parce qu'on ne peut être de religion juive sans être de race juive. Leur culte d'exclusivisme et de séparatisme force l'exclusivité et l'isolement de leur race, et jamais, aussi longtemps qu'existera la religion juive, leur race ne pourra se mêler aux autres. Car la religion juive n'est pas une religion de salut ou de rédemption universelle, c'est une religion pour la tribu, pour elle seule, pour le sang israélite qui, seul, est le peuple élu, à qui sont promises la puissance et la domination sur les autres peuples, qui doivent devenir ses esclaves.

LA RACE MATÉRIALISTE

La race juive a, à travers tous les siècles, été la race matérialiste par excellence. Jamais elle n'a tenté de réaliser son rêve de domination par des liens spirituels, puisque la religion n'est faite que pour elle, et non pour... les « chiens de Gentils ». Le glaive et la richesse sont ses armes. Le prosélytisme lui est inconnu, ce qui prouve que la religion juive est avant tout une affaire de race.

Ce matérialisme hébraïque apparaît avec une évidence brutale dans toutes les chroniques anciennes, les relations, l'Ancien Testament. C'est, partout, un mercantilisme avili, allant aux pires excès, un esprit de commerce et de troc qui ne connaît ni de borne ni de morale.

C'est Dalila vendant son époux, c'est Ésaü vendant son droit d'aînesse, ce sont les fils de Jacob vendant leur frère, c'est Judas Iscariote vendant son Maître, en qui il a pourtant reconnu la divinité, ce sont les Juifs vendant aux persécuteurs les premiers chrétiens de Rome, ce sont les Juifs vendant des esclaves durant tout le Moyen Âge, trafiquant partout sur ce qu'il y a de vil et de laid : vieux ossements, vieilles bouteilles, vieux matelas, vieux linges ; trafiquant sur la désespérance et le besoin : souve-

---

[1] Nous conservons cette orthographe inhabituelle utilisée à cinq reprises par Adrien Arcand dans ce texte.

nirs de famille, souvenirs personnels, décorations, cadeaux chéris, bijoux de nobles décavés dont la nécessité du moment force à se départir ; ce sont les Juifs suivant les armées comme des rats pillards, pour dépouiller les morts, détrousser les blessés, vendre à prix d'or de l'eau aux agonisants assoiffés ; ce sont les Juifs pratiquant partout et toujours l'usure, profitant des besoins urgents pour saisir l'emprunteur à la gorge, provoquer sa faillite, s'emparer de ses biens pour quelques sous, marchandant sur tout sauf sur les belles choses, faisant les commerces que le reste de l'humanité n'ose pas faire par dégoût, ne reculant devant rien pourvu que cela lui rapporte de l'argent.

ABSORPTION DES RICHESSES

Et, de notre temps, le Juif trafique toujours, absorbant la fortune des nations sans rien y ajouter. Son trafic s'exerce principalement sur tout ce qui fait appel aux passions humaines, sur ce qui peut pervertir la tradition et la morale, altérer les mœurs des peuples. C'est ainsi que le Juif a pris en mains et conserve jalousement ce qui fait le gros de sa force et son influence : les journaux, les agences de nouvelles, l'automobile, la radio, le théâtre, le cinéma, les revues et magazines, les modes, le jazz, les alcools, la bijouterie, les loteries, les jeux de hasard, les bouges, bref rien de ce qui est nécessaire à la vie des peuples, mais tout ce qui peut les pervertir. La haute finance abusive et exploiteuse, cette finance qui perpétue la tradition de Shylock exigeant sa livre de chair au moment opportun, complète cette force matérialisante. Toutes les sources malpropres et déloyales de capitalisation (qui sont les plus productrices) sont entre ses mains.

PERSÉCUTIONS ÉCONOMIQUES

En Égypte, à Babylone, sous Alexandre et les césars romains, ce bas mercantilisme les fait haïr et exécrer. On leur fait des persécutions terribles, jamais sous un prétexte religieux, mais sous des prétextes économiques, pour les empêcher d'absorber la fortune des nations à laquelle ils sont une menace constante. Des historiens de l'antiquité semblent même ignorer que les Juifs ont une religion ; ce qu'ils nous apprennent unanimement, c'est que c'est toujours pour des méthodes exécrables et déloyales qu'on les persécute. Par contre, Tacite nous apprend que c'est par persécution religieuse que les Juifs massacrèrent des centaines de mille chrétiens en Grèce et en Palestine, qu'ils se cotisaient pour acheter en Perse jusqu'à 90 000 chrétiens d'un seul coup pour leur faire subir les plus horribles tortures.

LE SEUL CÔTÉ MATÉRIEL

L'Ancien Testament, ou Alliance de Dieu avec un seul peuple, d'où doit sortir Celui qui apportera la régénération, est une compilation de lois religieuses, civiles, raciales et politiques, de récits historiques, de chants et de prophéties. Le Juif n'y voit que le côté matériel, la promesse d'avoir toutes les richesses de la terre en sa possession et de dominer les autres races de Goyim, ou bêtes sans âme ni divinité. Tout est permis au Juif contre les autres nations, qui doivent devenir ses servantes. Si les Hébreux ont toujours été isolés, détestés et repoussés, ce n'est que par leurs agissements. Personne n'a jamais voulu les isoler ; ce sont eux-mêmes qui, par leur hautaine prétention d'être les seuls enfants de Dieu, n'ont jamais voulu cesser d'être juifs et n'ont jamais consenti à devenir les citoyens véritables des pays qui les recevaient. Où que vous les voyiez, ils ne sont ni égyptiens, ni babyloniens, ni grecs, ni romains, ni turcs, ni français, ni américains, ni canadiens, comme les autres races immigrantes. Non, ils ne veulent pas cesser d'être juifs. Ils méprisent le reste du monde, s'en éloignent, s'en séparent, car cesser d'être Juifs serait pour eux renoncer à leur rêve de domination future.

Le Juif crie partout à la persécution et à l'intolérance. Comment peut-il s'en plaindre, puisqu'il n'enseigne que cela à ses enfants, à qui il apprend que les autres races sont impures, méprisables, qu'il ne faut pas s'y mêler ; puisque le Juif persécute lui-même les races propres par sa malpropreté, persécute les races honnêtes par sa malhonnêteté, persécute les sociétés bien organisées par son action désorganisatrice ?

EN PLEINE DÉCADENCE

Quand vint le Messie, la race juive était sur sa Terre Promise. N'ayant pas à lutter contre les autres, elle était à ce moment morcelée par des divisions intestines, livrée aux querelles des pharisiens, saducéens, samaritains et autres sectes innombrables qui ravageaient ses douze tribus. Chaque fois qu'ils furent réunis tous ensemble, les Juifs se battirent entre eux. Ce même peuple si matérialiste, qui avait été si inhumain et si cruel pour ses ennemis ; qui avait subi des rois si licencieux et si corrompus ; qui, pour toute récompense des Tables de la Loi, n'avait su qu'élever des idoles au Veau d'or, dieu juif de l'argent ; qui avait tué tant de ses prophètes ; qui avait dégénéré au point que ses villes de Sodome et Gomorrhe avaient été ensevelies sous des pluies de feu ; qui avait tant souillé ses temples et sa loi, était rendu au plus bas degré de la décadence et de la corruption quand naquit le Sauveur. Non seulement le Messie devait naître dans le plus humble des villages, dans une crèche, parmi les animaux, mais, pour que l'humiliation fût complète, il devait naître parmi la race juive.

Israël fut empêché, par son matérialisme, de comprendre sa doctrine, le culte de l'intérieur et de la conscience. Un Dieu pour toute l'humanité ne pouvait être compris par la religion d'un Dieu pour un seul peuple ; un Messie dont le royaume était spirituel ne pouvait être accepté par une race attendant un Messie matériel et des faveurs matérielles.

DÉBUT DE LA LUTTE

De ce moment commence la véritable lutte entre le matériel et le spirituel. Le Juif garde son rituel, où seuls l'acte physique ou son abstention comptent. Le chrétien déploie le signe sensible, qui ne vaut rien sans le lien spirituel de l'intention. Le premier sanctifie la pratique extérieure, l'autre sanctifie la voix de la conscience. Les deux enseignements se précisent à mesure qu'ils s'opposent, l'un embrasant le monde du feu de la charité, universalisant l'égalité de l'être humain et de la justice à lui rendre, répandant sa doctrine au grand jour, dans tous les pays, dans toutes les langues, chez toutes les races, suscitant l'apostolat, le prosélytisme et ses héroïsmes, répandant dans tous les coins de la terre la doctrine du pardon et de la rédemption pour tous. L'autre doctrine se renferme plus que jamais en elle-même, s'isole dans son exclusivisme, ne s'adresse qu'à une seule race, dans une seule langue, jalouse, étroite, obscure, haineuse. L'Ancien Testament ne suffit plus aux Juifs. À mesure que l'idée chrétienne s'élève et se propage, le judaïsme se condense et se matérialise davantage. À la littérature chrétienne, qui n'attente ni à la nationalité ni à la langue de ses fidèles, s'oppose bientôt le Talmud, qui fixe la langue des fidèles, scelle définitivement leur isolement. Le Talmud, livre de haine et d'injustice, livre de mépris et de corruption, livre de mensonge, d'immoralité et de fourberie ! Le Talmud peint dans tout ce qu'elle est la fielleuse âme juive ; et quand on l'a lu, on comprend ces paroles du Christ : « Vous autres, les Juifs, vous êtes des enfants de fornication et de mensonge ; votre père, c'est le diable, et vous cherchez à accomplir son œuvre. »

LOI DE FANATISME

C'est le Talmud qui s'enseigne dans les synagogues, c'est lui qui forme la mentalité juive, qui dirige les activités juives. « Tous les Israélites sont des princes », « Tous les Israélites sont des saints », « Le moindre des enfants d'Israël est un grand philosophe », « Seuls les Israélites sont les enfants de Dieu, seuls ils sont aimés de Dieu », « On doit tuer le meilleur des Gentils comme on tue le meilleur des serpents », voilà quelques-uns des enseignements les plus fréquents de cet immoral Talmud, qui ne réprouve pas le mal commis contre les Gentils et trouve toujours louable le mal commis contre un « chien de chrétien ». L'antisémite est toujours accusé par le Juif de fanatisme et d'intolérance. Mais, le fanatique et l'intolérant, n'est-ce pas le Juif lui-même qui, parce qu'il se croit et se dit le seul enfant de Dieu, se reconnaît le droit racial et religieux de commettre n'importe quelle injustice et n'importe quel crime contre le reste de l'humanité ? La loi juive est elle-même la mère de tous les fanatismes et de toutes les intolérances qu'a pu subir sa race. Si le Talmud permet aux Juifs de nous faire du mal parce que nous ne sommes pas de la tribu, cela n'est pas une raison pour nous de nous laisser faire et de ne pas nous défendre. À tout événement, nous prendrons ce droit, que le Talmud le permette ou non.

MISSION DE LA RACE

De par sa religion et ses préceptes, le Juif a pour mission de conquérir le monde et de se l'assujettir, oubliant toujours que rien ne nous oblige à nous laisser faire. Il commence sa conquête non par le glaive, debout, en plein jour, comme les beaux conquérants, mais suivant les procédés caractéristiques à sa race et sa religion : fourbement, sournoisement, dans l'ombre, en rampant. Disons tout de suite que nous, les Goglus, repousserons énergiquement cette invasion, comme le font en ce moment tous les pays du monde, avec cette différence que nous, nous nous battrons debout et en plein soleil.

ŒUVRE DE DÉSORGANISATION

Le Juif n'a pas de patrie. Sa patrie future, c'est toute la terre. Jaloux de ce que les autres races ont leur patrie et ayant pour mission talmudique de les faire disparaître, on comprend que le premier assaut du Juif est contre le patriotisme. Il fait agir ses agences, ses journaux, son cinéma, son théâtre, ses industries subversives dans l'intérêt de l'internationalisme, demandant l'abolition des frontières. Moins les peuples auront de patriotisme, plus Israël sera puissant et fort. En même temps, il met ses puissantes armes en action pour amollir et corrompre les mœurs, car plus les peuples perdront leur morale, plus Israël sera fort. Il subventionne des sociétés occultes et ténébreuses pour ronger les attaches religieuses des autres peuples, car plus les autres races seront irréligieuses plus Israël, qui trouve sa force et sa cohésion dans sa religion, sera fort. Il se glisse dans les partis politiques, répandant à doses imperceptibles son poison désagrégateur, soufflant dans l'oreille des faibles l'éternel mot de passe : « Tolérance ! » ; plus un gouvernement étendra ses faveurs à l'étranger, plus Israël en profitera et sera fort. Il suscite des philosophies fascinantes visant toujours à l'affaiblissement des traditions. Moins les autres races tiendront à leurs traditions, plus Israël, qui n'existe que par les siennes, sera fort. Il sème partout des agitateurs qui vont exalter les mécontents ; prépare les révolutions, les provoque, les finance, puis s'en empare, car seul il peut ensuite comprendre et bien diriger son œuvre.

DOCTRINES ISSUES DU JUDAÏSME

Le libéralisme, condamné en religion par toutes les autorités religieuses, condamné en politique par tous les patriotes, est le début de l'action juive moderne. Les « Protocoles », dont l'authenticité est prouvée hors de tout doute malgré les dénégations répétées des Juifs, nous disent trop clairement quelle arme puissante est le libéralisme entre les mains des Juifs. Une fois le libéralisme établi, Israël le met en action pour ses fins particulières, car plus que tout autre il en connaît les rouages intimes, puisqu'il en est l'auteur. Tout ce qui a été donné de législation, de faveurs et de privilèges aux Juifs l'a été par le libéralisme.

Après le libéralisme, c'est le socialisme, lancé par les Juifs Karl Marx et Lassalle ; c'est le nihilisme, financé par les Juifs, puis le communisme imposé par les Juifs Kerenski, Lénine et Trotski ; c'est le mouvement athéiste lancé par les Juifs. Et toutes ces doctrines sont tellement juives que, une fois imposées, seuls les Juifs peuvent en profiter. Voyez la Russie soviétique : cent soixante millions de chrétiens conduits par une vingtaine de Juifs. [...]

UN PÉRIL OMNIPRÉSENT

Le péril juif est partout, dans tous les gouvernements, dans tous les pays, dans toutes les rues, dans toutes les activités, il est partout.

Le grand assaut étant partout lancé au même moment, on s'empare des colonies des empires, de toutes les organisations économiques, de la finance, des commerces payants et influents sur la mentalité des peuples, de la Bourse, de tous les médiums de propagande, on se glisse dans les partis politiques, donnant partout à un petit groupe de Juifs assez de moyens pour qu'il puisse contrôler matériellement le pays où il se trouve. [...]

ACTION PARALLÈLE

Là où la Juiverie est la plus forte, c'est là où le christianisme est le plus fort. Le judaïsme étant l'ennemi implacable de l'idée chrétienne, son antithèse radicale, c'est dans les pays les plus chrétiens qu'il s'installe et s'impose : l'Espagne, puis l'Autriche, le Mexique, Québec, etc. L'esprit du mal va s'acharner là où règne l'esprit du bien ; la haine vit de la charité, la laideur cherche sa vie dans la beauté, c'est parce qu'il y a de la lumière qu'il faut qu'il y ait des ténèbres. Là où il n'y a pas de chrétiens, il n'y a pas de Juifs, que ce soit au Japon, en Chine, chez les sauvages de l'Afrique ou chez les Esquimaux. Comme l'exposait Mgr Landrieux dans une thèse remarquable, en reprenant les idées de Blaise Pascal, le judaïsme est un cancer qui vit du christianisme, un parasite nécessaire pour en faire ressortir la splendeur et la vérité. [...]

★ ★ ★

FASCISME OU SOCIALISME ?

Conférence donnée à la Palestre nationale de Montréal
20 octobre 1933

LA VÉRITABLE CRISE

[…] La crise économique qui atteint si cruellement le monde entier n'est que l'aspect extérieur et superficiel de la crise plus profonde qui secoue le monde et menace les fondements mêmes de la civilisation chrétienne. À un moment donné, nous nous sommes engagés dans la voie, séduisante mais fausse, du matérialisme, parce qu'elle brisait l'armature spirituelle de notre société occidentale, et cette voie nous a conduits au désastre.

Un simple coup d'œil sur les quatre derniers siècles nous permet de comprendre l'effroyable revirement qui s'est opéré dans l'esprit humain, et le renversement des valeurs réelles dans l'appréciation humaine.

LES STAGES DE LA DÉCHÉANCE

Le Moyen Âge fut, en Occident, l'apogée de la civilisation chrétienne. L'autorité, reconnue et acceptée comme de droit divin par les peuples, était stable et efficace ; les luttes de classes étaient inconnues ; les travailleurs, organisés en corporations et en guildes, jouissaient d'une justice et d'un bonheur qu'on ne connaît plus ; la vie nationale était surtout rurale, c'est-à-dire plus conforme aux véritables instincts de l'homme et aux lois naturelles. Le Moyen Âge fut l'ère de la grande philosophie et du plus pur humanisme ; il se termina en apothéose avec l'époque classique, qui connut le plus beau siècle de la sculpture, de la peinture, de la musique, de la littérature qui, toutes, s'adressaient aux plus belles facultés de l'esprit.

Immédiatement après, on ne s'adresse plus aux fortes facultés ni à l'esprit pur, mais aux faiblesses de la raison et au sentiment. L'école des Encyclopédistes masque d'un voile de scepticisme les valeurs spirituelles, et le monde descend l'échelle vers le romantisme. Le sentiment, faculté secondaire, domine les arts. Les premières valeurs spirituelles étant écartées, les troubles matériels surgissent : révolutions, négation de l'autorité de droit divin, anticléricalisme, proclamation de l'égalité des hommes qui amène les luttes de classes. Le culte de la matière, dans lequel on verse à mesure que se développent les sciences et que se multiplient les inventions, tend graduellement à supplanter le culte de l'immatériel.

Puis, de l'époque romantique à nos jours, l'humanité descend l'échelle avec une rapidité effarante, et l'on en arrive à la destruction ouverte des religions, aux luttes de classes les plus passionnées, à la croyance en la seule puissance de l'or et de la matière ; la création défie le Créateur. Les arts, nés dans le rythme, l'équilibre, le respect de la mesure, de la ligne et de l'harmonie, deviennent un épouvantable désordre de cacophonie, de dissonance, de déséquilibre et de sauvagerie véritable qui ne s'adressent plus à l'esprit ni même au sentiment, mais aux nerfs et aux instincts destructifs de la bête humaine.

À LA CROISÉE DES CHEMINS

Le libéralisme de la Révolution française affirmait l'égalité et le nivellement d'une humanité divinisée par elle-même, autonome, indépendante, ne recevant de lois que d'elle-même et ne se devant qu'à elle-même. Ce ferment antichrétien, niant toute divinité en dehors de l'homme lui-même, a matérialisé et bestialisé l'humanité. Celle-ci en est aujourd'hui rendue à la croisée des chemins, où elle doit décider si elle va continuer sa descente vers un matérialisme absolu, une destruction définitive des religions, une république qui englobera toutes les races sous un même pouvoir central ; ou si elle va effectuer un retour vers le spiritualisme, vers la conscience religieuse et nationale, et se débarrasser des liens qui enchaînent déjà une grande partie des populations au matérialisme. [...]

LA CLÉ DE TOUT LE PROBLÈME

L'homme est-il un être composé d'un corps transitoire et passager, et d'une âme immortelle qui doit atteindre à Dieu ? Ou bien l'homme est-il simplement un animal, sans âme, qui n'existe que durant le court temps d'une vie humaine et qui, alors, doit jouir le plus possible de la vie présente sans souci d'un au-delà ? Il y a la réponse chrétienne, qui enseigne l'existence de l'âme et qui fait de la vie présente *un moyen* d'atteindre à la vie éternelle, et *non une fin* en soi. Il y a la réponse antichrétienne, qui nie cette définition. C'est pourquoi il ne peut y avoir pour l'État que deux façons de définir quels doivent être les rapports internationaux, nationaux et sociaux des individus, de faire des lois et des règlements à leur sujet : en tenant compte de l'âme humaine et des soins qui lui sont dus, ou en niant l'existence de l'âme et en ignorant toute préoccupation à son sujet.

Les gouvernements sont faits pour administrer des hommes. S'ils reconnaissent que l'homme a une âme, ils admettent l'existence et la priorité nécessaire de la question religieuse. S'ils n'admettent pas l'existence de l'âme, ils affirmeront l'inutilité des religions et travailleront à les détruire. [...]

DES CONSÉQUENCES LOGIQUES

Ainsi, l'on voit que la question politique, qui régit des êtres dont elle reconnaît ou méconnaît la spiritualité est fondamentalement et avant tout une question de religion ou d'irréligion. De façon ou d'autre, la religion et l'irréligion sont des conclusions normales, logiques et conséquentes de la définition que l'on fait de l'être humain. La politique, comme tout ce qui se rapporte à la gouverne des êtres humains, est donc une question de foi. Toutes les autres questions qui se rattachent à la politique sont accessoires et secondaires, puisque le rôle de la politique est moins d'administrer que de guider, gouverner et diriger. [...]

ENGEANCE MATÉRIALISTE ET SATANIQUE

[...] Mais que firent-ils (*les Juifs*) quand Dieu leur envoya son Fils, qui fit devant eux des miracles et des prodiges capables de détruire tout doute et tout scepticisme ? Ils s'acharnèrent contre Lui dès sa naissance, Le poursuivirent durant toute sa vie publique et ne furent satisfaits que lorsqu'ils L'eurent fait assassiner, demandant que son sang retombe sur eux et toute leur descendance, malgré le juge et gouverneur romain qui Le proclamait juste et innocent. D'eux-mêmes, volontairement, ils rompirent avec l'Éternel, et prouvèrent au monde que, si Dieu leur avait fait des messages particuliers et des faveurs uniques pour les sauver, leur avait envoyé (et à eux seuls) ses prophètes, ses législateurs, son Fils, cette « race au cou roide » avait toujours été réfractaire à toute divinité et ne pouvait jamais prendre parti pour Dieu. Aussi comprend-on mieux, quand on a lu l'atroce et sanguinaire histoire des Juifs, ces paroles de Jésus-Christ à leur sujet (saint Jean VIII) : « Vous ne me reconnaissez pas parce que vous n'êtes pas de Dieu ; je suis d'en haut, et vous, vous êtes d'en bas ; si vous étiez de mon Père, vous me reconnaîtriez ; mais votre père, à vous, c'est le diable, père du mensonge, qui fut homicide dès le commencement, et vous faites son œuvre. » On comprend aussi pourquoi cette race sataniste, à qui Dieu a vainement communiqué tous les messages de la divinité, a proscrit et poursuivi les apôtres, a inspiré les persécutions chrétiennes, les schismes et les hérésies, pourquoi elle inspire, dirige et exécute, de nos jours, les abominables persécutions contre tout ce qui est chrétien en Russie, en Espagne, au Mexique et dans d'autres pays socialistes, comment la Juiverie tente en ce moment de crucifier la chrétienté sur une croix d'or, comme elle a crucifié son Fondateur sur une croix de bois.

L'ÉCHO DU CRI LUCIFÉRIEN

Les Juifs sont les enfants de Satan, ils font l'œuvre de leur père, a déclaré Jésus-Christ dans son terrifiant jugement. Quelle est la caractéristique de Satan ? Le désir de l'émancipation, de la liberté. « Je ne servirai pas ! » fut son premier cri de révolte contre l'ordre établi par Dieu lui-même. Cette caractéristique luciférienne est aussi celle des Juifs, les enfants de Satan. Comme leur père, les Juifs ne veulent rien servir, ni la Gentilité, ni un drapeau, ni un souverain, ni une patrie, ni aucun ordre établi, ni aucune loi existante, ni aucune autorité régulière. Comme leur père, les Juifs demandent l'émancipation, la liberté. Émancipation de tout ce qui n'est pas juif ! Liberté de poursuivre leur œuvre sataniste. [...]

Si l'on réfléchit un seul instant à la parole du Christ, la parole de vérité et de lumière : « Les Juifs sont les enfants de Satan et ils font son œuvre », on comprend très facilement comment ces « élus » déchus, ces Lucifers sur qui Dieu avait répandu plus de lumière divine que sur tous les autres humains, perpétuent au sein de l'humanité le cri de leur père, « élu » déchu comme eux : « *Non serviam !* »

Parce qu'ils n'ont jamais été déistes, les Juifs n'ont jamais su comprendre les messages de Dieu pour les sauver. D'un pacte spirituel, ils ont fait une entente matérialiste. Et, aujourd'hui comme hier, ils croient que leur ancien privilège de race élue n'est qu'un privilège matériel qui leur donne le droit de dominer toutes les autres races ; ils croient que les autres races, composées de Goyim sans âmes, ont été créées simplement pour servir Israël et lui assurer la suprématie mondiale, ils croient qu'ils ont un droit de naissance à toutes les richesses de la terre et qu'ils sont les princes réels de ce monde. Leur Talmud le leur enseigne explicitement et perpétue en eux l'orgueil de leur père.

BARRIÈRES QU'IL FALLAIT RENVERSER

Le rêve juif de la domination mondiale n'a jamais cessé un seul instant. Ce rêve doit, suivant les écritures juives, se couronner par la judaïsation de toute l'humanité. Cependant, des barrières énormes barraient aux Juifs la route de la conquête universelle. Ces barrières, c'était le christianisme, qui proclame que le Messie est venu, qu'il ne faut plus l'attendre, que Dieu a déchiré le voile du Temple et remplacé par une nouvelle alliance universelle l'Ancienne Alliance avec les Juifs, que c'est le Christ-Roi et non Israël qui doit conquérir le monde ; ces barrières, c'étaient les caractéristiques nationales de chaque peuple, caractéristiques établies sur des traditions chrétiennes millénaires. Il fallait renverser ces barrières.

Comment s'y prit la Juiverie ? Elle fit comme son père Satan avait fait pour entraîner à sa suite les anges rebelles. Elle répandit chez les chrétiens le venin libéral, ce poison qui fait demander de l'émancipation et des libertés, qui fait lancer le cri « *non serviam* » contre l'autorité et l'ordre établis.

LES DÉBUTS DE L'ÈRE LIBÉRALE

Bien préparée par la Renaissance, la Révolution française apporta dans le monde le cri libéral, le cri sataniste de liberté qui détruisit une grande partie des libertés dont jouissaient jusquelà les Français, mais qui étendit tous les droits et privilèges de la citoyenneté française aux Juifs qui n'étaient ni de race française ni de tradition française. Innombrables sont les auteurs juifs qui proclament que la Révolution française fut l'œuvre des Juifs et des sociétés secrètes qu'ils contrôlaient totalement, et que la Révolution française, tout en leur assurant une forte emprise sur la France, établit la pierre angulaire de leur œuvre de révolution mondiale.

LES JUIFS DANS TOUTES LES RÉVOLUTIONS

Le libéralisme de 1789 n'a libéré et émancipé que d'une seule chose : de l'autorité de droit divin et de l'autorité du christianisme ainsi que des devoirs imposés par l'idée chrétienne dans les manifestations publiques de l'individu, que ce soit dans le monde politique, dans le monde économique ou dans le domaine social. Ce cri de révolte libertaire et émancipatrice, de la France, s'est répandu dans le reste du monde, n'ayant toujours qu'un seul ennemi : le christianisme, et qu'un seul remède à lui opposer : le laïcisme et le neutralisme, formes préliminaires de l'antichristianisme. Le même ferment judéo-libéral, en se répandant dans les pays d'Europe, a apporté partout le même cri luciférien « *non serviam* » et la même méthode révolutionnaire. Et, dans les révolutions qui s'ensuivirent, au Portugal, en Russie, en Autriche, en Hongrie, en Allemagne, en Turquie, en Espagne, en Grèce, etc., c'est toujours le Juif qui organise, qui finance, qui exécute, qui s'empare du pouvoir. Et, aussitôt que la prise du pouvoir l'a rendu suffisamment fort pour ne rien craindre dans le pays qu'il a usurpé, le Juif jette bas son masque, se montre tel qu'il est, terroriste, cruel, sanguinaire, destructeur, et il s'empresse d'abattre définitivement les grandes barrières qui arrêtaient sa marche vers la conquête mondiale : les caractéristiques religieuses et nationales.

L'ABOUTISSEMENT FINAL

Le libéralisme, cri de révolte contre l'autorité et la discipline chrétiennes (car il n'est pas opposé à autre chose), n'est que le cri précurseur du socialisme. Ce dernier, comme les faits le prouvent abondamment, conduit inévitablement au bolchevisme. Et à quoi conduit en définitive le bolchevisme, avec son athéisme, sa destruction de toute idée religieuse et nationale ? Au culte de Satan, que l'on adore maintenant dans de nombreux cercles de la Russie soviétique. Tant il est vrai que le cri de révolte conduit au père de la révolte, que la Juiverie fille de Satan conduit à Satan lui-même ; que, pour les soi-disant athées et Sans-Dieu, la politique finit, comme partout ailleurs, pour aboutir à une question religieuse, la religion fut-elle celle du diable !

LE LIBÉRALISME EST ANTI-SPIRITUEL.

Les Juifs, et leur Talmud les force d'y ajouter foi, croient que les Gentils, ou Goyim, sont des chiens sans âme. La plus récente des éditions du Talmud, publiée à Paris en 1932, sous l'autorité du Collège rabbinique de France, assimile les non-juifs aux animaux, dans presque tous ses chapitres. Si nous, Gentils, n'avons pas d'âme, il ne peut y avoir d'au-delà pour nous et il nous est donc absolument inutile d'avoir des religions ; il nous est donc futile de dépenser de l'argent à édifier des églises, des couvents, des monastères, des collèges, des écoles confessionnelles, financer des missions et faire des œuvres charitables, quand cet argent pourrait être porté dans les bouges, les théâtres, les cabarets, les antres d'agiotage et d'usure du peuple élu ! Si nous, Gentils, n'avons pas d'âme, nous avons tort d'avoir des traditions et des aspirations à base religieuse, et il convient de les détruire. Est-il étonnant alors que le libéralisme, dont l'unique source est la Juiverie, s'attaque à ces aspirations et à ces traditions ? Est-il étonnant que le libéralisme fasse appel à notre tolérance pour ce qui s'oppose à notre héritage spirituel ? Est-il étonnant que le libéralisme nous demande de ne pas affirmer nos distinctions de race et de religion ? Est-il étonnant que le libéralisme réclame de nous un anonymat internationaliste plutôt qu'une identité nationaliste fermement affirmée ? Est-il étonnant que le libéralisme s'éloigne des principes immatériels inhérents à notre race et son histoire, pour n'imposer que des aspects matérialistes dans toutes nos manifestations ? Non, ce n'est pas étonnant, puisque le libéralisme n'est qu'une idée juive inventée pour nous faire renoncer à nous-mêmes, au profit d'une race qui veut vivre dans toutes les patries nationales sans en reconnaître une seule comme sienne.

Le Juif n'ajoute rien à la richesse spirituelle ou matérielle d'une nation. Il arrive toujours en immigrant pauvre et, à force d'expédients malhonnêtes, finit par s'emparer de toute la richesse matérielle. Il se sert ensuite de celle-ci pour détruire, par de multiples organisations de propagande et d'action directe, la richesse spirituelle du pays. Dans le domaine spirituel, le Juif, matérialiste, ne peut gagner aucune bataille. Dans le domaine matériel, il les gagne toutes, parce qu'il joue de malhonnêteté avec des rivaux que leurs traditions et leur formation forcent d'être honnêtes. Aussi, le Juif ne voit-il la possibilité de sa conquête mondiale qu'en faisant descendre l'humanité dans le domaine matérialiste. [...]

UNE QUESTION BASIQUE

La Juiverie, à cause de son essence même, à cause de ses instincts destructifs, à cause de son immémorial atavisme de corruption, à cause de son sentiment exclusivement matérialiste, voilà le grand danger, le seul, l'unique, tant pour le matériel que pour le spirituel des peuples. C'est pourquoi la question juive doit être à la base de tout véritable fascisme, de tout mouvement sérieux de régénération nationale. Autant il est nécessaire pour les réactionnaires de détruire toute influence juive et tout juivisme, autant il est nécessaire pour le socialisme d'avoir des chefs juifs. Dans tous les gouvernements socialistes, dans tous les groupes socialistes, les principaux chefs et inspirateurs sont juifs, en quelque pays que l'on regarde, car ces mouvements juifs ne pourraient réussir avec une direction non-juive. De même, les véritables dirigeants du libéralisme sont juifs, pour les mêmes raisons. [...]

PHILOSOPHIE À DÉTRUIRE

Les antisémites n'ont pas de griefs personnels contre les Juifs pris isolément. Ce qu'ils veulent détruire, c'est la philosophie libérale des Juifs, parce que cette philosophie est l'antithèse et l'ennemie de la philosophie chrétienne, et parce que l'organisation internationale secrète des Juifs est le système politique de cette philosophie destructrice. Et comme les Juifs, malgré toutes les qualités que les meilleurs d'entre eux peuvent avoir, sont les propagateurs de cette philosophie et les instruments de ce système, ils doivent, dans les pays chrétiens, être placés dans un état tel qu'ils ne puissent consciemment ou inconsciemment, poursuivre leur œuvre de satanisme.

LE MOYEN ÂGE ET LE GHETTO

C'est parce que les Juifs étaient contenus dans leurs ghettos et mis hors d'état de nuire, durant le Moyen Âge, que cette époque fut si brillante, si policée, socialement si pacifique, si positivement chrétienne. C'est pour la même raison que les Juifs, avec leur libéralisme, appellent le Moyen Âge l'époque la plus obscure, la plus ténébreuse, la plus intolérante et la plus fanatique de l'histoire de l'humanité. Et, quand ils lancent ces qualificatifs, c'est toujours avec des allusions contre la chrétienté et ses chefs du temps. Depuis que le libéralisme a renversé les murs du ghetto et mis les antichrétiens d'Israël sur le même pied que les chrétiens, dans les pays chrétiens, on peut constater la rapide déchéance du spiritualisme, et parallèlement la rapide montée du matérialisme. [...]

La question juive, avec ses multiples aspects et ses conséquences dans tous les domaines, est donc basique et fondamentale dans tout projet de restauration nationale et politique et elle doit être d'autant plus considérée que chaque axiome fasciste, nationaliste et chrétien trouve dans la philosophie judaïque et son action un axiome opposé qui tend à le détruire.

DEUX CONSCIENCES DIFFÉRENTES

La démocratie libérale a provoqué la plus grande catastrophe de tous les temps. Pourquoi ? Parce que l'esprit de révolte qui forme son essence réelle a imposé aux sociétés occidentales un genre de vie publique contraire et opposé à la vie privée et aux croyances personnelles des individus. [...]

Est-il étonnant que la démocratie libérale ait conduit au désastre et au déséquilibre quand on réalise qu'elle force l'individu à se comporter de façon contraire à ses convictions et ses

principes ; à avoir deux consciences différentes, l'une spiritualiste pour sa vie privée, l'autre matérialiste pour sa vie publique ?
Non, car ce n'est que la conséquence de la définition que le
libéralisme fait de l'être humain : un être purement matériel et
sans âme, c'est-à-dire le Goy défini par le Talmud. Sur la
définition de l'homme, comme sur tout le reste, Talmud et
libéralisme s'entendent parfaitement. C'est naturel, l'un et
l'autre sont juifs !

Quand nous parlons de la démocratie libérale, nous parlons
de tous les partis politiques, sans exception, qui ont accepté le
système démocratique. Ces partis se rangent sous les deux
appellations générales de libéralisme et de conservatisme.

LE « LIBÉRALISME ÉCONOMIQUE »

[...] Le libéralisme économique n'est qu'une conséquence de
l'application du libéralisme philosophique. Le libéralisme pur,
le libéralisme intégral, le libéralisme philosophique en un mot,
est le véritable et le seul mal ; c'est le même libéralisme qui, suivant ses applications, devient le libéralisme religieux, le libéralisme politique, le libéralisme social, le libéralisme économique,
le libéralisme internationaliste ; partout, c'est toujours la philosophie libérale, la cause première, la puissance agissante, l'idée
inspiratrice, le principe dirigeant, dont toutes les formes libé-
rales ne sont que les conséquences. Quand les chefs de la chrétienté ont condamné le libéralisme, quand Sa Sainteté Pie XI a
promulgué : « Le socialisme a le libéralisme pour père et le bolchevisme pour héritier », ils n'avaient pas en vue la combinaison
idiote que l'on dénomme depuis quelque temps « libéralisme
économique », mais la philosophie libérale, le libéralisme *in se*.

LE CONSERVATISME N'A PAS RÉPONDU À SA MISSION.

Quant au conservatisme tel que le représentent aujourd'hui
nos partis conservateurs, il ne vaut guère mieux que le libéralisme. Le conservatisme, en se soumettant au mode démocratique et à toutes ses combinaisons, a absorbé et fait sienne l'idée
libérale. La politique conservatrice est exactement la même que

la politique libérale, au point de vue des principes philosophiques, et elles ne se distinguent que par des différences administratives. [...]

FAUX PRINCIPES QUI SERVENT DE BASE

La démocratie, consacrée par la Révolution française, a elle-
même consacré les faux principes d'égalité pour tous et de
liberté pour tout. Ces principes se sont imposés graduellement
dans toutes les nations occidentales, avec des conséquences qui
peuvent se résumer par ces mots : la perte réelle de la liberté.
[...] Cette démocratie, et c'est là son seul caractère d'unité et de
permanence, a eu partout pour résultat identique d'émanciper
et relever le Juif, qui était en état d'infériorité civile, et de faire
perdre aux races nationales ce qui constituait leur droit d'aînesse.

CORRUPTION, PRINCIPE D'AUTORITÉ

Cette démocratie libérale a substitué à l'autorité réelle, personnelle et responsable des gouvernants, l'irresponsabilité des
masses aveugles. En effet, dans la démocratie, la seule autorité
est celle de la majorité du nombre, exprimée par le mode électoral. Cette majorité est une masse incohérente, anonyme,
impersonnelle, ignorante et, à cause de ses vices mêmes, elle est
plus tyrannique et plus despotique que n'importe quelle autre.
Comme cette majorité est presque toujours le fruit de la corruption électorale, comme la masse est corruptible, comme l'élu
responsable seulement à un groupe anonyme est placé dans des
conditions qui le rendent plus corruptible encore, il s'ensuit que
la démocratie ne vit que de corruption. Les conditions mêmes
du mode électoral démocratique forment un inexpurgeable
foyer de corruption.

DÉSÉQUILIBRE GÉNÉRAL ET COMPLET

Cette démocratie libérale, au lieu de guérir les maux dont les
peuples souffraient, n'a fait que les aviver. Les classes riches

sont devenues plus riches, et les classes pauvres sont devenues plus pauvres, à cause de la corruptibilité législative démocratique. Les classes rurales ont été violemment déracinées de leurs domaines, les classes ouvrières ont été plus durement enchaînées. À cause de son caractère, la démocratie n'a su former que des politiciens professionnels, au lieu de former des hommes d'État. Comme elle est elle-même un déséquilibre, la démocratie a complètement déséquilibré les parties constituantes de la nation, lançant les classes contre les classes, antagonisant les forces différentes, avilissant la justice, ne faisant des lois et des dépenses profitables que pour les puissants du matérialisme.

UNE RÉVOLTE PLUS ACCENTUÉE

Le socialisme, sous un aspect différent, continue le même état de choses. C'est une révolte plus accentuée, plus violente que la révolte démocratique. Au lieu de rétablir l'harmonie entre les classes désaxées, le socialisme veut l'abolition de toutes celles qui ne font pas son affaire. Parce que la religion est une soupape contre les abus, une protection pour toutes les classes, le socialisme veut l'abolition de la religion. Parce que le nationalisme est une protection pour les nationaux du pays contre l'invasion économique et sociale des étrangers, le socialisme veut l'abolition définitive du nationalisme, et son remplacement par un internationalisme opposé à tout intérêt national. Parce que le capitalisme a fait souffrir les masses pauvres, le socialisme veut l'abolition du capital. Parce que le libéralisme a encouragé de graves abus dans l'exercice du droit de propriété, le socialisme veut l'abolition de ce droit. Parce que la cellule familiale est la plus sûre protection pour les individus et pour les classes, même celles que le socialisme veut voir disparaître, le socialisme vise à la diminution, à la dissolution puis à la disparition de la famille, dont le libéralisme a déjà anéanti de nombreux droits. Parce que l'inégalité naturelle est la cause même de la multiplicité des classes, le socialisme, qui ne veut qu'une seule classe « standardisée », proclame l'égalité de tous, non seulement dans leur importance sociale, mais aussi dans le partage des biens (ou plutôt leur privation) et des responsabilités. Le socialisme ne veut qu'une seule classe : une classe d'esclaves sans âmes exploités par quelques tyrans prolétariens ; c'est pourquoi il doit éliminer à tout prix, par le massacre ou autrement, tous ceux qui ne sont pas aptes au nivellement. On conçoit que l'aboutissement final de pareilles doctrines soit le bolchevisme, tel qu'il existe aujourd'hui en Russie soviétique. Et, comme des gens de formation chrétienne ne peuvent pas être les animateurs de pareilles erreurs politiques, sociales et religieuses, on comprend que, partout, ce soient des Juifs qui dominent le socialisme et le bolchevisme, comme ils dominent les hautes sphères du libéralisme mondial. [...]

LA SÉDUCTION DES PARADOXES ET DES CRIS HABILES

Le Juif, en tant que Juif, n'a aucun droit dans aucun pays ; en tant que judaïsant, il n'a aucun droit au sein du christianisme. Pour franchir ces barrières autrefois insurmontables, le Juif a dû, par sa démocratie libérale, lancer des cris habiles, des paradoxes séduisants, des négations apparemment inoffensives que tous les partis démocratiques ont exploités contre les intérêts mêmes de tous les pays. Ces cris habiles furent ceux de « Pas de distinction de race et de religion », « Tolérance ! », « Conciliation ! » [...]

LE JUIF, TOUJOURS SEUL À EN PROFITER

[...] Il est une chose qui devrait facilement ouvrir les yeux des sceptiques. C'est que partout où il y a des régimes socialistes, ce sont des Juifs qui ont le pouvoir et le contrôle. [...] Lorsque, par tactique, des Juifs pur-sang ne figurent pas à la tête d'un groupe socialiste, les chefs sont alors des demi-juifs ou des irréligieux antinationaux et internationalistes qui ne jurent que par les auteurs juifs, que par leurs maîtres juifs, et qui défendent la Juiverie avec plus d'ardeur que les Israélites eux-mêmes. [...]

DOCTRINE DE NÉGATION

Comme le libéralisme, le socialisme est l'adversaire du nationalisme et du christianisme, l'ennemi du droit de propriété et de l'autorité de la famille, l'ennemi de la Loi naturelle en laquelle il refuse de reconnaître l'inégalité des hommes. C'est le libéralisme plus avancé, plus prononcé, plus rapproché de ses conséquences finales. Le libéralisme, en favorisant un capitalisme corrompu et qui dévorait tout, a fait disparaître une forte proportion de la propriété individuelle ; le socialisme veut faire disparaître toute propriété. C'est la doctrine de gauche, la doctrine de négation, qui nie tout ce qui découle des lois naturelles, divines et religieuses.

IL N'Y A PAS DE « SOCIALISME CHRÉTIEN ».

Contrairement à ce que certains illusionnés prétendent, il n'y a ni ne peut y avoir de socialisme chrétien. Ce mythe a été confondu par la plus haute autorité chrétienne, celle du Vatican, lorsque Pie X a condamné les erreurs du « Sillon ». […] Il y a une sociologie chrétienne, une doctrine sociale chrétienne, mais pas de socialisme chrétien, dans le sens que tous les auteurs donnent au socialisme. La différence entre le socialisme et la doctrine sociale chrétienne est celle-ci : le socialisme prône exclusivement l'individualisme et repousse toutes les règles qui s'y opposent ; la doctrine sociale chrétienne combat l'individualisme, force l'individu à appliquer la règle d'aimer son prochain comme soi-même et soutient fermement toutes les lois naturelles, divines et religieuses, parce qu'elles éliminent l'égoïsme par l'enseignement de la solidarité sociale, parce qu'elles condamnent l'individualisme par les ordonnances concernant le prochain. Pour pouvoir prôner l'individualisme comme le font le libéralisme et le socialisme, depuis 1789, il faut partir du principe que l'âme humaine n'existe pas. Aussi comprend-on que la doctrine sociale chrétienne ne puisse pas se concilier, en aucune façon, avec ces conceptions purement matérialistes. […]

ATTAQUES CONTRE LA CHARITÉ

Pourquoi les chefs de la chrétienté combattent-ils avec tant d'ardeur tout ce que le socialisme (héritier du libéralisme) proclame et revendique : abolition de la famille et des droits patriarcaux, abolition du droit de propriété, internationalisme, assurances sociales, égalitarisme et nivellement des individus, isolement et antagonisme des classes, abolition du capital, séparation de l'Église et de l'État, élimination de l'autorité religieuse dans la régie de la morale publique ? Non seulement parce que ces revendications portent atteinte à toute l'économie de droit divin et aux lois naturelles, mais encore parce qu'elles visent directement à la DESTRUCTION DE LA CHARITÉ, principe et base de tout christianisme. [...]

LA CAUSE VÉRITABLE DE LA MONTÉE FASCISTE

Le Fascisme, devant le péril imminent, se lève en implacable ennemi du socialisme et de toutes ses conséquences. Cependant, il ne faut pas croire que c'est le péril du socialisme qui a causé et occasionné le fascisme. Il ne faut pas croire, non plus, que c'est l'exaspération de la guerre, comme on l'a dit pour l'Allemagne, qui a provoqué le fascisme, car l'Italie, qui était au nombre des pays vainqueurs, embrassa le fascisme dès le lendemain de la guerre. Comme le socialisme, le fascisme est né du désastre de la démocratie libérale, de son incapacité de régler les problèmes nationaux et sociaux, du mécontentement des foules dont la démocratie a délibérément méconnu les traditions et faussé les aspirations. Comme le socialisme, le fascisme est une révolte ; mais, alors que le socialisme est une révolte contre ce qui peut rester d'ordre moral et spirituel, contre les lois naturelles et divines qui n'ont pas encore été répudiées, le fascisme est une révolte contre le désordre social et économique répandu par le libéralisme. Comme le socialisme, le fascisme exige une autorité ferme et stable, avec cette différence qu'il la veut représentative de toutes les classes au lieu d'une seule, qu'il la veut réelle, personnelle et responsable. Si le socialisme, doctrine de gauche, est essentiellement négatif, le fascisme, doctrine de droite, est essentiellement positif. Si le socialisme est destructif et veut faire disparaître les derniers vestiges de la spiritualité, avant de construire son athéisme et son matérialisme, le fascisme comporte aussi un travail de destruction, destruction de tout le désordre accumulé par la démocratie moribonde, avant de construire son régime spiritualiste, qui doit imposer le respect de la charité dans toutes les manifestations sociales de l'individu. [...]

LE FASCISME ET LE POUVOIR

Le fascisme n'admet pas que le pouvoir émane, dans l'État fasciste, d'une section du peuple ou d'une majorité électorale accordée à un parti politique, puisque l'État comprend tout le peuple. Il décrète que tout pouvoir vient de Dieu ; que le pouvoir n'est pas un droit, mais un devoir qu'on ne peut revendiquer au nom d'un groupe, de certains intérêts ou voire de soi-même, mais seulement au nom de Dieu et de la vérité. [...]

Le fascisme considère que la loi humaine est un reflet de la loi divine, et que tout chef tire son autorité de la loi divine qu'il est chargé de faire respecter et d'appliquer. Mais, quelque haut placé que soit le chef, quelque grand qu'il soit, il reste lui-même soumis à cette loi, qu'il ne saurait enfreindre sans saper les bases de sa propre autorité. C'est pourquoi la conception fasciste s'oppose à la tyrannie du pouvoir démocratique issu de la majorité du nombre, comme à la tyrannie du pouvoir personnel absolu, puisque personne dans l'État fasciste ne peut être au-dessus de la loi. Un chef fasciste peut, en tout temps, être destitué par le grand conseil politique de la nation s'il trahit la charte qui a été confiée à sa direction, charte à laquelle il est le premier soumis et dont il doit être le serviteur modèle. [...]

LE FASCISME ET L'ÉTAT

Il suffira de donner la définition que Mussolini fait de l'État, définition identique à celle d'Hitler, pour savoir quelle conception s'en fait le fascisme.

« L'État tel que le fascisme le conçoit, dit Mussolini, est une entité spirituelle et morale, parce qu'il incarne l'organisme politique, juridique et économique de la nation, et cet organisme, tant dans sa création que dans son développement, est une manifestation de l'esprit de la nation. L'État n'est pas seulement le garant de la sécurité intérieure, mais il est aussi le gardien et le transmetteur de l'Esprit du Peuple, et cet esprit a été élaboré à travers les âges par sa langue, par ses coutumes et par sa foi. L'État ne vit pas seulement dans le présent, mais aussi dans le passé et, par-dessus tout, dans l'avenir. C'est l'État qui, transcendant les brèves limites de vies individuelles, représente la conscience immortelle de la nation. »

En un mot, le fascisme considère que nos ancêtres ont été nos coopérateurs pour établir le pays dans lequel nous vivons et que nous devons, à notre tour, coopérer avec nos descendants. L'État fasciste est donc un État avant tout traditionaliste, qui fait de la tradition son guide vers la réalisation des aspirations nationales. C'est pour cela que, sans prescrire aucune forme particulière de gouvernement, le fascisme cherche à éviter les défauts de la démocratie, en préférant les intérêts PERMANENTS de la nation et l'incorporation de ses traditions et ses aspirations ETHNOLOGIQUES à n'importe quelle sorte d'agitation politique TEMPORAIRE. En somme, le fascisme préfère l'ethnocratie à la démocratie. Le gouvernement de l'État fasciste cherche constamment à réaliser les intérêts suprêmes de la nation, tels que confirmés par une large consultation des opinions EXPERTES, à déterminer le peuple à toujours étudier et défendre l'intérêt national primordial et, s'il est nécessaire, à lui faire faire des sacrifices temporaires en vue d'obtenir des avantages plus durables.

LE FASCISME ET LA RELIGION

Le fascisme est une formule de redressement politique social et économique, et il ne croit pas que l'on puisse opérer ce redressement sans tenir compte des racines profondes de la civilisation occidentale. Cette civilisation millénaire est la civilisation chrétienne. Elle a pour inspiratrice et pour guide la religion chrétienne, formatrice des individus. Comme les individus qui composent la nation doivent vivre suivant les principes de leur formation religieuse, il est indispensable que l'État coopère étroitement avec la religion. Hitler est le gouvernant qui est allé le plus loin, à ce sujet. Dans sa première déclaration officielle comme chancelier, à Potsdam, il posait le principe politique suivant : « Le gouvernement de la Nouvelle Allemagne est persuadé que la religion est *la seule base* de toute morale, de l'instinct de famille, du peuple et de l'État et il la défendra. » C'est pourquoi, dans son programme déclaré intangible pour toujours, Hitler a fait insérer le principe que l'État doit être positivement chrétien, qu'il n'a pas le droit d'être neutre ou même indifférent et que, dans toutes ses législations, il doit non seulement éviter de venir en conflit avec la religion mais doit donner aux lois une attitude positive pour faciliter l'accomplissement des enseignements de la religion. Le fascisme exige que l'instruction et l'éducation soient confessionnelles, à tous les stages. Le fascisme reconnaît que la religion est la dépositaire, la gardienne et l'interprète de la morale. Le fascisme, et la constitution de Potsdam le définit clairement, est le premier défenseur et soutien de la religion. Le fascisme répudie entièrement le rêve de l'homme divinisé et du paradis sur terre, rêve issu de la Révolution de 1789, et il veut imposer un retour aux principes de la pure tradition chrétienne. […]

LE FASCISME ET L'INDIVIDU

Le fascisme décrète, contrairement au socialisme libéral, que les individus sont naturellement inégaux. En vertu de ce principe, l'organisation sociale ne peut plus être individualiste ; elle est entièrement sociale. L'individualisme est un crime qui est puni suivant les maux qu'il occasionne. L'individu, dans l'État fasciste, appartient à la classe à laquelle il est normalement dévolu par naissance atavisme, éducation, aptitude et avancement personnel. Cependant, l'individu n'est pas abandonné à ses propres ressources, mais encadré et soutenu par des organisations corporatives.

Le travail est considéré par le fascisme comme un devoir social obligatoire pour tous les individus. Il ne tolère pas plus les paresseux riches que les paresseux pauvres. Et, dans tout ce qu'il fait, l'individu n'a pas le droit de s'occuper seulement de lui-même ; il doit aussi s'occuper des autres. L'individu doit subordonner ses intérêts personnels à ceux du bien général et à ceux de l'État qui exerce l'autorité nécessaire. Il n'est pas seulement une unité indépendante, dans la nation, mais membre d'une communauté pour le bonheur présent et futur de laquelle il porte de graves responsabilités. Il peut, et même il doit avoir des intérêts personnels, mais il ne doit pas chercher son avantage dans une direction opposée à celle du bien commun. Il doit donc agir dans un esprit corporatif et patriotique. Sa vie, dans la société, doit se modeler sur les devoirs de sa vie individuelle dans sa famille, qui est naturellement corporative, guidée par une autorité permanente et stable, et dont l'État se fait le plus ferme soutien et défenseur. L'État considère la nation comme la grande famille nationale, extension de la petite famille, et il se fait le défenseur naturel de la grande et de la petite famille. [...]

LE FASCISME ET LES CLASSES SOCIALES

Le fascisme combat avec acharnement la lutte des classes sociales, suscitée par le libéralisme et avivée par le socialisme et il prend les moyens législatifs et économiques voulus pour la faire cesser. Il considère que toutes les classes sociales sont nécessaires et que, au lieu d'être naturellement antagonistes, elles se complètent les unes les autres.

Il faut admettre l'inégalité des classes comme des individus conséquence de l'inégalité naturelle, loi fondamentale de la nature. Comme les roues d'un même rouage d'horlogerie, les différentes classes doivent fonctionner suivant un rythme coordonné, dans un mouvement d'ensemble, suivant un ordre et une harmonie qui assurent l'avancement et le progrès de toute la nation. Chaque classe accomplit sa fonction dans l'organisme social ; chaque classe a ses devoirs et ses droits propres qui forment sa tradition. À la haine de classe socialiste, comme à la tyrannie de classe du capitalisme, le fascisme oppose une solidarité sociale basée sur une juste répartition des droits et des devoirs. Dans chaque classe, le fascisme reconnaît des hiérarchies, des élites personnelles et responsables.

Le fascisme répudie le socialisme et accepte la doctrine sociale chrétienne. Il l'applique suivant un mode corporatif. Tout, dans le fascisme, est basé sur cette idée corporative mettant chaque aptitude et chaque compétence à sa place normale, comme dans une corporation industrielle ordinaire, avec cette différence que, plus un chef a d'influence et de puissance, plus nombreux sont ses devoirs et plus rigoureux sont les comptes que l'État exige de lui.

LE FASCISME ET LE DROIT DE PROPRIÉTÉ

Le droit de propriété est sacré, dans l'État fasciste. Cependant, puisqu'il est reconnu comme un droit, il comporte des devoirs. Si le socialisme prêche que « la propriété, c'est le vol » ; si le libéralisme proclame que « tout individu peut indistinctement faire ce qu'il veut avec ce qu'il possède », le fascisme proclame que la propriété privée est un dépôt que l'individu peut posséder et transmettre à ses héritiers sans taxe immodérée sur le capital, POURVU qu'il en fasse un usage raisonnable de son privilège et qu'il développe à sa capacité maximum, pour l'intérêt commun en même temps que le sien, cette part du sol national ou de capital ou d'industrie qui est laissée entre ses mains. [...]

Si le fascisme se fait le défenseur du droit de propriété, dans toutes les sphères imaginables, il se permet d'intervenir lorsque le droit de propriété entre en conflit avec l'intérêt de l'État et le bien général. Le fascisme est conscient de son devoir primordial de *diriger*, et il accomplit ce devoir intelligemment, en coordonnant toutes les forces productrices de la nation. C'est ce qui peut lui permettre de contrôler la production, suivant les besoins naturels du pays et de ses marchés extérieurs, et restreindre toute surproduction basée sur des besoins artificiels spéculatifs. C'est donc opposer l'idéal de service au mercantilisme industriel et à l'idéal de production pour le seul avantage du profit, ainsi que protéger la propriété personnelle contre le capitalisme agioteur.

LE FASCISME ET LE CAPITAL

Le fascisme établit une démarcation très nette entre le capital et le capitalisme. Le capital est un élément économique absolument indispensable pour la vie d'une nation. Le capitalisme est une tyrannie économique et sociale exercée par certains détenteurs de capitaux. La démocratie libérale est directement responsable de la tyrannie capitaliste qui a fini par rompre tout équilibre en absorbant la majeure partie du capital des nations, en exploitant cruellement les classes faibles pour augmenter sa puissance, en corrompant les partis politiques en sa faveur, en échafaudant tout un édifice de législations détrimentaires aux autres classes.

Le fascisme est peut-être plus fanatiquement anticapitaliste que le socialisme, parce qu'il perçoit plus sainement les méfaits du capitalisme et les remèdes qu'il faut apporter aux maux qu'il occasionne. [...]

Il (*le fascisme*) se propose d'abord, par des lois préconisées dans ses programmes politiques, lois qui diffèrent suivant les lieux et les genres d'abus, d'écraser définitivement le despotisme et la tyrannie du capitalisme. Dans le domaine positif, il décrète que les rôles jusqu'ici maintenus doivent être renversés, et que la finance doit cesser d'être la maîtresse, pour devenir la servante de l'agriculture, de l'industrie et du commerce. La force inerte de l'argent doit être assujettie à la force vive des activités humaines.

Le fascisme pose aussi en principe que seuls le travail d'un individu ou une mise réelle de fonds peuvent rapporter des profits. C'est dire que le capital ne pourra plus être spéculatif, mais devra devenir purement productif. La spéculation sur des titres sans valeur réelle, sur des stocks de valeur fictive ou imaginaire, est ce qui cause la grande misère moderne et la maldistribution des richesses. [...]

LE FASCISME ET LES PARTIS POLITIQUES

Le fascisme comporte l'abolition de tous les partis politiques. En réalité, il n'y a même pas de parti fasciste, sauf pendant le temps que dure encore l'ère démocratique, car le fascisme est un système gouvernemental et non un groupement partisan. [...]

Le pouvoir, sous le régime démocratique des partis politiques, est basé sur la souveraineté du nombre, sur la majorité des voix, c'est-à-dire sur une masse anonyme, instable, incohérente et totalement irresponsable. Ce mode électoral prête à corruption et, de fait, n'est que corruption. L'autorité qu'il confère n'est que nominale, elle est toujours timide, toujours insuffisante.

Le suffrage universel, tel qu'il est pratiqué dans les pays démocratiques, est issu du faux principe de l'égalité de tous les citoyens. Et, quelque parti qui soit au pouvoir par le moyen du suffrage universel, il est incapable de gouverner. Le suffrage universel ne produit que des politiciens professionnels, susceptibles de corruption et capables de corrompre l'électorat de qui ils détiennent le pouvoir il ne produit pas d'hommes d'État, sauf en de très rares exceptions. La qualité d'homme d'État exige des mesures de prévoyance, de sagesse et de sacrifice que la masse électorale ne consentira jamais. On n'obtient pas la sagesse en multipliant à l'infini le nombre des ignorances ; et, sous le régime démocratique, la sagesse se résume dans le « non » ou le « oui » exprimé par l'ignorance générale, que l'on dénomme « suffrage universel ».

Le fascisme n'a donc aucune confiance dans le système électoral démocratique, qui procède toujours par le mensonge des fausses promesses, ou l'intimidation, ou la corruption, et qui ne confère le pouvoir qu'à une classe ou un groupe d'intérêts de la nation. Les gouvernants qui doivent exercer des talents d'hommes d'État et une grande vision ne doivent pas être forcés de faire leur cour à la popularité, car ce n'est pas le nombre de voix en faveur d'une loi qui doit compter, mais la sagesse et l'équité de cette loi. C'est pourquoi, sous le Fascisme, les majorités ne veulent rien dire, à moins qu'elles ne soient des majorités d'hommes d'expérience et d'esprit patriotique.

LE FASCISME ET L'OPPOSITION PARLEMENTAIRE

L'opposition parlementaire est, aux yeux du fasciste, l'une des plus grandes futilités dont il convient de se débarrasser. Toute opposition parlementaire semble être un corps d'agitateurs salariés dont la tâche stupide est de retarder et entraver l'action du gouvernement au pouvoir, de mal représenter sa conduite et de critiquer les lois au point de créer dans l'esprit public des doutes sur leur justice et de diminuer le respect qu'elles devraient inspirer. [...] Le fascisme répudie l'erreur démocratique des oppositions parlementaires et exige que tout soit avec et dans l'État, et qu'aucun groupe ne soit contre l'État. [...]

LE FASCISME ET LA LIBERTÉ

Le fascisme a des données très précises sur la liberté. Ces données sont, en résumé, l'opposé exact de l'interprétation apportée par la Révolution française sur la liberté. La liberté n'existe pas, par elle-même, car c'est simplement la conséquence de la jouissance d'un droit. On est libre d'user ou non d'un droit, mais la liberté n'engendre aucun droit. Les socialistes et les libéraux en font un principe premier, justement pour placer sur le même pied que les nationaux d'un pays ceux qui sont totalement étrangers à ce pays et n'y jouissent d'aucun droit. [...]

Il n'existe aucun droit qui permette de faire le mal, et par conséquent toute liberté à ce sujet est inexistante. Quant au bien, il a tous les droits et il n'est aucunement nécessaire de réclamer la liberté de le faire. De plus, le droit de se libérer du bien n'existe pas. On ne peut se libérer que du mal, et toute autre signification donnée à la liberté est fausse.

Qu'est-ce qui est mal, alors ? Le fascisme considère comme un mal tout ce qui peut attenter à l'unité nationale, aux traditions, aux coutumes, aux mœurs, au patriotisme, à la suprématie politique, économique et sociale des nationaux sur la terre que leur ont léguée leurs ancêtres ; tout ce qui peut affaiblir ou amoindrir les institutions nationales et religieuses acceptées ; tout ce qui peut entraver le progrès des nationaux dans toutes les sphères économiques, sur la seule terre où ils peuvent donner libre cours à leurs aspirations. [...]

CONCLUSIONS

Voilà [...] quels sont les principaux aspects, les doctrines et le fonctionnement du fascisme, la grande formule moderne de redressement, de régénération chrétienne, et de restauration nationale, politique, sociale et économique. C'est, en résumé, un retour énergique à la tradition, à la justice et la charité chrétiennes, en tenant compte des conditions de notre époque, des ruines accumulées par le libéralisme démocratique, et des besoins de l'heure ; c'est l'affirmation intense des droits nationaux et religieux ; c'est la lutte contre un matérialisme contraire à ce qui forme notre essence propre ; c'est la destruction définitive de la fausse démocratie qui a construit l'édifice social suivant des données qui ne correspondent pas avec les fondations du même édifice ; c'est la libération de l'emprise juive sur le monde, du contrôle de notre héritage par les étrangers, de notre vie économique étranglée par des dictatures tyranniques. [...]

Il faut, en précurseurs de sa venue certaine, porter partout l'évangile fasciste, le seul qui pourra nous sauver et nous restaurer. Alors que le socialisme essaie de tuer le peu de foi nationale et chrétienne qui nous reste, le fascisme vient la réveiller. Car, le fascisme est essentiellement un mouvement de foi, foi dans la vérité et la justesse de nos traditions, foi dans notre mission nationale, foi dans notre race, foi dans notre caractère chrétien. Le fascisme, c'est le dégagement individuel et collectif du matérialisme, en même temps qu'une plongée dans les sources spirituelles de la nation. Le fascisme, c'est le refoulement de l'appel aux sentiments égoïstes et aux instincts inférieurs de l'homme, en même temps qu'un contre-appel à l'esprit de sacrifice et aux instincts les plus nobles, nous rappelant que la vie nationale, pas plus que la vie individuelle, n'est une partie de plaisir, mais une soumission constante au sens du devoir, de l'honneur et du travail ; que, dans la vie nationale comme dans la vie individuelle, rien de beau ni de grand ne s'obtient sans effort et sans sacrifice. Le fascisme, c'est le cri de guerre contre les forces malsaines, contre les injustices sociales, contre les doctrines destructrices, contre les principes démoralisateurs, en même temps que c'est le cri de résurrection et de renaissance, un cri franc, clair et pur qui pénètre jusque dans la grande conscience intérieure collective et qui nous sauvera, si nous savons le répéter sans relâche jusqu'au jour du grand réveil. [...]

★ ★ ★

EXPOSÉ DES PRINCIPES ET DU PROGRAMME DU PARTI NATIONAL SOCIAL CHRÉTIEN

Discours prononcé au Monument-National à Montréal
22 février 1934

LES DEUX ROUTES OPPOSÉES

[…] La vieille démocratie, par les mots d'ordre qu'elle a lancés, par son industrialisation intensive qui a complètement changé l'aspect du problème économique, a créé des problèmes sociaux qu'elle ne peut pas régler, elle a suscité un mouvement qu'elle n'est plus capable de contrôler. La vieille démocratie a écarté graduellement les valeurs spirituelles qui autrefois conduisaient le monde civilisé et chaque pays en particulier, et a laissé s'y substituer la grande Internationale de l'Or, qui aujourd'hui gouverne le monde et influe directement sur les destinées de chaque pays. La vieille démocratie a internationalisé et déchristianisé les peuples qui s'étaient confiés à elle, contrairement aux aspirations nationales et aux croyances chrétiennes des individus, créant ainsi un déséquilibre social et un chaos économique faciles à comprendre. Il faut, ou achever complètement la besogne et courir vers une civilisation nouvelle qui sera la négation absolue de toute spiritualité et le règne absolu du matérialisme, ou effectuer une réaction vers les grands principes chrétiens que la démocratie, de fait et par son action, a relégués à l'arrière-plan, et ce sera alors le règne de « la matière soumise aux valeurs spirituelles ». [...]

QUELQUES PRINCIPES DE POLITIQUE SOCIALE

Le siècle qu'on a appelé « le siècle du progrès » a échafaudé son système sur des formules purement matérialistes, et il s'en est suivi que la matière a déterminé la vie même de l'homme ; elle a été la loi, la raison d'être, le mobile de toutes les autres, et les conditions humaines y ont été subordonnées. L'humanité est devenue ce qu'on appelle chaque jour « le capital humain », assimilé à tous les autres éléments économiques, et l'on a tablé sur le « capital humain » comme on table sur les chemins de fer, sur le crédit, sur la balance commerciale, etc. On a appliqué cette loi insensée que l'homme existe pour servir la finance, le commerce, la production, écartant le principe spiritualiste que la matière, la finance, le commerce, la production doivent servir l'homme et répondre aux besoins humains.

L'homme est devenu l'esclave de sa création matérielle. Autrefois, l'activité cessait lorsque l'homme quittait l'atelier ou sa boutique ; aujourd'hui, l'activité humaine cesse lorsque la machine arrête, lorsque les puissances d'argent qui ont en mains le sort de l'humanité décident d'arrêter ou de tempérer la production. Les masses innombrables des travailleurs sont les esclaves des conditions économiques, et l'homme est aujourd'hui enchaîné à un régime tel qu'il n'en a jamais connu de semblable dans toute l'histoire. [...] L'élément humain ne compte plus ; ce qui compte, ce sont les profits, les dividendes, l'équilibre des budgets. L'être humain n'a absolument aucune valeur, aux yeux de la nouvelle condition économique. [...]

La civilisation nouvelle, au lieu de satisfaire aux besoins humains et de réduire le nombre des nécessités, a multiplié les besoins et accru les nécessités, sans les assouvir, répandant ainsi dans le cœur des masses la dissatisfaction, l'envie, la jalousie et la rancœur à un point que ces défauts, autrefois individuels et cachés, sont devenus des conditions collectives et publiquement proclamées. Non seulement le progrès matériel a empêché le progrès humain, mais il a fait rétrograder l'humanité de plusieurs millénaires en arrière, se servant de ses innombrables moyens nouveaux de propagande : radio, cinéma, musique en conserve, modes, publications de toutes sortes, pour réengager l'être humain dans la complaisance des instincts les plus grossiers, des sentiments les plus cruels, des impulsions les plus brutales. En même temps que la matière a pris l'ascendant sur le spirituel, la bête a pris l'ascendant sur l'esprit.

Et quel est, au point de vue humain, le bilan de ce siècle de progrès ? Un coup d'œil sur les événements des cent dernières années ne le démontre que trop. C'est une série ininterrompue de guerres, de révolutions, d'émeutes, de rébellions, de meurtres, de suicides, d'enlèvements, de crimes contre nature, de vols, de fraudes, etc., dont le total dépasse toutes les fantaisies de l'imagination. [...]

Le monde est aujourd'hui la possession de quelques puissances d'argent, dominées par la Haute Banque internationale de l'Or, qui est juive. Ce sont ces puissances qui commandent sur la sphère internationale, qui commandent directement ou indirectement dans chaque pays. Ce sont ces puissances qui fixent les prix, qui règlent le sort économique et social des êtres humains, qui ont imposé la loi suprême à laquelle tout et tous doivent être soumis : la production. Non pas la production pour répondre aux besoins de l'humanité, non pas la production pour répandre plus de bonheur, mais la production pour les profits, pour les dividendes, pour grossir toujours le monopole des grandes puissances. Sans savoir si la production pourra être absorbée ou répondra à des besoins réels, on en fixe le programme et le volume des années et des mois à l'avance, et l'on s'arrange pour qu'elle soit vendue, de gré ou de force, par des méthodes de publicité à haute pression, par des méthodes de vente à haute tension, que l'acheteur en ait ou n'en ait pas le moyen. Et, de toute cette production insensée, mal dirigée, qui menace même de tarir certaines sources de produits naturels, ce ne sont ni ceux qui y donnent leurs sueurs et leurs énergies pour les faire, ni ceux qui y placent leur salaire, qui en ont le profit final, mais les puissances d'argent, toujours cachées et anonymes, qui écument les sacrifices des travailleurs et les sous des consommateurs. La matière a toute primauté, toute supériorité sur les valeurs morales, et ce sont ceux qui la possèdent qui sont les maîtres de l'humanité.

Et nous en sommes à ce point « d'avancement » de l'humanité que, à côté de la grande production, de la grande abondance, des entassements prodigieux de vivres et de combustible, on peut voir la grande misère de masses innombrables, la grande faim, le grand froid, la grande désespérance. [...]

La solidarité sociale, basée sur la charité chrétienne et sur la justice, doit remplacer une fois pour toutes l'individualisme égoïste qui a permis à des êtres humains d'enchaîner des foules d'autres êtres humains. Ce ne sont plus les choses matérielles qui vont dominer la société et la question économique, mais les grands principes supérieurs de la morale, auxquels toutes les activités devront être assujetties ; le capitalisme, comme système d'exploitation, sera implacablement détruit, et le capital, élément indispensable dans la vie économique, reprendra son rôle normal, qui est de servir les activités humaines, et non de les dominer. [...] Le citoyen aura tous les droits acquis dans le passé, mais il n'en jouira qu'en autant qu'il accomplira les devoirs qui y correspondent ; la liberté illimitée de tout faire ce que l'on veut sera subordonnée à la loi suprême du bien commun, qui primera toujours l'intérêt particulier ; le parasitisme et la spéculation prendront fin, car l'organisation moderne est suffisamment avancée pour assurer une distribution adéquate des produits par un commerce sain, sans besoin d'écumeurs inutiles. Les activités de l'État, des citoyens, de tout le mécanisme législatif, administratif, économique doivent converger constamment vers une loi suprême : l'amélioration de l'être humain et l'amélioration de son sort, l'être humain formant le premier souci de toute activité publique, l'être humain étant placé au-dessus de toutes les contingences matérielles, quelles qu'elles

soient. L'être humain, aux yeux du fascisme, est le roi de la création, celle-ci a été faite pour le servir ; l'être humain doit servir
Dieu et son semblable, mais il ne doit pas servir la matière,
comme on le force à le faire depuis cent cinquante ans, contrairement à son rôle véritable, à sa dignité, à sa noblesse. [...]

L'égoïsme, dans une société chrétienne, est ce qui tend le
plus à détruire le christianisme, parce que c'est l'antithèse de la
charité, base de tout christianisme. Il faut que le citoyen ait conscience de son devoir de solidarité avec ses semblables, et qu'à
chacun de ses actes se rattache toujours l'idéal du bien public.
Cet esprit est possible, en donnant aux lois et à leurs ordonnances une forme véritablement chrétienne ; cet esprit est nécessaire parce que seul il peut mettre fin à l'égoïsme qui a causé
tant de maux sociaux en suscitant groupes contre groupes et
classes contre classes, dans l'espoir de domination qui animait
les unes et les autres. Le sens du bien commun peut seul créer
un esprit national, général et personnel de coopération, impossible avec les revendications de la démocratie et du socialisme,
mais rendu possible par le fascisme. [...]

C'est un devoir pour tout homme de travailler, et, en regard
de ce devoir, l'homme a le droit de demander à une société qui
se prétend bien organisée de lui garantir le privilège de gagner
sa vie en travaillant. [...] C'est un crime social de la plus haute
gravité que de forcer à l'inaction, à la misère et à la démoralisation des hommes de cœur, laborieux, désireux de gagner hon-
nêtement non seulement leur subsistance mais une vie conve-
nable pour eux-mêmes et leur famille. [...]

Les corporations, [qui] seront chargées de faire les lois du
pays par leurs représentants, et de surveiller leur application par
leurs conseils supérieurs, offriront aux différentes classes les plus
grandes garanties de protection dont elles aient jamais joui à
aucune époque de l'histoire mondiale. Ce sont elles qui veille-
ront à l'équilibre et au rythme de la marche de la nation. C'est
pourquoi elles doivent être libres de toute influence étrangère,
elles ne doivent subir aucune contrainte du dehors, elles doivent
être suprêmes dans le champ de leurs attributions respectives et

de leur propre autorité. L'État devenant leur défenseur naturel, c'est sur l'État et lui seul qu'elles doivent s'appuyer, avec lui seul qu'elles doivent collaborer. [...]

QUELQUES PRINCIPES DE POLITIQUE ÉCONOMIQUE

La production sans autre idéal que celui de faire des profits est l'une des grandes causes de la catastrophe économique que nous avons subie ; elle est la cause de l'extrême expansion du machinisme, des fausses bases sur lesquelles a été échafaudé le système moderne de crédit, crédit aussi artificiel que la surproduction et ses méthodes d'écoulement ; c'est elle aussi qui, dépréciant sans cesse la valeur du travail et du génie humain, a engendré la colossale industrie du produit inférieur, du substitut, de la camelote, de la marchandise dont la seule valeur est l'apparence. [...] L'idéal économique doit être refondu de fond en comble, si d'abord l'on veut rendre à la main-d'œuvre humaine sa dignité et son utilité, ensuite rendre justice aux consommateurs, puis éliminer les industries parasitaires qui n'ont pas leur raison d'être et qui, détenues pour la plupart par des antichrétiens, entretiennent un foyer contagieux d'idéal antichrétien dans la vie économique. [...]

La fixation et l'imposition de profits raisonnables et de salaires raisonnables ne sont possibles qu'avec le système corporatif de gouvernement ; parce que les corporations, qui forment l'État corporatif, sont les organismes mêmes qui règlent l'activité économique, qui en contrôlent les conditions. Aucun équilibre économique, aucune entente vraiment satisfaisante entre le capital et le travail, aucune forme sérieuse de contrats de travail collectifs, ne sont possibles sans le système des corporations fascistes.

Le corporatisme est la clé du règlement définitif du conflit trop longtemps entretenu entre le capital et le travail. C'est une question d'une importance majeure, puisqu'elle concerne le sort de toute la classe des travailleurs manuels, les contingences de chômage, d'accidents industriels, de maladie, de vieillesse, etc. [...]

Le socialisme nie le droit de propriété et tend à le faire disparaître complètement. La démocratie affirme le droit de propriété sans reconnaître aucun devoir social correspondant. Pour le premier, la propriété c'est le vol ; pour le second, c'est une chose avec laquelle on peut faire indistinctement ce que l'on veut. Le P.N.S.C. ne reconnaît aucune de ces deux formules. Il reconnaît la propriété comme un droit, mais reconnaît en même temps que ce droit entraîne des devoirs sociaux. Nous reconnaissons que l'idéal est que tout citoyen possède quelque chose, qu'il se serve de sa propriété pour son avantage personnel, mais nous ne reconnaissons pas qu'il puisse user de sa propriété de façon nuisible à ses semblables ou à son pays. Tout acte du citoyen ayant une répercussion sociale, il est indispensable que ses actes soient dirigés par des devoirs sociaux qu'il doit respecter et bien remplir. Si le fait de posséder, soit des capitaux soit une industrie, est pour le possesseur un moyen de faire souffrir ses semblables, ou leur nuire, ou leur faire tort, nous prétendons que l'État a le droit et le devoir d'intervenir, sans injustice, comme il intervient contre un porteur d'armes ou de narcotiques qui nuit d'autre façon à ses semblables. Trop de crimes sociaux ont été commis au nom du droit de propriété pour ne pas délimiter fermement ce droit par les devoirs qui en découlent. C'est pour ne pas l'avoir compris que la démocratie a occasionné tant de révolutions, de luttes de classes et qu'elle nous a fait cadeau du socialisme et du bolchevisme. [...]

Non seulement nous condamnons l'usure directe et ouverte, mais nous condamnons plus fortement encore l'usure indirecte qui consiste à faire un capital nouveau avec les intérêts passés dus, en les ajoutant à la dette réelle, et en chargeant un nouvel intérêt sur ces intérêts Ce genre sordide d'usure a fait perdre des centaines de millions aux classes humbles. Les peines les plus sévères seront fermement imposées à ceux qui surchargeront injustement les consommateurs par voie de renchérissement sans motif et de « *profiteering* ». [...]

La spéculation, le mouillage des capitaux et le parasitisme sont la cause principale de l'exploitation des travailleurs comme des consommateurs, en même temps que de la faillite agricole, de la disparition du petit commerce et de la petite industrie, de la dépossession des petits propriétaires, de la ruine de la petite bourgeoisie, du gonflement constant des trusts et des monopoles. L'immense majorité du peuple ne doit plus être sacrifiée aux ambitions égoïstes du petit nombre. [...]

LA FINANCE

Contrairement à toute saine sociologie, la finance a été jusqu'ici la maîtresse des destinées du pays ; c'est elle qui a forgé à son gré le sort de toute la population, qui a commandé aux partis politiques et aux gouvernements. Parce qu'elle a accepté la domination de la finance internationale, dont elle ne pouvait d'ailleurs se soustraire à cause des principes démocratiques mêmes, elle a autant agi contre l'intérêt national qu'en sa faveur. [...]

On a placé le sort de la monnaie nationale entre les mains des grands manipulateurs internationaux, de sorte que ce n'est plus ni notre couverture d'or, ni notre solvabilité, ni notre activité nationale qui font la valeur de notre monnaie, mais les intérêts de ces agitateurs, anonymes, invisibles, inaccessibles, mais qui n'en écument pas moins le meilleur de toute l'économie nationale et la réalité de toutes nos activités. [...]

Dans l'État nouveau, ce ne sera ni la finance ni aucun élément ou classe qui conduira les destinées et la barque de la nation, mais ce sera l'État lui-même. [...]

LA JEUNESSE

Nous ne dédaignerons pas l'expérience du passé ni les conseils des gens âgés, mais nous nous appuierons surtout sur la jeunesse, car notre mouvement est un mouvement de jeunesse ; nos idées exigent des sacrifices, un courage, un enthousiasme et une détermination que seule la jeunesse peut apporter, et nous ferons appel à toute la jeunesse. D'ailleurs, nous considérons que la jeunesse a les premiers droits sur l'avenir et que c'est elle qui doit le préparer, suivant ses instincts naturels de race, suivant sa volonté. [...]

NOUS PROCLAMONS...

Nous proclamons que nous devons devenir une nation, afin d'avoir une conscience nationale, une idée nationale, une mentalité nationale et une unité nationale, et nous sommes prêts à l'obtenir. Nous proclamons que les Juifs, qui n'ont pas respecté leurs conditions d'entrée au pays (devenir des colons et des agriculteurs), ont accaparé dans notre vie économique une puissance exagérée, dangereuse, et nous sommes prêts à rétablir l'équilibre. Nous proclamons comme antinationale l'influence indue qu'exercent sur notre pays les grandes combines internationales, et nous sommes prêts à en opérer le dégagement. Nous proclamons comme crimes d'une haute gravité l'exploitation des masses par une poignée de gros exploiteurs, la dépossession des petits propriétaires, l'étranglement du petit commerce, l'écrasement de la petite industrie, la disparition graduelle de la petite initiative privée devant l'invasion des grosses combines, le déracinement des cultivateurs, la dictature des puissances d'argent sur toutes les autres classes et sur notre politique, et nous sommes prêts à réprimer ces crimes et à y mettre fin. Nous proclamons que le communisme et le socialisme sont des erreurs et des dangers, et nous sommes prêts à en détruire la menace. Nous proclamons que tout homme qui travaille a le droit de jouir pleinement du fruit de son travail, qu'aucun parasite n'a le droit de lui en extorquer une part, si petite soit-elle, et nous sommes prêts à appliquer fermement cette justice. [...]

L'ESPRIT VAINCRA LA MATIÈRE.

Nous savons que, dès le début, tous les partis politiques seront contre nous, parce qu'ils ont intérêt à perpétuer le régime de la crèche, de l'assiette au beurre, du patronage corrompu, du favoritisme, de la division nationale, puisque la vie ne leur est possible que par division. Nous savons que l'immense majorité des grands journaux seront contre nous, parce qu'ils subissent le chantage de la grande réclame, parce qu'ils ne pensent que par les grandes agences juives, parce qu'ils ont intérêt à voir se continuer la dictature de l'argent sur les masses. Nous savons que les trusts, les grandes combines, les organisations internationales nous feront la guerre par tous les moyens, parce qu'ils savent que l'établissement de la justice sociale marquerait la fin de leur suprématie. Nous savons que les Juifs et les puissances d'argent tenteront de susciter un fascisme de camelote contrôlé par eux, afin de brouiller les esprits.

Mais toute cette opposition ne vaudra rien devant la volonté des masses qui veulent un changement. Nous tablons sur ce qu'il y a de plus puissant, de plus fort et de plus réel dans notre pays : les instincts naturels de la race blanche, qui sont encore sains, et que toute la fange du matérialisme n'a pas encore été capable de tuer. Nous comptons sur la jeunesse qui, libre des préjugés de clans, n'a pas été touchée par les fausses doctrines ni enchaînée par les compromis. Nous avons choisi pour armes les armes spirituelles, et nous savons que l'esprit vaincra la matière. [...]

★ ★ ★

MON LIVRE D'HEURES

1935-1936

Cet ouvrage, essentiellement spirituel comme son titre le laisse entendre, ne fut publié pour la première fois qu'à titre posthume. Nous en avons, à regret_ ignoré les pages de prières et d'apologétique pour ne sélectionner que des passages politiques.[1] Les fidèles d'Adrien Arcand qui trouvèrent le texte dans ses archives sollicitèrent l'opinion du chanoine Georges Panneton avant sa publication. Celui-ci formula un certain nombre de remarques (qui ne furent pas prises en compte à l'époque).[2&3] Nous indiquons en notes celles qui concernent les extraits que nous avons retenus.

RACISME ET LOI NATURELLE

[...] La race, la constitution du sang, avec les aptitudes propres à son essence, est un produit de la Loi naturelle. Si

---

[1] Figure toutefois en annexe l'*Ave Maria* tiré de ce livre.

[2] Précisons qu'en dépit de ce que ce travail critique pourrait laisser penser le chanoine Panneton admirait Adrien Arcand qu'il considérait « comme un génie en son genre, un apôtre courageux qui a tout sacrifié pour combattre au service de l'Église et pour établir le règne du Christ ».

[3] Il est très probable qu'Adrien Arcand aurait apporté des corrections à cet écrit s'il avait dû lui-même en préparer l'édition.

l'homme se donne sa langue et sa nationalité, il ne se donne pas lui-même son sang et sa race. Il le reçoit sans rien pouvoir y changer, il le subit, le transmet selon qu'il l'a reçu.

Le racisme est donc un aspect de la Loi naturelle qu'il faut respecter, qu'il faut admettre et comprendre.

Si, une fois que l'âme se sépare du corps, le racisme ne signifie plus rien pour le moi personnel, il a, durant la vie humaine, une signification dont l'importance est proportionnelle à la Loi naturelle qui le régit.

Nier le racisme, c'est nier une loi naturelle.

Combattre le racisme, c'est combattre une loi positive.

Vouloir se libérer du racisme, c'est susciter le libéralisme contre une loi naturelle plus forte que les hommes et au-dessus des hommes. Et, dans le domaine raciste comme dans tous les autres, le libéralisme ne peut qu'apporter déchéance, dégénérescence, désordre et chaos. [...]

PEUPLE ÉLU-DÉCHU

Jusqu'à la venue de Jésus-Christ, les Juifs furent vraiment le peuple-élu ; ce fut le peuple luciférien, le peuple porteur de lumière. Car, ce n'est qu'aux Juifs que Dieu a daigné donner Sa lumière, par Ses prophètes, Ses législateurs, Son Fils, Ses apôtres. Nul autre peuple ne reçut cette faveur divine. Cependant, après la venue de Jésus-Christ, les Juifs, de peuple-élu devinrent le peuple-déchu. Comme Lucifer, l'élu du monde spirituel, le porteur de lumière, les Juifs se révoltèrent contre Dieu Lui-même ; et comme lui, ils devinrent (le peuple) élu-déchu. C'est pourquoi les Juifs sont dans le monde humain ce que Satan est dans le monde spirituel : les ennemis de Dieu et de leurs semblables, n'aimant ni Dieu ni leur prochain. C'est pourquoi Jésus-Christ, Dieu, prononçant jugement sur cette race, parlant aux Juifs, nia qu'ils fussent de Dieu et d'en-haut, nia que Dieu fût (alors) leur Père, affirma que leur père, c'est Satan, le père du mensonge, qui fut homicide dès le commencement (saint Jean VIII).[4] […]

LE JUDAÏSME EST D'INSPIRATION DIABOLIQUE.

L'Ancienne Alliance n'existe plus. Elle est lettre morte. C'est un cadavre. C'est Jésus-Christ Lui-même qui l'a détruite, pour en substituer une autre Quand le Sauveur est mort, la Nouvelle Alliance prit instantanément effet. Et pour bien indiquer que l'Ancienne Alliance était chose du passé, morte, Son esprit alla déchirer le voile du Temple, violer le Saint des saints que personne ne devait voir sauf le grand-prêtre. Le Saint des saints, étant violé, exposé à la vue publique, cessait d'être le témoin de l'Ancienne Alliance. Mais le Sang qui ruisselait de la croix, Sang qui faisait bondir les morts de leurs tombeaux et plongeait les éléments eux-mêmes dans des manifestations de douleur, attestait qu'il était bien ce qu'en avait dit son donateur Lui-même quelques heures auparavant : le Sang de la Nouvelle Alliance.

L'Ancienne Alliance n'existant plus, les Juifs sont dans l'impossibilité de glorifier Dieu suivant les termes de cette alliance : c'est-à-dire suivant les termes de la révélation mosaïque. C'est pour cette raison que, privés du Mosaïsme (religion de révélation divine), les Juifs n'observent plus qu'une religion de fabrication humaine, le Judaïsme, aux termes du Talmud et des caprices rabbiniques. […]

La synagogue a remplacé le Temple ; la lettre de la Loi a perdu son esprit ; le rabbinat sans onction a remplacé le lévitisme sacré ; le rituel du Talmud a remplacé le Mosaïsme de la Bible ; le meurtre rituel par haine du Christ (ou la violation sacrilège de Saintes Hosties qu'ils peuvent se procurer) a remplacé chez les Juifs les holocaustes de propitiation.

Toute religion provient d'une inspiration. Si cette inspiration n'est pas de Dieu, elle est du diable. Les Juifs, ne pouvant plus

---

[4] Le chanoine Panneton exprima son désaccord avec ces deux dernières phrases.

pratiquer le Mosaïsme d'inspiration divine et exterminé par Son divin auteur, pratiquent le Judaïsme. Comme le Judaïsme, fabrication humaine, n'est pas d'inspiration divine, il est d'inspiration diabolique. Sa morale, ou plutôt l'abomination de son immoralité, est repoussante ; il est haineux, amer. Le tout sent l'enfer ! Le tout est la continuation de l'imprécation juive contre Jésus-Christ devant Pilate. C'est la seule religion qui soit essentiellement antichrétienne, alors que les autres les plus éloignées du christianisme sont, au pis, non-chrétiennes.

La Juiverie se nourrit d'une Alliance morte et défunte, entrée depuis longtemps en décomposition, d'une Alliance dont la morale était particulière à un peuple et dans l'intention unique de préserver la survie de ce peuple jusqu'à la venue du Rédempteur. C'est pour cela que la Juiverie judaïsante, matérialiste, est le ferment de mort et de décomposition le plus dangereux au sein des peuples chrétiens.

Puisque l'Ancienne Alliance est un cadavre, qu'elle a été détruite par Dieu lui-même, pourquoi la gardons-nous et devons-nous la garder ? Parce qu'elle est un témoin de l'authenticité et de la vérité de la Nouvelle Alliance. Elle n'a aucune autre valeur ni aucune autre utilité. Elle est un témoin juif pour confondre la Juiverie, son immoralité, son infidélité, son danger, sa déchéance, son caractère luciférien d'élue-déchue. Elle est un témoin juif pour attester l'accomplissement des prophéties faites aux Juifs, l'épanouissement en toute plénitude de la Loi donnée aux Juifs, mais que les Juifs (qui en furent les seuls témoins) refusent de reconnaître. Leur crime est d'autant plus grand, leur déchéance est d'autant plus vraie et plus profonde que c'est à eux, et à eux seuls, que furent donnés tous ces signes. […]

NÉCESSITÉ DE SE PROTÉGER CONTRE LA LÈPRE JUIVE

Que sert de vouloir combattre la lèpre si l'on refuse de reconnaître et d'isoler le lépreux, porteur du germe ? De même, que sert de vouloir combattre le modernisme, le marxisme, le communisme, le matérialisme, l'athéisme, si l'on refuse d'indiquer au monde et d'isoler le porteur du germe, le Juif, fils du démon qu'on laisse en pleine « tolérance » contaminer les peuples chrétiens ?

La charité ? Mais la charité n'exige-t-elle pas d'isoler le lépreux ? Et pourtant, on est rempli de compassion, d'amour et de pitié pour cette pauvre victime que l'on doit néanmoins chasser de la société, éloigner de ses proches, de ses amis, de ses semblables !

Malheur aux chefs de file, aux « porteurs de lumière » de la société chrétienne, malheur aux bergers du troupeau qui, se laissant matérialiser, confondent l'humanitarisme matériel et non-révélé avec la charité révélée ! C'est de là que vient tout le mal. Le christianisme est la Loi de la charité, il disparaîtrait sans elle, parce que la charité est chose révélée, apportée par le Christ Lui-même. Et pourtant combien de bergers, se réclamant du Christ, se sont laissés glisser de la charité à l'humanité, l'humanitarisme inspiré par la Juiverie et répandu par son instrument : la Franc-maçonnerie !

La Nouvelle Alliance triomphera, à n'en pas douter. Elle a la Promesse. Elle ne peut pas plus disparaître avant la venue triomphante de Jésus que ne pouvaient disparaître le peuple juif et son Mosaïsme avant la venue souffrante de Jésus.

Mais, néanmoins, combien de mal sera fait, combien d'âmes seront perdues, de combien de baptisés l'enfer s'enrichira, pour combien de chrétiens le Suprême Sacrifice de Dieu aura été rendu inutile, parce que les chefs du troupeau, confondant la charité avec un simple sentiment naturel, négligeant d'attiser sa flamme, auront laissé l'enfer et ses disciples voler ces âmes ? Combien de responsabilités de damnation porteront ceux qui, portant la lumière et l'Onction, auront refusé de voir le mal où il se trouvait et auront, par « tolérance » et « humanité », permis aux loups de dévorer les brebis ?

Des croyants sombrent dans l'athéisme, des pratiquants deviennent Sans-Dieu. À qui la faute si tant de brebis tombent dans la gueule du loup ? À qui incombe le premier devoir de défendre le troupeau, de garder au Christ ceux qu'Il a rachetés ?

Au Moyen Âge, lorsque le libéralisme était inconnu dans la société chrétienne, lorsque l'« humanité » n'avait pas encore supplanté la charité révélée, lorsque nos pères avaient une foi robuste plutôt qu'une religiosité d'habitude, on isolait le Juif, lépreux moral, dans son ghetto.

Les « droits de l'homme » ne s'étaient pas encore substitués aux « droits de Dieu ». On admettait publiquement et civilement que c'est la « volonté de Dieu » qui doit faire la loi, et non la « volonté de l'homme ».

Les Docteurs de l'Église, saint Thomas d'Aquin en tête, proclamaient le droit de la société chrétienne de se protéger contre la lèpre morale, et ils voyaient à ce que le devoir correspondant à ce droit fût accompli. Les Papes veillaient jalousement sur le troupeau qui leur était confié, non seulement par des paroles, mais avec des interventions physiques, comme l'avait fait Jésus-Christ Lui-même.

Quand la lèpre morale menaçait de devenir épidémique, les rois de la chrétienté chassaient les Juifs de leurs royaumes. Et presque tous ceux qui le firent ont été canonisés ou ont gardé une brillante auréole dans les archives de l'Église : saint Louis de France, Isabelle et Ferdinand de Castille, saint Édouard d'Angleterre, saint Ferdinand de Hongrie. Autre marque de différenciation entre les deux Alliances : sous l'Ancienne Alliance, c'eût été un crime que d'exterminer les Juifs comme Aman voulut le faire, parce que la Promesse n'était pas encore accomplie ; sous la Nouvelle, les rois qui débarrassent la société chrétienne des Juifs meurent en odeur de sainteté !

Depuis le Moyen Âge, qui savait protéger la civilisation et les institutions des peuples chrétiens, nous avons eu l'Illuminisme et la Franc-maçonnerie avant-coureurs de la Révolution, qui a émancipé les Juifs en même temps qu'elle émancipait la société des « droits de Dieu » pour proclamer les « droits de l'homme », qui mettait la charité au rancart pour proclamer l'humanité, qui détrônait la révélation pour proclamer la « déesse Raison ».

Les bergers du troupeau ont cédé graduellement ; par raison d'État, ils sont descendus de concession en concession, alors que saint Pierre préférait se faire couper la tête même par raison d'État ; ils se sont « libéralisés ». Et ce qui, devant les lumineux docteurs du Moyen Âge, était un devoir impérieux pour la société chrétienne, est devenu presque « un crime contre la tolérance et la liberté ».

Est-il étonnant que le troupeau soit descendu si bas, lui aussi, et ait perdu le sens de la responsabilité des ancêtres ?

Est-il étonnant que, dans l'âme des foules, l'humanité ait remplacé le feu ardent de la charité, que la raison se soit arrogé l'importance de la révélation ?

Depuis le Moyen Âge, combien l'importance de la vie présente a supplanté celle de l'âme ! Le mal vient-il du corps, ou vient-il de la tête ?

Depuis que la Juiverie, émancipée des sages ghettos organisés par les docteurs du Moyen Âge, s'est infiltrée et accrue librement dans les grands corps chrétiens, quelle plongée parallèle des masses autrefois spiritualistes dans le matérialisme !

Et combien l'âme a perdu de son prix ! [...]

DISTINCTION ENTRE LES DEUX ALLIANCES

L'Ancien Testament ne s'applique qu'à la race juive, race qui était nécessaire à la venue du Messie ; et ce Testament n'a rien à faire avec le reste de l'humanité, ne servant simplement qu'à assurer la survie d'une race menacée d'extinction alors qu'elle portait la Promesse.[5]

Le Nouveau Testament est la Loi universelle, émanant non de la Juiverie ni de l'Ancien Testament, mais de la personne du Christ, de Ses souffrances, de Sa mort, de Sa grâce dont il est la seule source, la seule condition. Et, depuis que le Christ est venu, la race juive n'est plus nécessaire, le Mosaïsme n'a plus

---

[5] Le chanoine Panneton jugeait cette affirmation inexacte, rappelant notamment les lectures quotidiennes de passages de l'Ancien Testament dans la liturgie (missel et bréviaire).

de raison d'être, le sang juif n'a plus d'élection. C'est pourquoi la race juive a été dispersée, c'est pourquoi le Mosaïsme et ces conditions d'existence ont été détruits, c'est pourquoi la défunte élection juive, révoltée contre le Christ, l'Accomplissement, est devenue une déchéance. Si le sang juif méritait le respect, même de Dieu, à cause de la Promesse, dans l'antiquité, depuis le Christ il ne mérite plus que le mépris. C'est ce que fait d'ailleurs l'Église quand, le Vendredi saint, elle fléchit le genou en demandant à Dieu la conversion de toutes les catégories de pécheurs, égarés, hérétiques, infidèles, païens, schismatiques, révoltés, blasphémateurs, etc., elle arrête subitement son chant et refuse de dire « *Flectamus genua* » lorsque, en dernier ressort, elle consent à prier « *pro PERFIDIS Judaeis* ». Ce sont les seuls pour lesquels l'Église du Christ ne prie pas à genoux ![6]

LA RACE LA PLUS DÉGÉNÉRÉE

Pourquoi la race juive était-elle nécessaire à la venue du Messie ? Parce que Dieu lui en avait fait la Promesse. Pourquoi Dieu fit-il la Promesse aux Juifs plutôt qu'à une autre race ?

Parce que c'est une loi, émanant de la bonté divine, que la miséricorde de Dieu doit s'exercer avec le plus de plénitude envers ceux qui en ont le plus besoin.

À ceux qui sont le plus près de Lui, Dieu n'envoie que des souffrances, des misères, des doutes. À ceux qui sont le plus éloignés de Lui, Il lance de plus sonores appels, Il donne les signes physiques les plus éclatants.

L'histoire des Juifs, écrite par des Juifs, atteste que ce peuple fut toujours le plus bas, le plus avili, le plus immoral, le plus déchu, le plus en révolte contre les lois naturelles les plus primaires.[7] Combien de chefs de cette race, chefs célèbres, furent

---

[6] Le rituel du Vendredi saint fut modifié par la suite pour complaire à la Synagogue avec l'introduction de l'agenouillement en 1955 et la suppression du mot « *perfidis* » en 1959.

[7] Le chanoine Panneton estimait que cette charge était « une exagération manifeste et injuste ».

le fruit de l'inceste le plus hideux, du viol brutal d'une mère, d'une fille ou d'une sœur, les enfants du mensonge, de la fourberie, de la tromperie ! L'étable la plus sale, la soue à porcs la plus dégoûtante, le repaire de nègres barbares le plus dissolu ne comportèrent jamais une révolte assez grande de la Loi naturelle pour que la Nature les engloutît sous son feu. Mais les villes où les Juifs se complaisent dans la bestialité d'une bassesse qui surpasse ce que peut inventer l'imagination humaine, furent englouties par le feu du ciel suscité par Dieu. La Nature même ne pouvait supporter pareilles révoltes. Sodome, Gomorrhe, Ninive : qu'ont-elles jamais eu de comparable en n'importe quel coin monde ? Cette race, à cause de son extrême bassesse, méritait plus d'aide divine que toute autre.

C'était une race démoniaque, telle que l'a dépeinte Jésus dans le huitième chapitre de saint Jean, telle que l'ont dépeinte les prophètes Isaïe et Jérémie. C'est pour cela que Dieu devait faire plus pour elle que pour les autres races moins dépravées. C'est parce qu'elle n'était pas déiste que Dieu devait Se montrer à elle de plus près.

Chaque fois que Dieu envoya à la Juiverie un de Ses envoyés, un prophète, la race juive l'assassina. Quand Dieu, dans un nouvel effort, lui envoya la Loi, elle éleva une nouvelle idole au dieu de son cœur : le Veau d'or. Et quand il lui envoya son fils, Dieu Lui-même en personne, elle Le fit crucifier. Puis, elle chassa les apôtres. Et pendant que les apôtres sortaient de Palestine pour parcourir le monde en annonçant la Nouvelle, les Juifs, chassés de Palestine, suivirent le christianisme à travers le monde pour lui susciter partout la contrepartie de l'antichristianisme, en proclamant que Jésus était un imposteur et que le Messie n'était pas venu. De sorte que, Dieu ayant tant fait pour éclairer les Juifs, plus pour cette race que pour n'importe qu'elle autre, son aveuglement ne mérite aucune pitié.

Les Juifs eurent tous les messages de Dieu : Sa Loi, Sa révélation, Son fils, Ses apôtres. Mais, devant tant de messages exclusifs à leur race, les Juifs ne prirent jamais parti pour Dieu. Ils n'étaient pas déistes. […]

Les Juifs ne conçurent toujours qu'un Dieu fait pour les servir ; et ils ne le servirent jamais.[8] Ils marchèrent dans ses voies comme un troupeau terrifié, par crainte d'autres engloutissements sous le feu du ciel, de mort en masse sous les piqûres de serpents, d'extermination sous le glaive de races étrangères.

Le décret d'Aman au Livre d'Esther, sous Assuérus, fait voir ce qu'étaient les Juifs. On croirait que ce décret a été écrit aujourd'hui. Il est aux mêmes termes que les décrets de saint Louis, saint Ferdinand, Isabelle la Catholique, et tous les autres qui ont motivé les expulsions historiques de la race juive. Dans aucun de ces décrets les Juifs ne sont pris à partie pour des raisons religieuses. Dans aucun on ne leur reproche leur culte. Mais dans tous on leur reproche de soulever des schismes, des révolutions, des émeutes, des révoltes contre l'ordre public, de déposséder les populations par le vol et l'usure, de violer les lois du pays, de contaminer les populations par leur immoralité. [...]

C'est parce que la race juive était la plus dégénérée que Dieu devait faire plus pour elle que pour toute autre.

La Juiverie dans le monde humain, comme Lucifer dans le monde spirituel, est la race à qui fut donnée la lumière. Mais elle ne l'a jamais vue, n'y a jamais cru.[9] Dieu le Père s'est montré à elle en Personne ; de même le Saint-Esprit, sous forme d'une colombe ; de même Dieu le Fils. Et Il était annoncé, proclamé et attesté en chaque circonstance par des patriarches, des législateurs, des prophètes, des anges, des voix du ciel.

Pour les Juifs, Dieu a fait des miracles qu'Il n'a jamais faits pour aucune autre race. Il l'a sauvée comme Il n'a sauvé aucune autre race. Il l'a aimée, à cause de son besoin d'aide divine, comme Il n'a aimé aucune autre race. Pour la convaincre de devenir déiste, Il lui a fait des prodiges incessants, Il lui a promis Son Fils, Il le lui a donné.

---

[8] Le chanoine Panneton exprima son désaccord, rappelant qu'il y eut des périodes de fidélité dans l'histoire du peuple hébreu et que figurent parmi les ancêtres du Christ de saints personnages que l'Église honore.

[9] Le chanoine Panneton voyait là « une exagération évidente ».

Dieu le Fils, Jésus-Christ, a fait devant les Juifs des prodiges qu'il n'a pas daigné faire pour les autres races. Il a ressuscité des morts, a changé l'eau en vin, a guéri devant les foules des paralytiques et des aveugles, a nourri leurs foules avec deux pains et deux poissons, S'est ressuscité à leur vue, est monté au ciel à leur vue. Mais, comme Il a dit de cette race : elle avait des yeux pour ne point voir et des oreilles pour ne pas entendre. Parce qu'elle était fille du démon, une fois la Promesse accomplie. Il a tout fait, à travers tous les temps, pour l'arracher au démon. Mais elle n'a pas voulu changer de père. […]

Ceux à qui fut donnée la lumière complète, à qui Dieu se donna de façon manifeste en Ses trois Personnes, en Sa révélation, en Ses signes, à qui Il livra Son propre Fils, sont les seuls qui soient en dehors de Lui, par haine et par opposition. Ils sont devenus exactement comme Lucifer, celui à qui avait été donné le plus de lumière, celui qui l'avait reçue complète afin de la faire rayonner sur les autres. Aujourd'hui, il est le porteur des ténèbres, et les Juifs, qui sont son exacte réplique sur cette terre, font son œuvre parmi ceux qui ont la lumière, cherchant à l'éteindre dans leurs cœurs, par les schismes, les hérésies, le matérialisme, le modernisme, l'athéisme. Quand les enfants de la lumière penseront-ils à se défendre ? Quand ils auront perdu dans les ténèbres la majorité de leurs frères ? […]

Parce que Jésus-Christ avait besoin d'une suprême humiliation, pour que Son Sacrifice fût suprême, Il devait venir parmi les Juifs. Point n'était assez de naître dans la pauvreté absolue, dans une écurie, parmi les odeurs de purin et de fumier, sans aucun secours de la société organisée, mais encore fallait-il qu'Il émergeât d'une tourbe aussi basse, comme la rose la plus belle et la plus parfumée émerge du fumier le plus repoussant.

Si Jésus était né d'un césar romain, d'un grand patricien, ou du sang sain et vigoureux d'un Celte, c'eût été une bien grande humiliation au point de vue divin, mais ce n'en eût pas été une si grande au point de vue humain. Pour que l'humiliation fût complètement consommée, il fallait que Jésus vînt de cette race juive si basse, si insociable que Dieu Lui-même dut toujours la protéger, la race la plus éloignée de Dieu, la plus en opposition à Dieu, comme l'attestent les écrits de la révélation divine conservés par les Juifs eux-mêmes. [...]

Quelques Juifs, de rares survivants de ce qui arrivera infailliblement, reviendront au Crucifié, à la fin des temps, lorsque des signes les convaincront (plus que la foi aveugle acceptée par les autres peuples), lorsqu'Élie viendra leur dire qui est le Messie. Ces rares survivants de toute une race sombrée représenteront leur nationalité dans le concert des peuples chrétiens, afin que ne mente pas la Parole : « TOUTES les nations ».

Mais d'ici à ce que les signes et le prophète Élie viennent ouvrir les yeux à ceux qui seuls furent avantagés des preuves de la lumière, il faut se défendre contre leurs ténèbres diaboliques, pour que l'éteignoir de leur œuvre maudite ne tue pas la flamme des âmes illuminées.

Malheur aux fils de Dieu qui se commettent à l'œuvre des enfants du diable !

Malheur aux gardiens du troupeau qui parlementeront avec les loups !

Malheur à ceux par la faute de qui les âmes gagnées au Christ Lui seront perdues !

Les plus coupables seront moins les ennemis d'en face que les traîtres ou les indifférents du dedans.

INTERNATIONALISME – NATIONALISME

[...] Le nationalisme appartient seulement et exclusivement au domaine matériel.

L'internationalisme appartient seulement et exclusivement au domaine spirituel.

Le corps est national, par sa race, sa nationalité, sa langue.

L'âme, ne connaissant ni race, ni nationalité, appartient au domaine universel.

Le monde des esprits ne connaît pas les bornes des conventions humaines ni la Loi naturelle.

C'est pourquoi le nationalisme ne peut être religieux et qu'une religion ne doit pas être nationale.

Une religion doit s'adresser à toutes les âmes, et non seulement aux âmes d'une seule race, d'un seul sang, d'une seule nationalité, d'un seul pays. Pareille religion nationale est une erreur, donc une fausseté. Et une religion basée sur une fausseté peut-elle être une religion de Dieu, qui est la Vérité même ?

Le principe de la religion nationale ou raciale a été détruit par Dieu Lui-même lorsqu'Il a détruit le Mosaïsme. Si, depuis le Christ, ce genre de religions n'a plus sa raison d'être pour les Juifs, il n'a plus sa raison d'être pour aucune race.

L'universalisme, l'internationalisme ne doit exister que dans le monde spirituel. La fraternité, l'égalité, la liberté ne sont universelles et internationales que dans le domaine spirituel.

Le lien qui doit unir toutes les âmes est le lien de la Grâce, car c'est le seul lien qui soit véritablement universel.

L'Église est une internationale, mais dans le domaine et par des liens spirituels. C'est la seule internationale qui doit exister.

En regard de cette internationale spirituelle, la Juiverie matérialiste a établi une internationale matérielle qui a pris de multiples formes : l'internationale trade-unioniste, l'internationale socialiste, l'internationale communiste, l'internationale franc-maçonnique, l'internationale de l'or, le commerce international entièrement dominé par les Juifs, l'internationale juive de la distribution des nouvelles, l'internationale juive de la formation par le cinéma, l'internationale de la mode féminine, l'internationale du contrôle des ressources naturelles, l'internationale des Sans-Dieu, l'internationale du contrôle des narcotiques, l'internationale de la traite des blanches, l'internationale contrebandière, l'internationale de l'eugénisme et de la littérature sexologique, l'internationale des armements, et quelques autres, dont la langue Esperanto.

Ces deux internationales se disputent le monde. L'une a Dieu pour père, l'autre le diable. Il est établi et prouvé hors de tout doute que l'internationale matérialiste est l'œuvre des Juifs, qu'ils en ont le contrôle absolu.

L'Église chrétienne veut internationaliser l'humanité par l'évangile, en respectant la race, la nationalité, la langue. L'internationale juive veut internationaliser l'humanité physiquement, en faisant disparaître les patries, les frontières, les nationalités, les langues, en leur substituant une standardisation qui rendra tous les hommes identiques dans leur costume, leur langue, leurs mœurs, leur condition économique, sociale, etc. Qu'on observe comment la presse internationale, s'étant substituée à la presse personnelle et nationale, impose la même façon de juger les événements au monde entier, au même moment ; comment le cinéma international, s'étant substitué au théâtre national, moule tous les cerveaux du monde et impose les mêmes mœurs matérialistes à toutes les races, au même moment ; comment le marxisme international, s'étant substitué aux corporations professionnelles nationales, impose les mêmes concepts sociaux et économiques dans les grandes masses de tous les pays, au même moment ! Et ainsi de suite dans tous les domaines.

La Juiverie a matérialisé les concepts de la fraternité, la liberté, l'égalité, et en a fait la base de son internationale matérialiste. L'Église ne reconnaît ces concepts que sur le plan spirituel, décrétant que, au point de vue humain, les hommes sont inégaux ; que par naissance, ils ne sont pas libres mais sont enchaînés par le péché originel. L'internationale matérialiste juive proclame, au contraire, par sa Franc-maçonnerie et tous ses organes que l'homme naît bon, alors qu'il naît mauvais et a besoin d'être racheté. [...]

Ce qui a fait fortes, compactes et puissantes les grandes races d'Europe, c'est leur internationalisme religieux, le catholicisme, qui assurait leur nationalisme racial, économique, social. Plusieurs de ces races, maintenant irréligieuses, vivent encore de l'unité, de la compacité et la massivité que leur donna l'internationalisme religieux ; elles vivent du « vieux gagné », marchent encore sur leur élan ancien. Elles périront si elles ne se réveillent pas à temps pour empêcher l'élan de complètement s'arrêter.

La meilleure protection de l'internationalisme religieux, que l'internationalisme matérialiste menace d'engloutir, c'est la réaction dans le nationalisme matériel.

Revenir aux syndicats nationaux, au corporatisme national, à l'économie nationale, au raffermissement de la langue nationale, des mœurs nationales, aux traditions nationales, aux aspirations nationales. Tout peuple qui les perdra complètement perdra sa religion internationale, et plus vite encore sa religion nationale, si elle a cet aspect.

L'internationale [matérielle] doit être abolie, sous toutes ses formes. L'internationale religieuse doit la remplacer car c'est la seule qui, à cause de sa morale universelle, de ses concepts universels de charité, justice et équité, peut permettre aux peuples de négocier en justice et en paix réelles.

L'internationale matérielle, à cause de sa puissance de chantage par l'or, le commerce, etc., ne peut en aucune façon rapprocher les peuples par la justice, et conséquemment amener la paix sur la terre.

La paix du Christ n'est pas dans le matérialisme de n'importe quelle internationale ; elle est dans le spiritualisme, où doivent se trouver les seuls liens internationaux des peuples, en respectant le caractère physique racial que la Loi naturelle leur a donné.

Deux domaines distincts : l'internationale sur le plan exclusivement spirituel, le nationalisme sur le plan exclusivement matériel. Renverser ces conditions, c'est bouleverser toute l'économie des lois naturelles et divines, et courir au chaos comme l'humanité le fait en ce moment, en subissant l'internationale matérialiste.

Et dire que, parmi les chefs, se trouvent des aveugles qui condamnent le nationalisme économique comme l'auteur du grand mal social, alors que l'auteur réel en est l'internationalisme économique dans lequel tous les peuples sont pris ! Et dire qu'il s'en trouve qui condamnent le racisme, alors que c'est la condition même et la base première du nationalisme matériel, le seul salut

possible contre les ravages de l'internationalisme matérialiste !
Aveugles qui conduisent des aveugles.

La « standardisation » physique et matérielle de races que
Dieu a voulu différentes, c'est l'instrument d'exécution du rêve
juif d'un « paradis sur terre », rêve qui, quand les gens y croient,
amène la défiance, l'abolition et la haine de toute religion. [...]

Le racisme, qui unit chaque nation par les liens du sang, est
la base fondamentale de tout nationalisme.

C'est en vertu de l'association d'êtres humains d'un même
sang que ces êtres peuvent, au nom de la Loi naturelle, réclamer
des droits à la libre expression de leurs aptitudes, de leurs aspirations, de leur langue commune, de leur passé commun, de
leurs traditions communes, de leurs mœurs communes, de leurs
besoins communs, de leur volonté de vivre en une même
famille, de leur nécessité de ne pas être en dépendance ou servage d'une autre famille qui voudrait leur faire perdre leur identité et leur personnalité. [...]

L'internationale infernale du matérialisme veut détruire l'internationalisme spirituel en détruisant le nationalisme matériel.
C'est par ce moyen qu'elle espère détruire toute foi, toute religion, et matérialiser des concepts qui, jusqu'en 1789, ont été
purement spiritualistes, c'est-à-dire attachés à la Révélation plutôt qu'à la fausse théorie de l'homme « né bon ».

C'est toute la Révélation, tout le Christianisme qui est attaqué, au nom de l'immémorial « *non serviam* » luciférien que les
Juifs traînent partout sur leur passage.

Les « soldats du Christ », qui aiment à chanter et se dire à
l'avant-garde, vont-ils se contenter de regarder l'ennemi faire
son œuvre et exercer ses ravages et gagner constamment du terrain, comme ils l'ont béatement fait depuis 150 ans, ou vont-ils
réellement se comporter en vrais soldats, sans souci du respect
humain, de l'orgueil de la vie ? Vont-ils laisser l'éteignoir satanique éteindre la lumière dans des millions d'autres cœurs que
le sang du Christ avait pourtant rachetés ?

Devant ce problème qui concerne la vie ou la mort des âmes,
la vie ou la mort des corps ne compte pour rien. La charité

dégénérée et efféminée devient un crime. Si la charité exige, en ce qui concerne l'individu, qu'on isole le lépreux, qu'on pende le meurtrier, que le constable tire ses balles sur le cambrioleur en fuite, sans que l'on ne cesse d'aimer ces malades ou ces criminels, la même charité n'exige-t-elle pas, en ce qui concerne la collectivité, qu'on isole et mette hors d'état de nuire une race ou un groupement qui nuisent pareillement au corps et à l'âme des peuples chrétiens ? Quel peu de prix la société moderne attache à la Loi, à la paix sociale, à l'ordre, à la justice que Dieu a confiés à ses soins ! [...]

★ ★ ★

LA CLÉ DU MYSTÈRE

1937

Cet ouvrage regroupe des citations d'auteurs, chefs, revues et journaux juifs prouvant l'existence d'un plan de domination mondiale. Nous en reproduisons ci-après pratiquement intégralement les pages de conclusion.

NOUS ÉTIONS PRÉVENUS DEPUIS DIX-NEUF SIÈCLES !

Dans la Sainte Bible (traduction Augustin Crampon), on peut lire ce que Notre-Seigneur Jésus-Christ a dit des Juifs.

« Discussion entre Jésus et les Juifs ; ceux-ci sont fils du démon (30-51[1]). »

« Vous (les Juifs), vous faites ce que vous avez vu chez VOTRE père... vous faites les œuvres de votre père... Le père dont vous êtes issu, c'est le diable, et vous voulez accomplir les désirs de votre père. Il a été HOMICIDE dès le commencement..., il n'y a point de vérité en lui..., il est MENTEUR et le père du mensonge..., vous n'êtes pas de Dieu..., vous ne connaissez pas Dieu. » (Alors les Juifs essayèrent de lapider le Sauveur.)

Guerres, révolutions, émeutes, soulèvements, dont tant de Juifs ont admis la responsabilité dans les pages précédentes, sont des œuvres d'HOMICIDE, des œuvres du diable.

---

[1] Référence précise : saint Jean VIII, 31-58.

Schismes, hérésies, propagande subversive, fausses doctrines, représentation erronée des faits et des événements, dont tant de Juifs ont admis la responsabilité dans les pages précédentes, sont des œuvres de MENSONGE, des œuvres du diable.

L'histoire de tous les malheurs contemporains se résume à ces deux choses : MENSONGES qui égarent les individus et les peuples, HOMICIDES des guerres et des révolutions qui jaillissent de l'égarement.

Saint Paul, l'apôtre des Gentils, nous dit aussi dans sa première épître aux Thessaloniciens (15) que les Juifs « ne plaisent point à Dieu et sont ENNEMIS DU GENRE HUMAIN ».

Les textes juifs reproduits dans cette brochure prouvent abondamment la vérité des paroles de saint Paul, qui fut poursuivi par sa race avec tant de haine et d'acharnement.

DE LEUR PROPRE AVEU

Des chefs, livres et journaux juifs affirment que :

Les Juifs rêvent de dominer le monde et travaillent à la réalisation de ce rêve ;

Les Juifs contrôlent la vie financière et économique du monde ; ils ont la puissance de provoquer les crises et le chômage, pour ruiner les individus et les États, préparer la révolution ;

Les Juifs sont des révolutionnaires-nés et fournissent la direction et l'exécution de toutes les grandes révolutions ;

Les Juifs sont les créateurs, les directeurs, les propagateurs et les financiers du marxisme (socialisme, communisme, bolchevisme) ;

Les Juifs veulent faire disparaître les nationalités et les religions, afin d'amener la « république universelle » qui leur assurera la domination mondiale ;

Les Juifs, par leurs puissants moyens de propagande (cinéma, maisons d'édition, agences de diffusion des nouvelles, organisations de toutes sortes), travaillent à tuer le sentiment national, racial, religieux, afin de faire crouler la civilisation échafaudée par les peuples blancs ;

Les Juifs contrôlent les sociétés secrètes, qui forment des gouvernements provisoires et font tourner au profit de la Juiverie tous les bouleversements politiques et sociaux ;

Les Juifs ne sont pas des nationaux en quelque pays qu'ils se trouvent, mais essentiellement des Juifs, et ne peuvent penser comme les autres citoyens ;

Les Juifs sont à la racine de tous les troubles, toutes les perturbations, tous les conflits, toutes les révoltes du monde moderne ; ils judaïsent les autres peuples lentement par l'influence de leurs organisations, et veulent les amener à croire, penser, vivre en Juifs ;

Les Juifs veulent immoler en victimes tous les peuples pour assurer la santé et la survivance de leur Veau d'or ;

Les Juifs salissent, corrompent, pourrissent, corrodent, avilissent, rabaissent tout ce qu'ils touchent.

Ce sont des Juifs qui affirment tout cela.

Dans aucune autre race au monde on ne peut trouver tant d'aveux identiques, cyniques et unanimes. [...]

QUE FAUT-IL FAIRE ?

Arracher le masque des forces ennemies, faire tomber le bandeau des yeux des aveugles, répandre la vérité, NOMMER LE DANGER PAR SON NOM, à l'instar de Disraeli, Levy, Lazare, Nossig, Munzer, etc. ; puis SE PRÉPARER, S'ORGANISER avec autant de vigilance que l'ennemi, et offrir aux coups qu'il prépare une résistance inébranlable et une contre-offensive triomphante, libératrice.

★ ★ ★

LA RÉPUBLIQUE UNIVERSELLE

Janvier 1950

AVEUGLEMENT GÉNÉRAL

Ce qu'il y a de plus pénible, dans la tempête affreuse qui secoue la civilisation jusque dans ses fondements les mieux assis, c'est l'aveuglement général. Plus triste que les pertes gigantesques de l'humanité, et ses profondes blessures est cette cécité collective qui semble avoir frappé les victimes. [...]

LE LIBÉRALISME

On nomme Lucifer, qui fut le plus lumineux, le plus brillant des êtres créés, « le prince des ténèbres ». À quoi peut tenir un renversement aussi total chez un même être, une chute du pinacle de la lumière jusqu'au tréfonds de la noirceur, l'effondrement de l'extrémité d'un sommet jusqu'à l'extrémité d'un abîme ? Au principe libéral proclamé par Lucifer, principe qui fait de la raison de la créature la loi suprême de cette même créature, lui confère toute autorité sur elle-même, en fait l'origine de tout pouvoir qu'elle peut exercer, soustrait la créature à la volonté du Créateur. C'est le divorce total, la révolte sans compromis du fini contre l'Infini ; c'est, sinon la déification de la raison personnelle, de l'ego qui pense, du moins son élévation à la hauteur de Dieu même sur le plan des attributions de l'Autorité, du Pouvoir et du Droit.

S'il est vrai que la lumière ne peut venir que de la source de toute lumière, Dieu Lui-même, il est pareillement vrai que l'éloignement de Dieu ne peut conduire qu'aux ténèbres. En faisant de la raison humaine l'Absolu suprême dont découlent tout commandement, toute loi et toute initiative, le libéralisme a posé le même geste que Lucifer. Et la politique en a subi la même chute terrifiante, chute qui n'est pas encore rendue à son terme mais qui s'accentue chaque jour davantage vers des ténèbres plus épaisses et un chaos plus profond dont le communisme donne une première image. [...]

LA DÉMOCRATIE

Pour faire oublier la funeste chose, on donne un nom populaire au système politique auquel elle préside : DÉMOCRATIE ! Y a-t-il aujourd'hui en ce monde un mot plus propagé que celui-là, soit de ce côté-ci, soit de l'autre côté du « rideau de fer » ? C'est un mot qu'on ne définit jamais parce qu'aucune définition n'en peut se prouver par la réalité des faits concrets. Pourtant, c'est le mot qu'on vénère le plus, qu'on respecte le plus, qu'on encense le plus. C'est le mot initial et final, l'alpha et l'oméga qui comprend tout, qui renferme tout en lui-même. Si vous vivez, si vous respirez, si vous pouvez manger, travailler, chanter, rêver, être parfois heureux, si la machine à vapeur fonctionne, si l'électricité donne ses services, si le microscope grossit les objets, si nous avons des théâtres et des hôpitaux, si le soleil luit et le blé pousse, si les rivières coulent et le vent souffle, si même vous pouvez croire à quelque chose et ériger des temples, il n'y a qu'une explication à tout cela : DÉMOCRATIE ! Éliminez la démocratie, c'est la fin du monde, c'est le néant. Écoutez nos libéraux, nos socialistes et nos communistes hurler le mot, s'en gargariser avec des trémolos hystériques, voyez-les rouler des yeux extasiés quand ils le déclament, la bouche pâteuse, écumeuse, et vous comprendrez l'importance donnée à cette idole,

ce fétiche des temps modernes, que le libéralisme nous fait adorer à la place du Dieu qu'il a détrôné parmi les hommes en niant
ses droits publics sur les hommes. Cette idolâtrie, la plus stupide
de toutes puisqu'elle ne repose sur rien du tout, explique pourquoi la partisanerie politique exerce sur les foules ignorantes une
autorité plus forte qu'un culte religieux et, par voie de conséquence, que la matière a plus de prix que les choses de l'Esprit.
On ne peut blâmer ces pauvres foules, brebis dociles qui ont
suivi les bergers mais ont commencé, d'instinct, à les déserter,
devant le danger. Cependant on ne saurait acquitter les chefs,
les bergers, qui ont trahi leur mission de conduire le troupeau
vers des pâturages plantureux et des terres pacifiques pour le
lancer dans des précipices et des torrents dangereux, exposé aux
pires intempéries et aux menaces des bêtes fauves. [...]

GUERRES DE 1914 ET DE 1939

La paix et la possibilité de paix ont disparu de ce monde
depuis 1914. Cette date a marqué le commencement du grand
entre-déchirement de l'Europe, de la race blanche. Ce que l'on
a appelé la Première Guerre mondiale a initié dans notre monde
moderne une ère de retour à la barbarie et à la brutalité antiques,
le grand divorce définitif avec ce que le Moyen Âge avait échafaudé de chevalerie et de gentilhommerie, le dernier assaut
contre la charité : c'est-à-dire les fondements mêmes du christianisme ; le commencement d'une guerre des nerfs qui n'a pas
cessé un seul instant depuis, l'élimination du nom de Dieu dans
les grands conseils supérieurs des nations, l'effritement de l'idée
de nationalisme et, par voie de conséquence, de l'idée qui pré-
sida toujours à son origine : l'idée de famille, puis la mise en
œuvre de l'internationalisme aspirant à régenter le monde avec
la Ligue des Nations. Ce que l'on a appelé la Deuxième Guerre
mondiale n'a pas été autre chose que la continuation et l'extension de ce vaste programme entrepris par la première. [...]

ERREURS ET MENSONGES

[...] Suivant les auteurs, on attribue ces guerres à des causes différentes. Pour la première, celle de 1914-1918, on a dit qu'elle était due au panslavisme russe qui voulait avaler définitivement les Balkans et ouvrir à la Russie un débouché sur la Méditerranée ; à l'esprit de revanche français qui voulait réparer la défaite de 1870 ; au militarisme prussien et à l'esprit de conquête des Hohenzollern ; aux nécessités de l'impérialisme anglais qui voulait consolider ses riches possessions du Sud-Africain et assurer la sécurité de sa ligne vitale vers l'Inde aux dépens de l'Empire ottoman ; à l'intransigeance des Habsbourg d'Autriche-Hongrie qui voulaient raffermir l'édifice branlant du Saint-Empire ; sans mentionner les causes attribuées aux rivalités navales et commerciales. Pour la guerre de 1939, Berlin prétendait vouloir détruire ce que nous-mêmes admettions être « le cercle de fer autour de l'Allemagne », défendre sa propre vie contre un boycott mondial organisé pour l'étouffer ; les soi-disant « démocraties » prétendaient vouloir délivrer la sainte Pologne (qu'elles ont par la suite livrée à la dictature soviétique), sauver l'humanité d'un Hitler qui voulait avaler le monde, puis nous défendre dans une sainte Croisade contre l'Antéchrist annoncé depuis vingt siècles. Et quand le Japon entra en lice, on fit surgir le spectre du péril jaune, contre lequel un demi-milliard de Chinois, Indochinois et autres Jaunes furent invités à nous défendre.

Toutes ces explications des deux premières guerres mondiales, et bien d'autres thèses encore, répétées incessamment par une propagande qui se déverse sur le monde en torrents impétueux, sont la cause de l'aveuglement, de la confusion et des ténèbres qui nous enveloppent de toutes parts. Nos élites du haut savoir, nos chefs responsables censés nous nourrir de vérité, ont avalé, digéré puis revomi tout ce fatras d'erreurs et de mensonges. Ils ont, non pas trouvé, mais absorbé en gogos toutes les explications fantaisistes imaginables qu'on leur a présentées sur l'agonie imposée au monde depuis 1914, ils ont pompeusement remâchouillé toutes les platitudes et toutes les sornettes de la propagande sauf la vérité, la réalité, l'exact état des faits.

LA VÉRITÉ

La vérité est si simple qu'elle ne peut pénétrer un cerveau compliqué ; elle est si claire qu'elle est repoussée par une cervelle enténébrée ; elle est si franche qu'elle n'est pas accueillie par un esprit entaché d'erreur. Un monde pourri, saturé, imbibé de la pire des erreurs : le libéralisme ; macéré, mariné dans cette quintessence de mensonge, est-il capable de voir la Vérité même s'il la regarde bien en face ? Pas plus qu'un homme qui, sortant d'une cave obscure, tenterait de contempler le soleil radieux du midi.

Cette vérité qu'on ne peut pas voir, qu'en certains cas on refuse délibérément de voir, c'est que les hécatombes de 1914 et 1939 n'ont pas été des guerres mondiales ; ce furent tout simplement les deux premières phases de la Révolution mondiale patiemment préparée depuis 1789, les deux premiers actes de la grande tragédie que rien ne peut plus arrêter et qui doit se terminer de notre temps, par un troisième et dernier acte, plus palpitant, plus compliqué, plus bouleversant que les deux premiers, et dont l'issue nous présentera le communisme, le matérialisme ou libéralisme triomphant sur toute l'humanité subjuguée ; ou bien l'Esprit vainqueur de la Matière, la Vérité planant victorieuse sur les débris de l'Erreur.

Les auteurs les plus sérieux, tant de gauche que de droite, ont écrit que la Révolution française avait déclenché un mouvement mondial qui devait aboutir à une Révolution mondiale, la vraie, la grande, la désirée, dont la Révolution française n'avait été qu'un premier essai, un début, l'impulsion initiale. Avant de déclencher cette Révolution mondiale, que les esprits simplistes attendent toujours mais dans laquelle un monde épuisé se débat depuis déjà trente-six ans, il fallait préparer les institutions, les États, les foules, les chefs politiques, sociaux et religieux. Et comme ils l'ont été ! Par le naturalisme, le matérialisme, le rationalisme, le tolérantisme, les postulats et leurs conséquences de la trilogie Liberté-Égalité-Fraternité, par les enseignements et les sophismes de la trinité des temps modernes : libéralisme-socialisme-communisme, qui n'est en somme qu'une seule et même chose, une seule et même essence à des stages de maturité différents comme le sont le pépin, le pommier et la pomme.

Une guerre n'apporte aux États qui y participent que des changements territoriaux ou financiers ; une fois que la guerre est terminée, on revient au *statu quo ante*, sans qu'on puisse remarquer de changement appréciable dans le système politique, le mode de vie, les mœurs, la façon de concevoir les choses. C'est ce que nous enseigne l'Histoire de tous les temps. Mais une révolution apporte, indépendamment des changements territoriaux, des pertes ou des gains financiers ou autres, une transformation complète du régime ou système politique, de la conception ou vision des choses, du mode de vie, des principes qui doivent diriger la vie politique, économique et sociale.

CONSÉQUENCE DES GUERRES DE 1914 ET 1939

Que nous a apporté la guerre de 1914-1918 ? À tous les belligérants, elle n'a apporté que colossales pertes de vie, ruines immenses, dettes gigantesques. Les empires anglais et français ont été ébranlés au point qu'ils devaient crouler dès le choc subséquent ; le libéralisme européen fut supplanté par le socialisme ; la Russie, notre alliée, vit la famille impériale, la noblesse, le clergé, les classes intellectuelles et possédantes liquidées dans une orgie de sang par une poignée d'étrangers non-russes parvenus au pouvoir. La Russie, le pays stratégiquement si bien situé, chevauchant à la fois l'Europe, l'Orient et le Proche-Orient, tomba sous la coupe du communisme, et les Russes s'éveillèrent prisonniers d'un système tout à fait contraire à l'esprit et au génie russes, un système qui avait broyé la tradition russe, l'idée de patrie russe, le christianisme russe, la famille russe, tous les droits et privilèges que l'âme russe avait jusque-là reconnus. Ce fut le principal résultat de la Première Guerre mondiale, dans laquelle tous les peuples perdirent, même le peuple russe. Le seul victorieux, le seul gagnant, fut le peuple juif, qui obtint le contrôle absolu du pouvoir en Russie, décupla son contrôle ou son influence sur les autres États, sur la finance et le commerce internationaux, sur les organisations internationales de prolétaires et qui se vit ouvrir les portes de la Palestine. La Deuxième Guerre mondiale ou deuxième phase de la Révolution mondiale vit le judéo-communisme s'étendre sur plus de la moitié du genre humain, avec les mêmes conséquences funestes pour les institutions nationales, religieuses et économiques des pays conquis, et vit le Sionisme international prendre franche possession de la Palestine. [...]

Et, depuis 1945, depuis que tous les pays derrière le rideau de fer ont été engloutis dans l'abîme du judéo-communisme, voyez comment l'Amérique du Nord, le dernier puissant bastion qui reste à conquérir, est envahie de toutes façons par les Juifs. Non seulement par une vague d'immigration sémitique comme il ne s'en est encore jamais vu, par des nuées de spécialistes juifs en révolution, mais encore comment nos industries, nos commerces, nos entreprises de construction, nos possessions immobilières, notre organisme politique, notre corps diplomatique, notre magistrature, nos professions, nos organismes ultras délicats, comme la radio, sont envahis par une ruée impétueuse des Juifs. Pour que nous ne protestions pas, pour que nous ne voyions pas le danger, pour que nous restions bien endormis dans l'intervalle qui précède le dernier stage de la Grande Révolution, on a envahi jusqu'à nos corps religieux, nos paroisses, nos écoles. [...]

LA QUESTION JUIVE

Pendant plus de vingt ans, sans relâche ; je vous ai exposé la question juive, non pas suivant ce que je pense, non pas d'après des auteurs non-juifs puisqu'ils sont accusés par les Juifs de « préjugé chrétien », mais uniquement suivant les livres juifs les plus importants, les chefs, écrivains, poètes, docteurs, rabbins juifs les plus éminents. C'est par centaines et centaines que je vous ai cité les textes de ces auteurs juifs responsables, avouant, affirmant, se vantant d'avoir organisé, propagé, financé et de diriger les courants d'idées, les mouvements politiques, les organisations mondiales qui tous poussent vers un but commun, un dessein unique : la conquête et la domination du monde par les Juifs, au moyen d'un super-gouvernement mondial régentant une république universelle.

Ces auteurs juifs, qui pour la plupart repoussent fanatiquement l'authenticité des fameux *Protocoles des Sages de Sion*, donnent pourtant beaucoup plus de détails que ces « Protocoles » en ce qui concerne les moyens et le but de la conquête mondiale. Quand on place tous ensemble les aveux et les déclarations de toutes les sources juives imaginables, qu'il s'agisse d'Adolphe Crémieux, Cerfberr de Medelsheim, Benjamin Disraeli, Théodore Herzl, Chaim Weizmann, l'abbé Joseph Lémann, Oscar Levy, Baruch Levy, Bernard Lazare, *L'Encyclopédie juive*, Eli Ravage, le rabbin Stephen Wise, Byalistock, Jabotinsky, Henry Klein, Samuel Roth et d'innombrables autres juifs de tous pays, on est mis en face de la plus formidable conspiration qui se puisse concevoir. Si on peut prendre connaissance de cette conspiration, c'est parce que les Juifs eux-mêmes s'en sont vanté, parce qu'ils ne craignent pas d'en livrer le secret dans leurs livres. Cette conspiration a l'ampleur même du globe terrestre, elle s'étend à tous les peuples, à toute l'humanité. C'est pourquoi elle paraît impossible, extravagante, incroyable à ceux dont la vision ne peut englober toute l'humanité dans un seul coup d'œil.

LA CONSPIRATION

Les grandes lignes de cette conspiration, suivant les explications des auteurs juifs, sont les suivantes : le but final poursuivi est la conquête et la domination du monde, sans lesquelles le Messie attendu par les Juifs ne viendra pas. Cette conquête est une condition *sine qua non* de la venue de leur Messie et du millenium messianique de domination sur les peuples gentils ; la conquête doit se faire par le travail conjugué de toutes sortes d'internationales opérant simultanément pour dissoudre les souverainetés politiques, les frontières nationales, les éthiques religieuses, les traditions locales, les classes sociales et laisser ainsi les autres races sans aucune défense devant l'assaut final qui se fera par le moyen de la grande révolution mondiale.

Les armes forgées pour travailler à ce but messianique juif sont, d'après les auteurs juifs : l'Internationale de l'Or, contrôlée à 100 % par les banquiers juifs ; l'Internationale franc-maçonnique dont les Juifs ont conquis le contrôle et la direction par le sommet, les Internationales prolétariennes, notamment la Première ou Trade-unioniste ; la deuxième ou Socialiste ; la Troisième ou Communiste ; la Quatrième ou Anarchiste ; la plupart des agences internationales de nouvelles et 98 % de toute l'industrie du cinéma, exerçant une influence correspondante sur les journaux et la radio ; le Sionisme international qui, par d'innombrables sociétés peu connues mais très puissantes, exerce une influence incroyablement forte sur tous les gouvernements ; les grands conseils internationaux dont les Juifs se vantent d'avoir rédigé les constitutions, comme la Société des Nations, puis les Nations Unies, où les Juifs exercent, par la haute prédominance des Juifs, francs-maçons ou marxistes, l'influence prépondérante. Les mêmes auteurs juifs nous disent que, même là où il n'y a pas de Juifs pour faire avancer la conspiration, on n'en suit pas moins, grâce à l'opération des organismes juifs internationaux, le point de vue juif, les axiomes juifs, les sophismes juifs qui contribuent à éroder sans relâche les barrières nationales ou religieuses qui barrent la route à la grande conquête messianique juive. Le problème juif concerne moins les Juifs pris individuellement que l'action juive sur les peuples, sur le monde, par l'influence énorme de leurs organisations sur le cerveau des masses, l'orientation de la vie politique, économique, financière, sociale et morale des foules.

QUE DOIT-ON FAIRE DEVANT UN TEL PROBLÈME ?

S'il est vrai qu'il y a une conspiration juive pour la conquête du monde, pour la destruction du christianisme devenue une tyrannie suivant l'expression de Disraeli, pour le renversement de la civilisation occidentale, de la culture gréco-latine, des souverainetés nationales, bref pour la mise en esclavage de tous les peuples non-juifs, que convient-il de faire ? C'est évidemment la question la plus vitale qui se soit jamais posée à l'humanité puisque le sort de tous les peuples, leur liberté, leurs possessions spirituelles et matérielles sont en jeu. C'est pourtant la question la plus négligée, la plus vivement écartée quand elle se présente, celle que l'on craint le plus de discuter, voire de seulement mentionner. […]

Celui qui prend tout simplement conscience de ce que disent les Juifs, qui après avoir examiné les faits, admet avec les Juifs que ceux-ci sont maîtres de l'or mondial, et par conséquent du jeu international des devises et du haut commerce, admet avec eux qu'ils sont les originateurs, propagateurs et maîtres du communisme au pouvoir, devient un subversif, un danger public, un galeux qu'il faut éliminer de la société. Par mille et un organes, la Juiverie fait un vacarme de tous les diables, alarme tous les milieux, crie à la persécution, à l'intolérance, au manque de charité. Toute la société en devient paralysée, et celui qui a voulu protéger son pays, sa tradition, sa foi, sa propriété, sa liberté : la vraie victime enfin, subit le sort de l'assaillant et du criminel.

Pourtant, il y a en tout cela une question de faits, une question de vérité, et il n'est pas possible de s'y soustraire. Y a-t-il, oui ou non, une conspiration juive mondiale, une conspiration juive contre tous les peuples, toutes les religions ? Pour répondre non, il faudrait confondre de mensonge tous les auteurs juifs qui admettent et expliquent les détails de cette conspiration ; il faudrait expliquer que le contrôle juif de l'or, de la finance, de la presse et du cinéma, des grands marchés, des sociétés subversives et des organismes communistes, QUI EST UN FAIT PROUVÉ, ADMIS, n'a absolument aucune importance. Seule la démence en délire pourrait faire une pareille réponse. Devant la réalité, devant les faits, devant la Vérité, les esprits étroits, les préjugés, les esprits faussés sont bien ceux qui refusent de se rendre à l'évidence ; ce sont bien ceux-là qui refusent de voir ce que leurs yeux regardent, ce sont bien ceux-là qui refusent d'entendre ce que leurs oreilles écoutent.

Et la raison, l'unique raison qui les fait agir ainsi, c'est la couardise, la lâcheté. Le monde ne succombe pas sous le courage des Juifs, toutes nos institutions ne croulent pas sous les coups de leur vaillance ; tout s'écroule par la lâcheté de ceux qui avaient la responsabilité de le défendre.

Combien de fois des gens importants sont venus me dire : « Vous avez parfaitement raison, j'ai étudié la question depuis tant et tant d'années, j'ai poursuivi des enquêtes là-dessus. Continuez, dénoncez le péril. Mais, dans mon cas, vous comprenez, je ne puis rien faire, car j'ai un commerce. » L'un craignait d'être attaqué, diffamé ; l'autre craignait de perdre des votes ; un autre craignait de perdre ses fournisseurs juifs ; un autre encore des clients juifs ; puis un autre de se faire serrer financièrement. D'autres, ces lapins tremblants qui s'affublent du titre d'intellectuels, craignaient de passer pour « antisémites », pour des gens « pas comme il faut » Tous ces bergers timorés admettent le danger du loup, mais ils le craignent encore plus que les brebis qu'ils sont censés défendre. Chacun a sa crainte particulière et tous marchent par la peur, surtout celle de perdre de l'argent. Si une grande multitude est prête à des bassesses pour faire de l'argent, un plus grand nombre encore fera de pires bassesses pour ne pas en perdre. Et le Juif les conduit tous par la terreur, une terreur morale solidement organisée chez nous comme ailleurs et qui, comme ailleurs, n'est que l'avant-coureuse de la terreur physique qui surgit, brutale, implacable, inexorable, quand le Juif monte au pouvoir, comme s'en rendent compte maintenant toutes les populations emprisonnées derrière le rideau de fer. [...]

QUI SONT LES PERSÉCUTEURS ?

Voilà un peuple qui, dans ses plus grands chefs, admet travailler à détruire le christianisme, à dissoudre la morale chrétienne et la moralité publique ; un peuple qui admet contrôler l'or et la finance mondiale, dont il se sert pour torturer l'humanité par des crises économiques d'une cruauté inouïe en vue d'arriver à ses fins ; un peuple qui admet contrôler l'autorité et la politique de la Russie soviétique, où quarante millions ont péri de cette politique depuis 1917 ; un peuple qui admet tramer constamment des complots contre le Trône et l'Autel, contre tout ce à quoi nous tenons, pour parvenir à son messianisme utopique ; un peuple dont les plus sérieux auteurs admettent qu'il a provoqué toutes les révolutions et toutes les guerres que nous avons subies depuis le commencement des temps modernes ; un peuple qui admet son ingérence active, pour fins uniquement juives, dans tous nos conseils internationaux et nationaux ; un peuple qui admet contrôler et diriger tout ce qu'il y a d'organismes de subversivité, tout ce qu'il y a de mouvements de décadence, de distorsion, de démoralisation ; qui, après avoir été reçu charitablement chez chaque peuple, tente de détruire sa vie nationale et religieuse pour la remouler dans un moule juif. Et c'est ce peuple qui crie à la persécution, tandis qu'il détruit, sabote, accapare, torture ! Et nos gens sont assez naïfs, assez « caves », suivant l'expression populaire, pour avaler pareilles couleuvres. [...]

Si, constatant tout simplement des faits, vous dites que les organismes juifs sont en train d'éliminer graduellement les nôtres de la vie économique [...], si vous lisez à haute voix des textes exclusivement juifs, si vous vous apercevez que le communisme [...] est aux mains de dirigeants juifs, vous êtes immédiatement accablés des pires accusations d'intolérance, de persécution. Et le public va le croire, car c'est le Juif qui contrôle son opinion, sa pensée, par les organes de propagande qui l'influencent : presse, radio, cinéma, partis politiques. Par ces organes, que nos élites traîtresses ont laissé tomber aux mains d'Israël, ou sous l'autorité de son terrorisme, le Juif exerce aujourd'hui plus d'influence sur les masses que n'en exercent les parents, les instituteurs et les pasteurs.

LA SITUATION ACTUELLE

La situation générale de notre temps, la grande révolution morale et politique qui secoue toute la civilisation, n'est pas autre chose que le fruit des lâchetés, des trahisons, des compromissions du passé et d'aujourd'hui, de la vénalité de nos élites, qui ont totalement forfait à leur mission de nous défendre. Parfois, ces chefs infidèles ont tenté une faible et timide défense, mais à coups de périphrases et de mots creux que personne ne comprenait, justement parce qu'ils ne voulaient rien dire. Ils dénonçaient les « forces du mal », les « sociétés subversives », les « forces secrètes et souterraines », la « main cachée », bref des fantômes anonymes et inaccessibles. Ils avaient peur de dire franchement la vérité, d'appeler les choses par leur nom, de qualifier de « conspiration juive » ce que les Juifs eux-mêmes appellent une conspiration juive. [...]

SEULE LA VÉRITÉ

Seule la vérité peut nous sauver de ce qui s'en vient, mais il faut qu'elle soit complète, qu'on n'en cache pas une parcelle. Seule la vérité peut détruire le communisme, si l'on veut bien dire exactement ce que c'est. [...]

Quand on ne craint pas d'arborer la vérité, quels qu'en soient les risques ou les conséquences, le communisme disparaît comme par enchantement. Et la vérité, c'est celle-ci : le communisme n'est pas une formule politique, ce n'est pas une synthèse de réorganisation sociale, ce n'est pas un système de justice sociale ou économique. Le communisme n'est pas autre chose qu'un stratagème juif, inventé par les Juifs, financé par les Juifs, dirigé et propagé par les Juifs, pour dépouiller les Gentils de toutes leurs valeurs matérielles, spirituelles, morales et culturelles, et les enchaîner dans un esclavage collectif sous l'implacable dictature des Juifs. [...]

Quand vous la servez à des communistes, cette vérité, vous les voyez ébranlés du premier coup. Eux qui croyaient combattre pour eux-mêmes, pour leurs familles, pour la société, apprennent soudainement que ce serait uniquement pour le Juif, pour devenir ses esclaves, qu'ils poursuivent cette lutte. [...]

LES JUIFS CRAIGNENT LA VÉRITÉ.

La vérité sur le communisme est ce qui fait le plus peur aux Juifs. Ils ont compris cette faiblesse de leur plan. Aussi, dans tous les pays fermés par le rideau de fer, se sont-ils empressés, depuis 1918, d'infliger la peine de mort pour ce qu'ils appellent le « crime d'antisémitisme », c'est-à-dire la mention du mot juif concernant la conspiration communiste. C'est le « crime » pour lequel il n'y a pas de pardon, ni d'atténuation de sentence. Dans l'autre moitié du monde, dans les soi-disant démocraties, s'il n'y a pas encore de peine de mort pour ce crime de dire la vérité, le terrorisme dont on le punit n'en est pas moins inflexible. Celui qui dit la vérité, qui prononce le mot interdit, qui a l'audace d'épeler les quatre lettres prohibées : J U I F, on le frappe d'ostracisme, on le broie financièrement, on l'écrase économiquement, on le couvre de boue, on en fait un objet d'opprobre et de mépris, et, si les circonstances s'y prêtent, on le plonge dans la captivité sans procès ni sentence, parce que le crime de dire la vérité n'est pas encore incorporé dans nos lois. Et veuillez croire que je ne fais pas d'allusion particulière à mon cas personnel ou celui de mes amis, car ce fut le cas de dizaines de mille patriotes de tous pays, pour des raisons et dans des circonstances identiques.

Il ne faut pas que l'humanité sache ce qui se passe, il ne faut pas que les peuples réalisent qu'ils sont dans la fournaise d'une révolution en pleine effervescence, il ne faut pas que les confisqués, les liquidés de demain sachent ce qui les attend, car, dès le moment où le complot serait clairement connu, dans sa pleine réalité, le complot serait automatiquement éventé. Et, pour empêcher la vérité d'éclater au grand jour, cette vérité qui libère et qui sauve dans n'importe quel domaine où on l'applique, les Juifs usent de toutes les pressions qu'ils peuvent exercer, par la finance, par l'économique, par la politique, par la presse, par la radio, par le cinéma ; et quand il est un domaine qu'ils ne contrôlent pas directement, ils l'amollissent, le chloroforment par leurs sophismes libéraux, leur engluement dans le tolérantisme. [...]

Quand le monde est en feu, quand les valeurs les plus précieuses de l'humanité sont dans l'enjeu, quand la venue même du Christ en ce monde est menacée de devenir inutile dans ses effets pratiques pour des générations à venir, quand tout le bien accumulé par le travail et l'initiative depuis que le monde est monde, quand tout ce que nous reconnaissons comme culture et civilisation est menacé d'anéantissement, le temps n'est plus d'ânonner des mots creux, de fendre les cheveux en quatre, de recourir aux demi-mesures et aux demi-vérités. Il faut être entiers dans la vérité, entiers dans le courage, entiers dans la détermination, entiers dans la lutte. C'est le prix, c'est la condition du salut. Il faut faire fi du respect humain, de la crainte de perdre des sous ou de recevoir des coups.

MALHEUR AUX LÂCHES !

Malheur à ceux qui sont chargés d'autorité et de mission, malheur aux chefs responsables, civils ou religieux, politiques ou sociaux, si, dans les jours de tourmente que nous passons, ils se laissent un seul instant aller à la peur, au doute, à la lâcheté. Devant Dieu, devant leur pays, devant l'Histoire, ils seront responsables de tous les maux qui s'annoncent et qu'ils peuvent encore éviter ; ils seront responsables même des affreuses tueries de Juifs que des foules en colère, qu'aucune autorité ne pourra contrôler, perpétreront spontanément, dans tous les pays du monde, au même moment, s'il faut attendre que la vérité sur la conspiration éclate d'elle-même. Il semble, malheureusement, que la conspiration doive se rendre jusqu'à son terme, que nous devions passer par la dernière phase de la Révolution mondiale qui échouera, certes, mais qui ne nous laissera comme héritage que des ruines, des cendres, des cimetières et un monde bouleversé à reconstruire. Car, après la Deuxième Guerre mondiale ou deuxième phase de la Révolution, qui consistait à détruire les systèmes nationalistes, nous voici dans la troisième et dernière phase : celle qui doit établir l'internationalisme intégral, la république universelle [...] dont ont si souvent parlé les chefs libéraux, socialistes, communistes depuis 1789, que les convents franc-maçonniques ont si opiniâtrement réclamée, que le Sionisme international promet aux Juifs, avec Jérusalem comme capitale ; que Lake Success[1] et le Kremlin, tous deux sous contrôle juif, travaillent à échafauder, en préparant savamment l'opinion des pays qu'ils régissent. Les Juifs désireraient que Moscou et New York s'entre-détruisent, que les deux camps se fassent une guerre d'annihilation et d'épuisement pour qu'il n'y ait pas un seul vainqueur, mais seulement deux moitiés du monde en débris, afin d'instaurer leur règne définitif sur le genre humain avec une Palestine intacte comme centre d'autorité. Le Talmud ne contient-il pas ce texte, vieux de sept cents ans : « Israël parviendra à la domination du monde après une guerre universelle dans laquelle tous les peuples auront été décimés » ?

LE SUPER-GOUVERNEMENT MONDIAL

[...] Si l'on comprend que la Franc-maçonnerie et les politiciens qu'elle contrôle, les Sionistes internationaux, les libéraux convaincus, les socialistes, les marxistes de toute trempe, les Témoins de Jéhovah, le Congrès juif mondial, les francs-maçons, B'nai B'rith, la faction rouge protestante dirigée par le bishop Oxnam et opérant sous le nom de National Council of Churches, si l'on comprend que cette coalition gauchiste, enjuivée jusqu'aux moelles, pousse furibondement vers la République universelle condamnée par l'Église, on comprend moins que des chefs catholiques, par ignorance ou inconscience, s'en fassent aussi les prosélytes.

---

[1] Ville de l'État de New York où se trouva provisoirement, de 1946 à 1951, le siège de l'Organisation des Nations Unies.

UN RÉSEAU MONDIAL

La Juiverie est disséminée stratégiquement dans tous les pays du monde, entourant le globe terrestre comme une toile d'araignée. Tous les fils de ce réseau sont en communication constante les uns avec les autres. Les Juiveries sont gardées dans un état de docilité et d'obéissance aveugle, par un système d'autorité puissant et unique. Les chefs contrôlent une infinité d'organisations qui se rejoignent toutes et qui influent non seulement sur les Juifs mais sur la pensée et la vie physique de tous les autres peuples. Les membres de cette tribu, qui forme un tout compact dans sa dispersion, sont dans l'attente immédiate du messianisme terrestre et matériel qu'on leur a fait espérer. Ce n'est pas un pays en particulier qu'ils regardent, c'est sur le globe terrestre que leurs yeux sont fixés, c'est toute l'humanité qu'ils encerclent dans leur filet. Ils ont un coup d'œil mondial, une conception universelle de leur mission et du système auquel ils travaillent inlassablement, chacun dans son domaine, dans sa sphère d'action. Ils ont un plan, un plan qui est le même partout et toujours, dans le temps et l'espace. C'est leur force. [...]

Les grandes barrières qui fermaient la route à la marche d'Israël vers la domination ont toutes été dynamitées et les chrétiens, les Gentils, abêtis autant qu'aveuglés par la propagande, ont tour à tour applaudi à l'effondrement du géant russe, de l'empire austro-hongrois, de l'empire allemand, de l'empire italien, de l'empire japonais, de l'empire anglais, de l'empire français. C'étaient pour la grande majorité des empires chrétiens, derniers appuis de la civilisation. [...]

FIDÉLITÉ DANS LA SOUFFRANCE

Je vous demande de rester ce que vous êtes, vous qui êtes devenus par la souffrance la plus belle élite de notre pays, parce que cette souffrance, ces tribulations, vous les avez volontairement acceptées, sachant qu'elles devaient arriver, et vous les avez subies pour la Cause qui vous est chère.

Vous le savez, comme bien d'autres nous aurions pu prospérer, être riches, adulés, si nous avions seulement voulu prostituer dans notre cœur et notre bouche la Vérité à laquelle nous nous étions livrés.

Je suis profondément conscient de ce que je vous ai causé : perte d'emplois, pertes de commerce, diffamations, injures, calomnies, mépris de votre entourage, tribulations et ennuis de toutes sortes, pour certains d'entre vous séparation de vos familles, ruine totale, emprisonnement sans procès. Mon cœur en a saigné et j'ai souffert vos souffrances, mais aussi j'en ai été heureux, parce qu'il y avait dans notre pays des hommes consentant à accepter et endurer toutes ces choses pour servir la Vérité. Oh ! je sais, il n'y a rien d'agréable à se faire insulter, ostraciser, se faire qualifier d'esprit étroit, d'obsédé, de fou, de haineux, de traître, subir les pires injustices ; mais plus la Cause est grande, plus le prix à payer est élevé, plus le test à subir est sévère. Le test, vous l'avez subi ; le prix, vous l'avez payé. Et c'est ce qui, lorsque tout semblera perdu, sauvera le pays.

Ce que nous avons fait tous ensemble, nous l'avons fait sans espoir de récompense, en ne cherchant que le triomphe de la Vérité, parce que c'est la Vérité qui brise les chaînes et qui libère, qui établit la justice personnelle et sociale, qui donne la stabilité à l'ordre, qui forge la prospérité réelle et confère la paix. Dans l'attente du combat final, nous nous tiendrons à la hauteur du Juif dans la vision du monde et des problèmes qui l'agitent. Nous le dépasserons en élévation dans notre conscience d'une spiritualité en laquelle il ne croit plus, ayant toujours devant les yeux et nos responsabilités pour ce monde et nos responsabilités pour l'autre.

Ne nous préoccupant jamais de l'opinion ou du jugement des hommes, craignant seulement le jugement de notre Créateur et Maître, nous ferons inflexiblement notre devoir, sachant qu'un jour nous comparaîtrons devant le vrai Juge. Si nous n'en avons pas d'autre, nous aurons au moins le mérite, dans la plus terrible tempête qui se soit abattue sur les hommes, d'avoir consenti à tout souffrir dans nos âmes, dans nos cœurs et dans nos corps, plutôt que de céder aux offres, à la crainte, aux rigueurs, aux pertes et aux coups ; et cela non seulement pour rester fidèles à nos convictions mais aussi pour rester « les gardiens de nos frères ».

★ ★ ★

L'INÉVITABILITÉ D'UNE RECONSTRUCTION SOCIALE

1950

LA VIE EST UN MYSTÈRE.

[...] La vie est un mystère, la vie est irrationnelle justement parce que c'est un mystère. La vie est indépendante de la raison humaine, elle vient et évolue avec ou sans la raison. La raison peut tout au plus aider à orienter certains actes ou certaines phases de la vie, mais sans altérer en profondeur le destin que la Providence a assigné à la vie. Raison et logique sont des fonctions de l'esprit, des abstractions ; la vie est réalité vibrante, influençante et influencée. Que de fois on entend une personne dire : « Qui aurait cru qu'un jour je serais rendu là, que j'aurais fait ceci, réussi cela, manqué dans telle entreprise ! », prouvant par là que la vie est indépendante de la logique et, même, non soumise à la raison ; aidant aussi à prouver que la grâce de Dieu, Auteur de toute vie, est et reste l'unique élément auquel la vie peut être soumise. Le caractère illogique et irrationnel de la vie apparaît non seulement chez l'homme, mais aussi chez les peuples, les cultures et les civilisations, qui apparaissent ou disparaissent sans que la raison humaine puisse en donner d'explication satisfaisante. Si l'homme pouvait pénétrer le secret de la vie, lui arracher ses mystères, il pourrait faire plus que transmettre la vie, il pourrait la créer et en fixer le cours. Mais il ne pourra jamais atteindre à cette puissance exclusive du Créateur ni « ex-équer » cette prérogative de Dieu.

LIBÉRALISME ET RATIONALISME

C'est quand l'homme a voulu soumettre la vie — celle des hommes en particulier, celle des nations, celle de la société — à la raison, c'est-à-dire rationaliser la vie, que le grand mal moderne a commencé. La première erreur du modernisme fut bien le rationalisme, qui consiste à faire dépendre la vie, son cours, son destin, de la raison humaine. Rationaliser un irrationnel ! En deux mots peut s'expliquer le chaos d'où l'humanité paraît incapable de s'extirper, par ses propres moyens.

Et l'unique appui qu'on peut supposer ou trouver pour le rationaliser, c'est le désir de se libérer de l'autorité que la raison ne peut comprendre, se libérer des mystères, de ce qui ne tombe pas sous la raison, des irrationnels ; le désir vraiment luciférien de voir l'ego créé, qu'on ne peut pas donner soi-même, assumer l'autorité suprême et reconnaître comme loi ce que cet ego a décidé. C'est le libéralisme.

Libéralisme et rationalisme (qui engendrent automatiquement le matérialisme, par voie de cause à effet) ont voulu régenter la vie, en déterminer le cours, en fixer le destin, la codifier, lui donner pour but « la poursuite du bonheur (en ce monde) » et pour fin à atteindre, l'établissement d'un paradis, non dans l'au-delà, mais sur terre.

LA DÉMOCRATIE

La forme politique de ce défi au mystère et caractère irrationnel de la vie est ce qu'on appelle communément DÉMOCRATIE. Si saint Thomas d'Aquin disait que « en toutes choses, le meilleur gouvernement est celui d'un seul », aujourd'hui on enseigne que le meilleur gouvernement est celui de tous, du « peuple » de la foule anonyme. Autrefois, on enseignait que le gouvernant a l'autorité sur les gouvernés, aujourd'hui ce sont les gouvernés qui sont le « souverain » et qui génèrent l'autorité.

On a donné au mot démocratie, la grandeur, la majesté, l'impératif d'un déisme. Tant est vrai qu'il faut un « dieu » même lorsque l'on a détrôné Dieu ! Dieu existe encore dans le cœur des masses gouvernées, mais il n'existe pas dans la démocratie gouvernante, que ce soit la « démocratie populaire » d'au-delà ou la « démocratie capitaliste » d'en deçà du « rideau de fer » ; car les postulats mêmes de la démocratie (libéralisme, rationalisme) rejettent l'autorité de Dieu et encore plus l'idée de la Royauté du Christ sur les peuples comme sur les hommes.

On ne peut définir le mot « démocratie », et quand on essaie de le faire, aucune définition ne correspond à la réalité. C'est donc un terme purement polémique, une abstraction. Et l'on sait que la réalité de la vie ne peut être conduite par des abstractions.

IMPORTANCE DE LA POLITIQUE

Pourtant, la politique est une réalité, peut-être la plus importante des réalités pour l'existence de la société. Car, indépendamment des milliers de plans, programmes et utopies qui se disputent l'adhésion des esprits, on réalise avec une brutale clarté que la politique peut non seulement bouleverser le monde par des guerres, mais encore détruire la religion, fermer les temples, les missions, tuer les religieux, dissoudre la famille, confisquer les biens, abolir le droit de propriété. Si les termes politiques sont généralement des abstractions creuses et des mots polémiques, il n'y en a pas moins quelque chose de tangible qui se cache derrière eux pour constituer la grande réalité politique.

On nous dit qu'il y a la Franc-maçonnerie universelle ou Contre-église, qu'il y a le grand capital international, qu'il y a l'antichristianisme messianique, qu'il y a toutes sortes d'organisations syndicales, sociales ou économiques ayant toutes une influence sur le jeu de la politique. Ce ne sont pas là des questions d'opinions. C'est vrai ou ce n'est pas vrai. Ce sont des faits ou ce sont des mythes. Ceux qui ont fait des études et publié des livres sur ces questions affirment que c'est vrai ; les influences mondiales dénoncées ou démasquées ne nient jamais ; ou si elles nient, c'est avec si peu de bruit qu'on n'en entend pas les échos.

LE LIBÉRALISME

S'il y a du libéralisme économique dans le monde, c'est parce qu'il y a au pouvoir un libéralisme politique qui le permet, qui légifère pour lui, au nom de la « liberté du commerce », la « liberté d'initiative », la « liberté d'action ». S'il n'y avait pas d'abord de libéralisme politique, il n'y aurait pas, comme conséquence, de libéralisme économique. Nos sociologues attaquent avec beaucoup de vigueur le libéralisme économique (une conséquence), sans jamais l'identifier ni le localiser. Mais, dans une gêne timorée que l'on pourrait carrément appeler de la frousse, ils n'attaquent jamais la cause : le libéralisme politique. Ne serait-ce pas à cause de cette crainte (qui peut équivaloir à de la lâcheté ou de la trahison du christianisme) que les choses vont de mal en pis, que nos chefs sont en alarme et que l'ennemi gagne du terrain ? Le libéralisme économique engendre le mal social par son mépris de l'être humain, qu'on estime être un capital, un élément production, un élément consommation, un terme de rendement, un quotient d'impôt, avant de le considérer comme une image même du Créateur, un être sublime appelé à être le cohéritier du Christ, vivant passagèrement sur cette terre dans l'unique but d'atteindre au bonheur céleste.

Tout ce qu'on pourra dire ou écrire sur le mal social, sur les formules pour le guérir, sera temps et peine perdus aussi longtemps que ne sera pas corrigée sa cause : le libéralisme économique. De même, temps et peine perdus toutes les spéculations sur le libéralisme économique, simple fruit qui pousse sur l'arbre du libéralisme politique. Quand le libéralisme, déjà perdu dans la confusion, emmêlé à n'en plus sortir dans les filets de ses propres erreurs, aura fait son temps et aura croulé, on pourra espérer la reconstruction de la société sur des bases de vraie inspiration, de vraie justice et de vraie charité chrétiennes. En attendant, ce sont encore les poisons des Encyclopédistes, de leurs successeurs socialistes, communistes et marxistes, qui se partagent la direction politique du monde tant en Occident que dans les pays situés derrière les « rideaux de fer » et de « bambou ».

LE CHRISTIANISME

Comme Dieu Lui-même, comme la vie, le christianisme est un mystère, fondé sur des mystères que seule la foi peut faire accepter par la raison. Seul le christianisme ne rationalise pas la vie. Seul il la vit, parce que sa source même, le Christ, est la Vie et le principe de toute vie. C'est pourquoi, seul il est apte à reconstruire le monde, la société, quand le château de bois vermoulu édifié par la petite raison humaine se sera écroulé.

LE CORPORATISME

Seule la Corporation peut apporter ce dont on parle tant sans jamais le donner : la démocratie, en donnant à chaque classe sociale sa représentation politique (à la place des coteries partisanes), son pouvoir de légiférer sur ses propres problèmes, d'organiser la finance et l'économie de ses propres activités, de réglementer ses propres conditions, et inféodant les Corporations dans l'État lui-même afin que, sur les grands problèmes politiques affectant la vie de toute la nation, les classes sociales puissent avoir, comme telles, leur voix délibérante dans les conseils de la nation. Mais Corporation et Démocratie libérale se contredisent formellement, tant dans leur origine, leur inspiration et leur opération que dans leur but propre, et la Démocratie libérale ne pourra jamais permettre, au nom de sa propre existence, l'établissement du Corporatisme.

Comme pour la vie des hommes, la vie des Cultures et des Civilisations a une naissance, une enfance, une adolescence, une maturité, une vieillesse et une mort.

La féodalité a passé par là. La démocratie libérale a passé tous ces stages, et tout ce qui se passe aujourd'hui à la surface de l'Histoire, indique bien clairement que le système qui nous a apporté tant de maux après avoir promis tant de paradis terrestres différents est à l'agonie. Il faut attendre son trépas, dans les grandes secousses dont il a lui-même posé les conditions. Puis ce sera la vraie forme chrétienne de la justice sociale : le CORPORATISME, dans l'inéluctable et majestueuse résurgence de l'Autorité, celle des hommes qui ne rougiront pas de s'exalter dans l'humilité, de se subordonner à l'Autorité du Christ, Roi des hommes, Roi des peuples, Roi de la terre, Roi de l'univers.

★ ★ ★

LE COMMUNISME INSTALLÉ CHEZ NOUS

Causerie prononcée à Montréal
c. 1950

UN SIMPLE STRATAGÈME

[...] Le communisme n'est pas seulement, comme on est trop porté à le croire, une organisation politique composée de pauvres diables dégoûtés des injustices sociales, des mensonges ou des abus des politiciens véreux ; composée d'intellectuels tarés, névrosés ou décadents ; composée de ceux que le vice attire plus que la vertu ; composée de jaloux, d'envieux, de haineux, d'insoumis, de révoltés, de repris de justice et de rageurs congénitaux, tous conduits par des chefs juifs qui, eux savent où ils vont. Si ce n'était que cela, le communisme, un simple coup de balai suffirait à le faire disparaître au fond d'un porte-poussière. Mais le communisme est beaucoup plus que cela.

C'est un stratagème juif en vue de conduire Israël au pouvoir mondial. Et comme il y a de solides barrières fermant la route à cette ascension juive vers le sceptre mondial, la conspiration communiste a pour but d'ébranler, puis de renverser ces barrières l'une après l'autre. Ces barrières sont la monarchie, la religion, la tradition, l'esprit national, l'esprit familial, l'initiative individuelle, la propriété privée, avec tout l'appareil des autorités, des droits et des lois qu'ils comportent. [...]

VERS LE GOUVERNEMENT MONDIAL

[...] Voilà les dix conditions (*les dix commandements figurant dans le* Manifeste communiste *de Marx et Engels détaillés avant ce paragraphe par Adrien Arcand*) réclamées par Karl Marx pour préparer et hâter l'avènement du communisme universel. Et le conspirateur savait exactement où ces préceptes doivent conduire fatalement, quel travail de corrosion de la société et de l'ordre existant ils doivent opérer, quelles inéluctables conséquences ils doivent amener. Ces dix conditions, nous les avons toutes au travail dans notre pays, partiellement ou dans leur totalité. Ce sont les dix piliers fondamentaux du grand édifice communiste. Vous admettrez que c'est plus important et plus grave qu'une bande de braillards qui peut se nommer « le Parti communiste », car, même si l'on se débarrassait de ce parti, nous n'en courrions pas moins au communisme total, en continuant d'observer les dix commandements de l'athée Karl Marx qui font loi chez nous. Nous sommes déjà en plein communisme, nous en faisons chaque jour, nos lois nous y orientent constamment, l'administration publique nous y pousse. Et vous allez voir bientôt augmenter la vitesse de cette course, de même que la poussée vers le gouvernement mondial.

Mais, direz-vous, comment se fait-il que nos gouvernements aient pu légiférer dans un sens aussi ouvertement communiste, depuis 1917 ? Étaient-ils des naïfs, des ignorants ? Les « suiveux » de la politique en étaient, mais pas les chefs. Les chefs, c'est-à-dire l'ensemble de ceux qui déterminent la législation et la marche de la nation, étaient des complices de Karl Marx, des traîtres. Je veux dire la Franc-maçonnerie internationale, maîtresse de notre politique, et qui est autant aux mains de la Juiverie que les Internationales prolétaires. Elles visent au même but, ont le même idéal, tendent vers les mêmes fins, suivent les

mêmes aberrations. Je ne parle pas des maçons des degrés inférieurs, généralement très honnêtes hommes, qui suivent les
Loges dans l'espoir d'avancement personnel ; je parle des chefs,
des grades supérieurs, petite minorité qui seule connaît les
secrets de la Franc-maçonnerie. [...]

LA SUPRÊME SUPERCHERIE

[...] Les buts du communisme et de la Franc-maçonnerie
sont parallèles et identiques, ils cheminent vers le même aboutissement. Il n'y a rien de surprenant à cela quand on sait que
les Juifs Marx, Engels et Lasalle, premiers prophètes du communisme, étaient aussi des francs-maçons. [...]

Quand on sait que le judéo-marxisme trône au Kremlin et
dirige les pays sous le joug soviétique, quand on sait que la
judéo-maçonnerie trône à Lake Success et dirige les gouvernements démocratiques, il n'est pas étonnant que toute l'humanité
subisse, partout à la fois, des attaques soit ouvertes, soit cachées
et perfides, contre le surnaturel, la religion, l'idée nationale, la
tradition, la famille, la propriété privée ; et que le monde entier,
dans les deux camps, soit poussé vers la république universelle,
un monde de sans-Dieu, de sans-patrie, de sans-famille et de
sans-bien.

La plus grande supercherie depuis la chanson du Serpent à
Adam et Ève, la plus grande fraude de tous les temps, le plus
incroyable attentat contre la Loi naturelle et la Loi divine dans
toute l'histoire de la création, se déroulent sous nos yeux, per-
pétrés par des traîtres sous la direction de Judas déicides et apostats.

En voulant servir leur maître, tous ces zélés du Satanisme
l'ont dépassé, car si Lucifer dans sa révolte a combattu Dieu
sans pouvoir nier Son existence et Son nom, nos convulsés
délirants de l'anti-surnaturel, sont allés jusqu'à nier Sa réalité,
tant la vanité méningiteuse de leur rationalisme est hystérique
et aveugle. [...]

★ ★ ★

INSTRUCTIONS ET SERMENT 33ᵉ DEGRÉ DE LA FRANC-MAÇONNERIE

c. 1950

Dans cette brochure — signée du pseudonyme de Vigilans — Adrien Arcand reproduit et commente le texte d'une lettre d'instructions secrètes adressée au révolutionnaire italien Garibaldi par le Suprême Conseil du Rite écossais.

FRANC-MAÇONNERIE ET COMMUNISME

[...] Le lecteur sérieux aura noté la concordance parfaite entre le programme du 33ᵉ degré du Rite écossais (présenté comme la moins nocive des Francs-maçonneries) et l'*Internationale communiste* : abolition des notions de Dieu, de l'âme humaine ; abolition de la Religion, du Sacerdoce, de la Monarchie, de l'Autorité, de la Propriété, de l'État national et du sens national ; établissement de la République universelle, du collectivisme, du super-gouvernement mondial maçonnique.

Les Internationales prolétariennes ou marxistes s'adressent aux *classes sociales du bas* : employés, ouvriers, prolétaires, en faisant appel à leurs haines et à leurs passions (envie, jalousie, ambition, convoitise, etc.). La Franc-maçonnerie s'adresse aux *classes du haut* : bourgeoisie, employeurs, patrons, haut fonctionnarisme, en faisant appel à leurs passions (ambition, cupidité, hâte de parvenir, etc.). De sorte que le haut et le bas, tout en s'imaginant se combattre, poussent vers un même but final.

LE SATANISME RÈGNE.

De même que le communiste sincère ne réalise avec stupeur la vérité sur le Communisme que lorsque son idéologie triomphante l'a brutalement réduit en esclavage ; de même le francmaçon ignorant du but réel ne réalise le satanisme véritable des Loges que lorsqu'il est parvenu à l'initiation finale, quand il est trop tard pour reculer, lorsqu'il a prêté trop de serments et pris trop d'engagements. 95 % des francs-maçons sortiraient des Loges, s'ils pouvaient connaître à l'avance l'aboutissement final de la route dans laquelle on les a engagés, par serments répétés à des maîtres inconnus.

Derrière le rideau de fer, au domaine du Marxisme (Karl Marx était un haut maçon), *le satanisme règne*. De ce côté-ci du rideau de fer, *le satanisme règne* également, par la puissance maçonnique qui s'impose aux gouvernements d'esprit libéral.

UN MESSIANISME JUIF MONDIAL

Les auteurs les plus sérieux sur ces questions : Mgr Benigni, Mgr Delassus, Mgr Jouin, Mgr Trécziak, le R.P. Denis Fahey, le R.P. E. Cahill, etc., ont conclu que Marxisme et Franc-maçonnerie sont des instruments aux mains de la Juiverie universelle, qui s'en sert dans tous les pays pour pousser vers son but d'un *messianisme juif mondial*, réalisé par une République universelle, avec super-gouvernement mondial dirigé par les Juifs et régnant sur un monde subjugué, « libéré » de ses pouvoirs nationaux, de sa religion, de sa propriété privée, de ses initiatives, de sa conception chrétienne de la morale et du droit.

★ ★ ★

DU COMMUNISME AU MONDIALISME

Le Monde à la croisée des chemins

1950-1951

ANTICOMMUNISME

[...] Les historiens futurs de notre époque pourront bien difficilement comprendre non seulement l'inexplicable retard apporté à cette campagne anticommuniste, mais encore ce qui a pu transformer en anticommunisme les chefs politiques qui, connaissant les horreurs du communisme, ont aidé sa croissance pendant plus d'un quart de siècle. Ces chefs ont passé sous silence le massacre de la noblesse, des classes aisées, du clergé, des intellectuels, d'une trentaine de millions de chrétiens en Russie soviétique ; ils ont laissé le régime détruire la tradition, la famille, la propriété privée, les droits humains, sans jamais faire appel à la « conscience universelle » ou aux « droits de l'homme » qui leur sont si chers en temps de guerre ; et quand la monstruosité communiste a été menacée de mort, non seulement ont-ils volé à son secours avec précipitation, lui donnant argent, machines et armements comme il n'en fut jamais donné au plus cher ou au plus précieux des alliés, mais encore ils lui livrèrent par ententes secrètes dûment signées (contre le droit même des peuples ainsi livrés) la moitié de l'Europe civilisée et les trois quarts de l'Asie. [...]

La seule arme spirituelle que l'on oppose officiellement au communisme, c'est le mot démocratie, régime démocratique. C'est un mot que se disputent âprement les soi-disant démocrates (qui n'en sont nullement) et les communistes. [...] Le vieil axe fasciste anticommuniste avait au moins le mérite d'opposé l'idée de nation à celle de « citoyenneté mondiale », l'idée de religion à celle d'athéisme, l'idée de discipline à celle de révolte, l'idée d'ordre à celle de chaos, l'idée de famille et de paternité à celle de l'individu anonyme, l'idée de propriété privée à celle de la propriété collective en tout et pour tout. [...]

IDÉES CONTRE IDÉES

Ce n'est pas avec des armes qu'on détruit des idées, c'est avec des idées meilleures et plus saines. [...]

UN DÉSÉQUILIBRE SPIRITUEL

Antérieure à la querelle communisme-« démocratie », il y a celle de l'être humain et de la société, qui dure depuis quelques siècles et qui forme un conflit de conscience, cause du déséquilibre trouvé à l'origine des maux modernes. Ce déséquilibre, qui provoque dans le monde tant de perturbations et de tumultes, de misères et de malheurs, est avant tout un déséquilibre spirituel. Il résulte de ce fait que le citoyen a des convictions spirituelles, ne seraient-ce que celles émanant de la Loi naturelle écrite dans sa conscience, tandis que l'État qui le régit n'en a aucune. Le citoyen a des croyances, l'État n'en a pas et, suivant les principes admis du naturalisme ou modernisme, il ne doit pas en avoir. [...]

NÉCESSITÉ DE REDÉFINIR L'ÊTRE HUMAIN

Pour l'État moderne (« démocratique » comme communiste), l'être humain est un corps vivant capable de penser, et pas autre chose. Il violerait les lois fondamentales de la « démocratie » s'il admettait l'existence de l'âme humaine ayant des fins particulières ou générales, ayant des droits formels et des devoirs impérieux. Aussi, l'État moderne a-t-il dû devenir exclusivement matérialiste, qu'il soit libéral-démocrate, socialiste-démocrate, ou communiste-démocrate. Un État de conception essentiellement matérialiste gouvernant des êtres avant tout spirituels, puisque le corps n'est que temporaire et que l'âme vivra toujours, voilà le plus grand désordre qui pouvait surgir en ce monde. Nous y sommes depuis longtemps et c'est aux échéances de ses conséquences que nous devrons faire face. Les États païens de l'antiquité avaient au moins la logique et le bon sens de gouverner de pair avec les croyances spirituelles générales des populations et de leur époque. L'État moderne, orienté avec constance par l'idée d'émancipation qui a présidé à sa naissance, par des absolus illusoires auxquels on a donné les noms d'« égalité naturelle » et de « liberté indistincte », s'est toujours éloigné davantage, par son matérialisme, du caractère spiritualiste des individus qu'il gouverne. Aussi, la première formule de retour à l'équilibre social ne peut-elle être que de redéfinir l'être humain, origine première de toute société, et d'échafauder le régime politique, la législation et l'administration sur cette définition. Tout autre fondement à l'édifice social ne pourra être que faussé et branlant. [...]

Car, il faut revenir à cette vérité fondamentale que l'être humain, étant antérieur à toute institution, il lui est supérieur ; que toute institution, quelle qu'elle soit, a pour fin immédiate et lointaine d'aider l'homme, le servir, alléger son sort, lui procurer des facilités qu'il ne pourrait trouver en restant isolé, promouvoir son développement moral, intellectuel et physique, l'aider à tendre le plus normalement et le plus facilement au but de son existence. [...]

Dans le monde civilisé, partiellement subjugué ou envahi par la barbarie, il n'y a que deux définitions de l'être humain ; la définition naturaliste et la définition chrétienne.

DÉFINITION NATURALISTE

La première définit l'homme comme un animal évolué, une espèce de singe amélioré, capable de penser, mais privé de ce que l'on appelle communément l'âme. L'homme ne comporte aucun élément spirituel. Cette négation de l'esprit chez l'homme se complète par la négation du monde spirituel et d'un Dieu pur esprit. La conclusion ultime de cette définition est que l'homme doit être régi comme le sont les animaux, enrégimenté comme les chevaux domptés que l'on conduit à l'écurie, à qui l'on procure la nourriture et le gîte en retour du travail et des profits qu'ils rapportent ; qu'on « liquide » dès qu'ils ne sont plus profitables ; qui ne possèdent rien, ne connaissent aucune vie de famille, n'ont aucun souci spirituel ni aucune idée de divinité ou de religion. [...]

DÉFINITION CHRÉTIENNE

La définition chrétienne de l'être humain, qui a prévalu en Occident pendant treize siècles, c'est-à-dire depuis Constantin Paléologue jusqu'à la Révolution française, est aux antipodes de la définition naturaliste. L'homme est avant tout un esprit qui vivra des millions et des milliards d'années, qui ne mourra jamais, qui n'aura pas plus de fin que l'éternité elle-même et qui, momentanément, est emprisonné dans un corps humain afin de jouer sur cette terre, pendant un certain temps, un certain rôle voulu par Dieu et pour la plus grande gloire de Dieu. Dans l'idée chrétienne, l'homme est le couronnement de toute la création, il est au-dessus des anges et des archanges qui le servent comme messagers et protecteurs. C'est si grand un homme que Dieu est descendu sur terre pour le servir, lui laver les pieds, souffrir pour lui, mourir pour lui, le sauver. C'est si grand un homme, dans l'idée chrétienne, que Dieu Lui-même, qui ne peut ajouter à Sa gloire puisqu'elle est parfaite, S'est glorifié en Se donnant le titre de « fils de l'homme ». C'est si grand un homme que même s'il n'y en avait qu'un seul sur la terre, fût-ce le plus petit, le plus ignorant, le plus laid, il serait justifié de se promener avec la majesté et la dignité du plus glorieux des empereurs en se disant : « Je suis le fils de Dieu, mon corps est sorti de Ses mains, mon âme est sortie de Sa bouche ; je suis Son chef-d'œuvre, Son image, le cohéritier de Son Christ ; les firmaments, les planètes, les saisons, les océans, les montagnes, les fleuves et les prés, les minéraux, les végétaux et les animaux, c'est pour me servir qu'Il a fait tout cela. Ma dignité est si grande, mon avenir est si prestigieux, ma nature est si sublime qu'il ne m'est pas permis de servir autre chose que Dieu Lui-même et mes semblables, qui sont des fils et des images de Dieu en ce monde. » [...]

Voilà les deux seules définitions de l'être humain qui ont cours dans le monde occidental. On ne connaît pas d'intermédiaire. [...] En somme c'est la lutte pour le Christ et contre le Christ, sans moyen terme possible. L'une ou l'autre des deux idées doit être vaincue, doit disparaître. [...]

CONSÉQUENCE DE L'EXISTENCE DE L'ÂME HUMAINE

L'existence ou la non-existence de l'âme humaine est autant une affaire politique, économique, sociale qu'elle peut être une question religieuse. Toute institution étant composée d'êtres humains et devant régir des êtres humains, elle doit les gouverner conformément à l'essence et à la nature de l'être humain. Et la nature de l'être humain ne peut être que celle d'un pur animal, ou celle d'un esprit immortel vivant passagèrement dans un corps animal.

D'après la définition chrétienne de l'homme, celui-ci ne doit servir que Dieu et son semblable. Dès le moment qu'il sert quelque chose sorti des mains de l'homme, il verse dans l'idolâtrie.

La finance est une invention de l'homme, de même que le crédit, l'économie, la machine, la science, l'art, les systèmes et formes politiques. L'homme tombe dans l'idolâtrie dès qu'il fait dépendre son bonheur, ses fins, sa destinée, de ces créations humaines faites pour servir l'homme.

Ainsi, ceux qui nous disent que la république, ou la monarchie, ou la démocratie, ou le crédit, ou le machinisme, ou le planisme, ou le scientisme, ou le naturalisme, ou le rationalisme sont des conditions *sine qua non* du bonheur humain, du progrès humain, que sans eux, il n'y aurait plus de religion sur terre, plus d'ordre, plus de progrès, etc., font exactement ce que fait le nègre idolâtre d'Afrique quand, après avoir taillé une petite idole de ses propres mains, il se prosterne devant elle et lui confie son bonheur, sa santé, sa prospérité, son progrès.

Au-dessus de tout ce qu'il y a sur la terre, il y a l'être humain, lui-même immédiatement au-dessous de Dieu, fils de Dieu, image de Dieu, cohéritier de l'Homme-Dieu. Le meilleur système possible sur terre, dans n'importe quel domaine, doit donc être fondé sur ce qu'il y a de plus grand en ce monde : sur l'être humain lui-même. Si l'homme vit un demi-siècle ou trois quarts de siècle dans son corps physique, il ne mourra jamais comme esprit. Il est donc avant tout et par-dessus tout un esprit. Toute institution basée sur l'homme lui-même sera donc forcément spiritualiste. Une institution basée sur la création matérielle de l'homme ne pourra être que matérialiste ; ce sera une institution inférieure, indigne, puisque le matériel n'a ni la grandeur voulue ni la compétence pour gouverner un esprit, même s'il est emprisonné temporairement dans un corps matériel. [...]

VIOLATION DE LA NATURE

[...] Un organisme social qui ne correspond pas à la nature même de ceux qui le composent et qui y sont soumis est un organisme contre nature. [...]

Quand un être humain viole une loi de la nature, il doit s'attendre à en payer la rançon, qui est généralement douloureuse. Il en est de même pour le corps social, qui ne peut échapper à l'inexorable loi. On a accoutumé de penser que les lois de la nature ne concernent que les choses matérielles et physiques, restreignant ainsi la vision de l'homme. Puisque l'homme est composé d'un corps et d'une âme spirituelle — celle-ci éminemment supérieure en qualité et en importance au corps périssable —, c'est violer la nature même de l'homme, individuellement et collectivement, que de renverser en lui l'équilibre des primautés, des importances et des supériorités. Si l'on a divisé les essences en naturel et surnaturel, toutes deux n'en sont pas moins, dans le domaine du créé, subordonnées au divin.

La terrible crise de culture par laquelle passe le monde moderne provient exactement de cette violation de la nature de l'homme. Les systèmes qui légifèrent pour lui, qui le conduisent, le gouvernent, façonnent l'organisation de sa vie, sont tous, exclusivement et sans aucune exception, des systèmes matérialistes. [...]

EXCLUSIVISME MATÉRIALISTE

Avec le communisme, une moitié de l'humanité a été plongée dans le matérialisme intégral, total, qui ne considère l'être humain que comme une entité essentiellement matérielle. Cette monstruosité contre nature ne pourrait subsister, même si elle devait conquérir l'humanité tout entière. Face au communisme il y a, dans l'autre moitié de l'humanité, les socialismes de toutes nuances et les libéralismes de toutes descriptions. Au libéralisme dont s'inspirent presque tous les partis politiques connus, on donne communément les noms de capitalisme libéral, démocratie, libertarianisme. Ils sont tous de pure essence matérialiste et, par le jeu fatal de cause-et-conséquence, conduisent l'un à l'autre. [...]

Pour un poisson c'est le chaos que de vivre hors de l'eau, contrairement à sa nature ; pour l'être humain, c'est aussi un chaos que de vivre contrairement à sa nature, principalement si c'est dans un exclusivisme matérialiste. Tous les systèmes que nous avons aujourd'hui, soit procommunistes, soit anticommunistes, sont matérialistes, donc contraires à la nature de l'homme. [...]

PEUPLES ENCHAÎNÉS AU CRI DE LA LIBERTÉ

C'est au cri de la liberté que tant de peuples ont été chargés de leurs chaînes, c'est en chantant l'hymne à l'émancipation que tant de millions d'hommes ont été poussés dans l'esclavage. [...]

Quand la créature a voulu faire un absolu de sa propre volonté, voulant s'émanciper de celle du Créateur ; quand la créature a voulu franchir les limites de sa propre liberté en voulant la libérer de la Loi suprême, ce fut toujours instantanément et automatiquement le commencement de sa déchéance. [...]

Toute créature qui est esprit, qui peut dire ego, en tant qu'elle jouit de la liberté, a cette soif de voir sa liberté s'étendre aux dimensions de sa durée, de son immortalité ; cette propension, qui apparaît comme un « instinct » spirituel, devient l'orgueil de la vie, la cause de tous les maux que l'homme se cause à lui-même, quand elle n'est pas contrôlée.

Ou il n'y a aucun être au-dessus de l'homme, aucun Créateur dont la volonté fait loi, et alors l'homme doit jouir d'une liberté que rien ne limite, ses droits naturels sont suprêmes et absolus ; ou il y a au-dessus de l'homme un Créateur éternel et infini, Qui fait loi, Qui a Ses droits, à Qui la créature doit se soumettre.

Suivant la réponse que l'organisme social apporte à l'une ou l'autre de ces alternatives, la notion et l'application de la liberté varient conformément.

SYSTÈMES SANS-DIEU POUR HOMMES SANS-ÂME

L'affirmation des « droits de l'homme » indépendamment et en faisant abstraction des « droits de Dieu » constitue une négation de l'existence de Dieu, en même temps qu'une déification de la volonté, de la raison de l'homme ; cette négation de l'Esprit infini conduit à la négation de l'Esprit fini, de l'âme humaine. Et l'aboutissement inéluctable de pareille affirmation est celui d'un système sans-Dieu pour hommes sans-âme, comme le communisme. C'est ainsi que tous les penseurs sérieux ont pu dire que le libéralisme contient le germe du communisme. [...] Cette conclusion est aussi vraie sur le plan national, financier, économique et social qu'elle peut l'être sur le plan spirituel. [...]

L'ABUS DE LIBERTÉ

[...] L'homme n'est pas libre de faire ce qui lui plaît. Il ne doit faire que ce qui lui est permis. Dès qu'une chose est interdite, il n'est plus libre de la faire. Dès que Dieu, par exemple, demande à Sa créature de L'adorer, la créature n'a pas d'autre alternative que de se soumettre. Elle est liée.

Si l'homme n'est pas libre de faire ce qui est interdit, il a cependant la faculté de refuser de se soumettre, il a le pouvoir de se révolter, il a le libre arbitre, c'est-à-dire la capacité de choisir sciemment et volontairement le mal plutôt que le bien, l'illicite plutôt que le licite, le prohibé plutôt que le permis. Mais cette faculté, ce pouvoir, cette capacité ne le rendent pas libre de se soustraire aux injonctions du Bien. Car si l'homme était libre de faire indistinctement le mal comme le bien, il cesserait d'être responsable à toute autorité d'aucune sorte que ce soit ; et s'il cessait d'être responsable, il cesserait en même temps d'être une créature raisonnable, c'est-à-dire qu'il ne serait plus un homme.

L'homme fut créé libre, ne pouvant penser qu'au bien, ne pouvant faire que le bien ; mais dès qu'à la connaissance du bien, il voulut ajouter la connaissance du mal, il tomba en déchéance : la rançon du mal. Aujourd'hui, c'est toute l'humanité qui nous donne le même spectacle collectif. Après une longue et lente réhabilitation par le Christianisme, elle se laissa séduire par le libéralisme, la reconnaissance publique du bien ET DU MAL, la « liberté » pour le mal comme pour le bien, et nous voyons de nos propres yeux dans quel prodigieux abîme de désordre, de ténèbres et d'égarement elle plonge présentement. [...]

QU'EST-CE QUE LA LIBERTÉ ?

Comme pour la définition de l'homme lui-même, il y a deux écoles opposées qui nous donnent des définitions opposées de la liberté humaine : l'école chrétienne et l'école antichrétienne. L'une fait surgir la liberté de la servitude volontaire, l'autre la fait surgir de la révolte volontaire. Pour toutes deux, la liberté n'est pas une cause première ; c'est un attribut qui découle de la définition qu'on fait de l'homme ; c'est un état auquel il faut tendre, auquel il faut parvenir, qu'il faut conquérir, par des moyens essentiellement opposés.

Le christianisme enseigne que Lucifer, le prince des anges, fut condamné à un éternel châtiment pour avoir voulu se révolter contre Dieu, s'émanciper du devoir de servir le Seigneur ; que le premier homme et la première femme déchurent de leur liberté primitive en voulant « devenir comme des dieux », c'est-à-dire cesser de servir un Être supérieur et ne plus Lui être redevables ; que la Vierge Marie fut substituée au chef de la cour céleste en se proclamant « la servante du Seigneur » ; que le Christ a libéré une humanité enchaînée en servant Dieu et les hommes, en se soumettant en tous points à la volonté de Son Père.

C'est donc par la servitude volontairement acceptée que peut venir la liberté, du point de vue chrétien. [...]

La liberté [...] c'est le droit de faire ce qui est permis, par Dieu, par la société, par la loi ; c'est le droit de remplir son devoir sans empêchement ni contrainte. Faire le mal n'est pas un usage de la liberté, c'est un abus, c'est de la licence. Se soumettre et servir, dans l'exercice des droits et des devoirs, voilà l'origine et les conditions de la liberté. [...]

Pour le libéralisme et les innombrables sous-produits dont il a apporté les funestes cadeaux au monde, la liberté ne surgit que de la révolte, du refus de servir, de reconnaître une autorité au-dessus de l'ego humain. C'est une liberté de caractère essentiellement luciférien, liberté qui engendre par la force des choses la fameuse « égalité » de caractère également luciférien. Celui qui se dit libre de Dieu se proclame égal à Dieu ; celui qui ne reconnaît pas d'autorité supérieure à son ego, à sa propre raison, se proclame égal à toute autorité existante.

C'est par ces faux principes, ces sophismes matérialistes que la propagande hurle de toutes les tribunes, de tous les journaux, de toutes les scènes, de tous les écrans, que le monde moderne est poussé comme un vaste fleuve dans un abîme qui l'engloutit rapidement.

LES FAUX PRINCIPES EN ACTION

Leur première manifestation fut, lors de la Révolution française, de vider les églises de toute divinité et toute révélation pour y substituer la « déesse » et le culte de la raison humaine ; de décapiter rois, princes, nobles et chefs de la société qui ne reconnaissaient pas la validité des « dogmes » nouveaux.

Depuis, la révolte contre le Trône et Autel s'est propagée partout, suivant des cycles réguliers, puis s'est étendue contre toute forme de tradition, contre le supérieur, contre l'employé, contre l'employeur, contre l'époux ou l'épouse, contre les parents, contre l'État pur et simple, contre la propriété, contre la morale élémentaire ou naturelle, contre tout ce qui peut suggérer une autorité quelconque. Ces sophismes ont conduit des pays entiers dans l'enfer communiste, où une tyrannie féroce et inflexible a aboli les droits naturels de l'être humain et la possibilité d'accomplir les devoirs inhérents à la nature de l'homme. On avait appris au citoyen que non seulement il a le privilège de désigner ceux qui doivent être investis du pouvoir, mais qu'il est le souverain réel, la source de toute autorité, la cause et le moteur de tout pouvoir. Pour l'avoir cru, le citoyen « souverain » est devenu l'esclave total, la proie du despotisme.

CRISE D'AUTORITÉ

Ce qu'il y a de plus pénible, c'est que ceux qui auraient dû le plus courageusement combattre les sophismes du matérialisme ont fini par succomber à l'incantation de ses mots creux et de ses slogans répétés ; ils ont légiféré dans le sens des « dogmes » nouveaux, posant les prémisses de l'inévitable catastrophe, pactisant, compromettant, cédant. Ayant encouragé une révolte grandissante contre l'Autorité, mère de tout Ordre, ils ont graduellement perdu leur propre autorité. Les foules, pétries, façonnées, enseignées par une propagande anonyme et officiellement irresponsable, entendent de moins en moins la voix de leurs chefs normaux ; et les chefs, pour obtenir les faveurs de la foule, la suivent et la flattent plutôt que de la conduire. Ce sont les bergers qui suivent les caprices du troupeau pour ne pas le perdre, triste spectacle de l'état où conduit toujours la trahison de la mission dévolue aux élites. Toute crise de culture a toujours à son origine une crise d'autorité, et le premier symptôme en est constamment la révolte contre la première des Autorités : celle de Dieu, celle de l'Esprit.

« ÉCRASER L'INFÂME »

On a cru que les « immortels principes » de la Révolution française n'avaient pour objet très humanitaire que de libérer l'humanité des chaînes dont l'avaient emprisonnée la tyrannie des rois, les restrictions religieuses, l'ordre des hiérarchies, les disciplines de la tradition, le vieux code d'honneur, les réglementations d'une longue jurisprudence. C'est ce que la propagande a chanté sur tous les tons, avec un interminable *obligato* de lieux communs et d'âneries débitées par des soi-disant philosophes, moralistes et économistes. Mais ceux qui avaient concocté les terribles poisons, les sophismes destructeurs, les « immortels principes » n'ont jamais caché, dans leur correspondance et leurs conversations intimes, le but réel qu'ils voulaient atteindre. [...] Leur œuvre entière, leurs efforts opiniâtres et tenaces visaient d'abord et, avant tout, suivant leurs propres aveux, à « écraser l'Infâme ». Et d'après leurs explications très claires, « l'Infâme » c'est le Christ et Son œuvre sur la terre. [...]

LIBERTÉ...

C'est en chantant l'hymne à la « liberté » que, depuis deux siècles, les masses occidentales et orientales grossissent constamment les rangs de l'immense procession en marche vers la rébellion de l'impiété et de l'anarchie. Une propagande effrénée a fait de ce mot « liberté » un impératif, un absolu si puissant que devant lui disparaissent les mots devoir, obéissance, soumission, droit, coutume, tradition. La conspiration de la grande révolution mondiale lui a donné un tel sens que tout ce qui peut s'élever contre ses sophismes et ses conséquences doit être diffamé, détruit, liquidé, anéanti. D'ailleurs, le mot « liberté » est par lui-même si séduisant qu'il a fait déchoir les êtres les plus parfaits de la création. C'est [...] parce qu'il suggère à la créature finie, consciente, la soif d'atteindre à l'infini sans passer par la route ardue de la soumission à la volonté du Créateur. [...]

Ceux qui osent parler de droits de Dieu, de royauté du Christ, de famille comme cellule sociale fondamentale, de droit à la propriété privée, d'initiative privée, etc., sont des contre-révolutionnaires exécrables, des fascistes criminels, des réactionnaires coupables, formant un péril dont il faut se débarrasser sans tarder. Tant est vrai que se libérer des droits de Dieu entraîne automatiquement la perte des droits naturels humains, et que la liberté contre Dieu amène à brève échéance le pire esclavage de Sa créature.

ÉGALITÉ...

Le sophisme de la « liberté » absolue a automatiquement donné naissance à celui de « l'égalité » naturelle de tous les hommes. On ne peut mentionner l'un sans l'autre. Si tous les hommes sont libres de faire tout ce qu'ils veulent, si la raison de chacun forme la loi suprême et la règle de sa propre conduite, il s'ensuit inévitablement que tous les hommes sont égaux. Non pas de cette égalité spirituelle devant Dieu, de cette égalité morale devant la loi, mais de l'égalité matérielle des animaux dans la forêt, des pourceaux dans l'auge. La conséquence en est que la force doit primer sur la charité, l'entraide sociale, l'aménité culturelle. [...] Tout ce qui heurte le sophisme de l'égalité doit être impitoyablement anéanti : noblesses, hiérarchies, castes, classes, titres, influences. [...]

LA RÉVOLTE

L'homme a perdu son Paradis originel par la révolte ; c'est par une révolte plus grande encore qu'une conspiration insensée prétend y ramener l'homme : la révolte contre la sentence promulguée par le Juge suprême, contre l'état même de la nature humaine déchue, contre le jeu des lois naturelles, contre l'aide offerte à l'homme par la Révélation et la Rédemption. [...]

À l'enseignement fait à l'homme de se soumettre à son Créateur, à l'ordre voulu par Lui, aux conditions de sa nature, aux lois d'ordre dans la société, à l'autorité légitime nécessaire à tout ordre, se fit entendre le cri de révolte contre toutes les conditions du Bien, contre tout ce qui pouvait assurer l'ordre en ce monde : prince, gouvernant, magistrat, religion, famille, principe de propriété ; à la loi de charité et d'entraide répondirent les hurlements de toutes les haines, de toutes les envies et toutes les jalousies, de toutes les révoltes contre les déficiences personnelles ou collectives. Le refus de se soumettre à ce que Dieu veut, c'est affirmer comme loi ce que l'on veut soi-même, c'est tenter de s'émanciper de Dieu, c'est vouloir s'égaler à Lui en plaçant sa volonté personnelle au même niveau que la Sienne. [...]

FRATERNITÉ...

[...] Toute fraternité suppose une communauté de père. Si les hommes sont frères, ce ne peut être que par un père commun. Quand une tourbe d'athées, de Sans-Dieu, d'« illuminés » partis en guerre contre le Christ, proclama le « dogme » de leur fraternité humaine, ce fut en éliminant Dieu même comme père de tous les hommes. Et, depuis ce temps, plus les hommes ont parlé de fraterniser indépendamment et en dehors de la Paternité divine, plus ils se sont querellés, plus ils se sont entre-égorgés, plus ils sont tombés dans la confusion et l'esprit de destruction. Dans l'ultime et suprême tentative qu'ils font en ce moment à l'O.N.U., en cherchant à ramener l'ordre en ce monde sans l'aide de Dieu, à fraterniser sans l'égide d'une Paternité commune à tous, ils donnent le spectacle d'une nouvelle et plus grande Tour de Babel où, plus ils se démènent, plus les choses vont mal dans le monde, plus les dangers sont menaçants. [...]

INTERNATIONALISME

Pour répondre à sa nature, la préoccupation principale de l'homme doit être la recherche de l'Absolu, de l'Esprit supérieur : Dieu. Et, en conséquence, que sa vie personnelle comme sa vie sociale ou institutionnelle doit être spiritualiste à un degré plus haut que les nécessités de sa vie matérialiste. Toute dérogation à ce principe formel — et c'en est un — apporte en elle-même l'instabilité, la confusion, l'erreur et le chaos inéluctable du déséquilibre de la nature humaine.

L'homme qui spiritualise la matière, la création, comme le païen qui fait un dieu de son idole, comme l'autre païen occidental qui fait un absolu d'une forme, d'un système, d'un genre d'organisation, tombe dans le matérialisme contraire à sa nature ; il en est de même pour l'homme qui matérialise le spirituel, soit en faisant de Dieu une image de l'homme, soit en établissant des bornes de temps et d'espace à l'esprit, soit en traduisant sur le plan purement matériel des données avant tout spiritualistes comme la foi, les principes d'autorité et d'ordre, les concepts de liberté, égalité, fraternité, etc.

La grande erreur des temps modernes est de croire que l'internationalisme peut se réaliser sur le plan matériel : communications, transport, standardisation des coutumes, réglementations, vêtements, arts, etc. ; c'est d'oublier que la diversité des races, des traditions, des personnalités, des individualismes, des expressions est une nécessité naturelle ; d'oublier que l'internationalisme ou unité du genre humain ne peut se réaliser que sur le plan spirituel par le partage d'impératifs ou d'absolus qui sont communs à l'humanité tout entière, ou peuvent le devenir : concepts de la divinité, de la justice, de la morale, du droit des gens. Là encore, dans les deux seules conceptions possibles de l'internationalisme, nous trouvons deux écoles absolument opposées qui se disputent l'esprit humain, sans moyen terme ni compromis possible : l'Église catholique qui veut conquérir toute l'humanité dans le domaine spirituel et par des moyens spirituels, et l'Internationale communiste qui veut opérer la même conquête par des moyens et dans un domaine uniquement matériels. […] L'erreur d'un internationalisme sur le plan matériel ne vaut pas mieux que l'autre erreur d'un nationalisme sur le plan spirituel par l'établissement d'une religion, d'une morale ou d'une éthique exclusivement nationales. De même que l'internationalisme ne peut être que spirituel, de même le nationalisme ne peut être que matériel (politique, économique, administratif, artistique, etc.). Le premier, qui englobe l'humanité, doit être un monde abstrait ; le second, qui se limite à un peuple ou une nation, ne peut être qu'un monde de formes ou d'expressions concrètes.

LA NOUVELLE IDOLE

Pour la foule, le fait de se faire proclamer investie de la puissance maintenant niée à Dieu ne pouvait remplir le vide immense créé dans l'âme des peuples. Si la Nature ne peut tolérer le vacuum, l'esprit l'endure encore moins. Aussi s'empressa-t-on de créer des dieux nouveaux, de peindre des idoles nouvelles pour l'adoration des masses ; mais il ne fallait pas que les divinités modernes fussent spirituelles, il ne fallait pas surtout qu'elles pussent faire supposer une entité supérieure au Démos ni à ses attributs trinitaires de Liberté, Égalité, Fraternité, au nom desquels on baptise et rebaptise à toute heure le monde moderne ; enfin, il ne fallait pas qu'un seul mot connu ou inconnu pût susciter de plus grandes transes mystiques, des extases plus délicieuses, une foi plus ferme, des espoirs plus furibonds, des ferveurs religieuses plus intenses, un abandon de soi-même plus complet, une source de bonheur humain plus sûre que l'apophtegme suprême, la clé des clés, le tétragramme final, la pierre philosophale enfin trouvée, le sésame infaillible, le mot magique, l'alpha-et-oméga : DÉMOCRATIE. Même si on en cherche vainement la chose en tous lieux, même si c'est une totale impossibilité de fait et de raison, même si tous les grands penseurs de la race humaine, à la suite de Socrate, ont affirmé que c'est ce qu'il y a de plus désordonné, de plus corrompu, de plus vil, de plus destructeur, il faut en faire le *laudamus* cent fois le jour, il faut en boire, en manger, en rêver, il n'est même pas permis de suggérer ou mentionner un autre mot, au risque de subir l'anathème universel et d'être mis au ban de l'humanité. C'est pourquoi, dans le monde entier, dans tous les pays, dans les moindres recoins de notre planète, l'esprit humain standardisé et mis au pas, répète docilement avec respect et vénération le nom des noms qui prévaut sur tous les autres, le vocable prestigieux et sans pareil, le logos qu'il faut encenser pieusement aux Nations Unies, dans les pays communistes comme non communistes même si on y ignore le nom du Christ, du Père ou de l'Esprit : DÉMOCRATIE. [...]

DÉMOS

Ayant détrôné Dieu comme centre et origine de toute Autorité, Pouvoir, Ordre et Droit, le libéralisme Lui substitua la faiblesse anonyme, aveugle et incohérente du Démos, la foule. Le nouveau « souverain » devint le peuple, qui n'était personne en particulier, le peuple qui était la somme des sujets et des sujétions, des faiblesses et des ignorances.

Contenant les germes de toutes les destructions qui devaient se consommer furieusement dans le communisme, le libéralisme inaugura l'ère des grandes dettes nationales, de la dépossession progressive du citoyen par des impôts toujours plus nombreux et plus lourds, de l'éducation neutre et areligieuse, du service militaire obligatoire, de la lutte des classes, de la corruption électorale érigée en institution, de la double allégeance par la confusion de l'État avec le parti, de l'avilissement du christianisme en le ravalant au niveau des sectes les plus idiotes au nom de « l'égalité religieuse », de la subversion légalisée au nom de la « liberté d'expression ». L'Autorité divine ayant disparu de la société civile et politique, toutes les autres autorités qui en découlaient commencèrent à chambranler, privées de leur appui central : autorité du prince, autorité du gouvernant, autorité du prêtre, autorité du père, autorité du supérieur. N'importe qui reçut le « droit » de s'insurger contre n'importe quoi : l'étranger devint l'égal du citoyen ; le gouvernant et le gouverné s'éveillèrent comme des ennemis. Ne tenant plus, par principe libéral, son autorité de Dieu, le gouvernant se dit seulement responsable au peuple, c'est-à-dire à personne, et l'on vit les traités, les engagements, les promesses de caractère politique perdre toute leur valeur morale. [...]

LE NATURALISME

[...] L'homme ne pouvant altérer les lois qu'il découvrait, restant toujours prisonnier des bornes fixées à sa nature physique, la raison perdit sa lettre majuscule et la Nature, la Providence nouvelle, s'affubla du signe capital ; elle devint le dieu, la religion, la foi des temps modernes. Les grands « penseurs », mus avant tout par la détermination de prouver l'inexistence de Celui que les peuples avaient reconnu, durent fabriquer des divinités synthétiques. C'est par la Nature qu'il fallait tout expliquer. Ses lois étaient immuables et bonnes ; l'homme qui en était issu était nécessairement bon. [...] Il fallait prouver l'erreur d'un christianisme enseignant que « l'homme naît entaché du péché originel, accablé de penchants mauvais et de concupiscences nécessitant des disciplines et des restrictions », c'est-à-dire la limitation de la liberté. [...]

LA SCIENCE

[...] Ni l'homme ni la nature ne pouvaient apporter d'explication à l'essence, l'origine et la « cause causante » des lois constatées. Il fallait trouver une explication à l'intelligence qui se manifestait dans l'opération de tous les phénomènes découverts. Les sauvages de tous les continents et les barbares de toutes les époques avaient eu au moins l'intuition que l'intelligence, même si on la constate dans un animal ou une chose, n'en est pas moins l'attribut d'une personne qui a imposé sa volonté intelligente à ces choses. Mais suivant les « immortels principes » qui doivent conduire le monde nouveau, l'intelligence n'est plus l'attribut d'une personne, d'un être conscient de son ego. [...] Aussi trouva-t-on un dieu nouveau pour répondre aux découvertes étalées devant le monde. À son tour la nature perdit sa majuscule, et c'est la Science qui monta sur l'autel avec un grand S. [...]

RELIGIONS NOUVELLES

La science produisit des machines qui engendrèrent le Machinisme, celui-ci engendra l'Industrialisme, puis l'on vit naître en de rapides générations le Capitalisme, le Mercantilisme, le Planisme, l'Étatisme, bref toute une série de religions nouvelles subdivisées en toutes sortes de sectes secondaires, chacune ayant son absolu, sa condition du bonheur humain, sa panacée capable de changer la face du monde et de redonner à l'homme son paradis perdu. [...]

Une fois que la théorie de l'évolutionnisme eut été bien répandue à grand renfort de propagande et d'enseignement académique, sans exigence de preuve formelle, on présenta au monde l'explication finale des mouvements intérieurs et extérieurs du singe-homme ou homme-singe (au choix !). [...] Dans un charabia scientifico-philologique qui remplit nos « intellectuels » d'émoi respectueux et fit béer d'auguste stupeur nos plus illustres universités, Freud déchira le voile du mystère impénétré. D'un seul coup, il fit descendre l'intellect de la tête au bas de la ceinture. Il promulgua que toute pensée, tout acte, tout sentiment, tout réflexe, toute décision humaine a son origine, son mobile, son explication dans l'instinct sexuel. Le phallisme antique fut ressuscité, avec ses dogmes, ses prêtres et confesseurs (psychanalystes). Le monde entier s'était trompé, la psyché n'était pas autre chose que le sexe. Après le dieu-raison, le dieu-nature, le dieu-science, le dieu-machine, le dieu-production, on avait enfin le dieu-argent devant qui restaient prosternés des hommes-sexes qui avaient été des hommes-singes, des hommes-cellules, des hommes-vibration, des hommes-pensée, des hommes-âmes. C'était l'image parfaite du matérialisme intégral dans un monde que devait produire la révolte contre le Dieu personnel par les « immortels principes » du libéralisme, le fatal sophisme qu'on présenta comme une formule, un système, un mode de vie meilleur mais qui n'était que le piège séduisant tendu par des conspirateurs réels, conscients, habiles, tenaces, persévérants, en vue d'aveugler l'humanité, la démoraliser, la faire dégénérer, épuiser toutes ses forces et paralyser tous ses ressorts afin de la conquérir et de l'asservir. [...]

RAFALE DE RÉVOLTES

L'effroyable dégringolade des dogmes, des principes, des conceptions, des formulations et des postulats concernant l'idée de Dieu, l'origine et l'essence de l'homme, dans la société civile saturée de libéralisme, déchaîna une rafale de révolte non seulement contre toute forme et toute espèce d'autorité, mais encore contre toute tradition esthétique. Si les arts sont ce qui illustre le mieux une civilisation, on n'a qu'à écouter la majorité de nos politiques modernes à la radio pour voir quels nains sont les descendants de Cicéron ; on n'a qu'à visiter une exposition pour réaliser dans quel sauvagisme sont tombés les descendants de Vinci, Vermeer, Rembrandt et Rubens, ou encore ceux de Phidias, Michel-Ange, Bellini et Rodin ; on n'a qu'à écouter quelque peu la musique moderne pour réaliser la snobiste barbarie des descendants de Bach, Haydn, Händel, Mozart, Beethoven et Franck ; on n'a qu'à assister à une pièce de théâtre ou lire un « chef-d'œuvre » moderne pour voir quels avortons sont issus des Virgile, des Rabelais, des Shakespeare, des Corneille, des Goethe ou des Dante. Pour un seul créateur médiocre, on trouve à travers le monde quarante mille plus insipides critiques. En philosophie, hors les échos de l'inébranlable scolastique, c'est la pénurie la plus pénible de l'histoire humaine ; après les légions de maîtres du doute puis du nihilisme, après les « penseurs » contre la Foi et la Charité, c'est la frénésie pour l'école de Sartre contre tout ce qui restait à un continent privé de ses valeurs spirituelles : l'Espérance ! [...]

DES AXIOMES DE PURE PROPAGANDE

Les bobards éperdument répétés, les mots d'ordre mitraillés sans trêve, tels que « paradis sur terre », « fraternité universelle », « justice intégrale », « égalité sociale », « liberté démocratique », « progrès de l'humanité », « citoyenneté du monde », « paix perpétuelle », et leurs corollaires ne sont que des miroirs aux alouettes et les chefs de la conspiration mondiale n'y croient pas eux-mêmes. Les forces subversives ne s'en servent que comme substituts au vocabulaire du lexique chrétien que l'on veut effacer du cerveau humain, et comme contrepartie aux seuls préceptes qui peuvent assurer un minimum de bonheur à l'humanité : foi, espérance, charité, humilité, pureté, esprit d'abnégation, sens du devoir, ordre, discipline, piété, modération, patience, etc. Dans sa lutte gigantesque contre le spiritualisme, la horde matérialiste doit nécessairement présenter son catalogue de « vertus », et elle en a accumulé tout un arsenal pour détruire la Vertu elle-même.

COMMUNISME, FRANC-MAÇONNERIE ET SIONISME

Il n'est pas un seul aspect, un seul détail du matérialisme qui ne soit en conflit avec les lois de la nature et les données du surnaturel, avec la volonté créatrice de Dieu, avec les réalités les plus élémentaires et les plus évidentes que l'être humain a constatées de tout temps. C'est pour cela qu'il s'attaque à ce qui a toujours été l'apanage de l'homme et son occupation constante : sa famille, sa propriété, sa tribu, sa race, sa nation, sa divinité, ses coutumes, sa tradition. C'est tout cela que le communisme veut anéantir sur la terre entière, car le communisme admet qu'il sombrera s'il ne peut conquérir qu'une partie du globe terrestre. Il lui faut toute l'humanité sous son joug, non pas pour la rendre heureuse, mais uniquement pour que les chefs de la conspiration puissent l'exploiter à leur avantage, dans une espèce de super-capitalisme universel. [...]

Mais le communisme n'est pas seul à agir dans cette direction, à proclamer l'axiome pour lequel la Deuxième Guerre mondiale nous a préparés : « un seul monde, un seul gouvernement, une seule citoyenneté, une seule loi, un seul droit ».

La Franc-maçonnerie internationale, inventée pour enrégimenter les classes supérieures comme les internationales prolétariennes l'ont été pour enrégimenter les classes travailleuses, poursuit le même but. Elle aussi veut un seul monde, un seul gouvernement, une seule citoyenneté, une seule loi, une seule fraternité, le tout bien badigeonné aux couleurs d'une « moralité naturelle » qui ne tire son origine que d'un déisme de fabrication humaine : la Raison du libéralisme. La seule différence réside dans les moyens à utiliser pour atteindre au but final. Le communisme veut y parvenir par la violence, le mensonge franchement proclamé, la liquidation pure et simple des classes et des hommes qui lui barrent la route, la destruction brutale des institutions qui entravent ses projets. La Franc-maçonnerie veut y parvenir « en douce », par des moyens « plus humains » bien qu'elle n'ait pas hésité à provoquer en France en 1789 des massacres qui ne furent égalés que par ceux du bolchevisme en 1917. [...]

Puis il y a la force moins connue et moins soupçonnée du Sionisme international, qui pousse au même but, qui est inféodé au communisme aussi bien qu'à la Franc-maçonnerie, qui par ses innombrables organismes exerce dans tous les gouvernements et toutes les chancelleries une influence égale, sinon supérieure, à celle des deux autres internationales. Les chercheurs, les historiens sérieux de ces questions n'ont pas manqué de prouver que, dans les arrière-coulisses ténébreuses où se trame la subjugation du monde, les trois grands mouvements se rencontrent et conjuguent leur action. [...]

LE GRAND PARADOXE

Il apparaît aux « penseurs » de notre époque comme un bien grand paradoxe d'affirmer que le communisme, qui attaque si fébrilement le principe de la propriété privée, soit propagé et financé par le haut capitalisme international, censé être l'incarnation de la propriété privée.

Nos « penseurs » ignorent ou n'ont pas pensé à deux choses : 1° que le haut capitalisme international, au lieu de soutenir la propriété privée, l'engloutit, la dévore, l'élimine en fonction directe de l'augmentation des richesses créées par les travailleurs des villes et des campagnes ; 2° que le communisme, quand il s'empare d'un pays, ne détruit pas la richesse qui y existe, mais la fait tout simplement changer de mains. Ceux qui ont « découvert » que le communisme, en somme, aboutit au supercapitalisme d'État n'ont découvert que la moitié de la vérité ; car, en effet, c'est un supercapitalisme d'État aux mains du haut capitalisme international. [..]

FINANCE, CAPITALISME

Il y a deux sortes de finance, comme il y a deux sortes de capitalisme. Il y a la finance visible, accessible, localisée, fruit du travail, de la production, de l'économie. Issue du labeur, c'est la finance qui entretient le labeur. Elle a toujours un caractère personnel, régional, national. Inerte par elle-même, elle ne prend une utilité et une valeur que dans son application à la production, au développement. C'est la finance saine, celle qui soutient l'initiative, qui appuie la liberté personnelle d'action, qui permet à un pays comme à ses citoyens de préserver et défendre leur autonomie. C'est de cette finance que surgit le capitalisme de production, le capitalisme industriel, le capitalisme commercial, si toutefois on peut appeler capitalisme le simple emploi de capitaux à une fin créatrice. Il y a, en opposition à la finance et au capitalisme sains, la finance internationale, la finance de l'or, qui engendre et contrôle le capitalisme international. Cette finance internationale est celle du groupe interallié des banques de l'or, ces banques richissimes qui n'ont pas de déposants, qui ne trafiquent que sur l'or et les devises monétaires, qui financent l'organisation des trusts et des cartels internationaux, les grands monopoles mondiaux qui fixent à leur gré les prix des pierres précieuses, des métaux, des métalloïdes, des grains, viandes, thé, café, coton, huiles, etc., forçant ainsi les gouvernements à taxer pour soutenir les prix du grand marché international. Cette finance n'a qu'une raison d'être, un seul but, un idéal unique : faire produire de l'argent par l'argent. [...]

Le jour où les États pourront, sans risque ou sans crainte de se faire broyer, nationaliser leur or, déterminer eux-mêmes le prix et le volume de leur monnaie nationale, commercer avec l'étranger par voie de troc pur et simple de marchandises, le plus grand pas aura été fait vers le rétablissement de la justice sociale, de l'autodétermination politique et économique des peuples, de la stabilité et la prospérité, bref les éléments d'une démocratie véritable qui a cessé d'exister depuis longtemps et qui a été remplacée par la plus réelle, la plus terrible, la plus dévorante des dictatures : celle de l'Or, qui pèse avec autant de cruauté sur les foules des pays occidentaux que sur les foules des pays communistes ; c'est elle qui, du sommet de la pyramide, contrôle à la fois toutes les internationales sans aucune exception. Dans un monde matérialisé où l'or est devenu dieu, pas une seule internationale ne peut exister sans la permission et le contrôle de celle de l'or. Dans le plan diaboliquement génial qui a été élaboré pour la conquête du monde, aucun détail n'a été omis. Comme les chercheurs devaient inévitablement trouver un jour l'origine et la cause du chaos où les conspirateurs doivent conduire les peuples, on commença, il y a déjà un siècle et demi, à décrier la finance et le capitalisme. Non pas la Haute Finance internationale et le Capitalisme international, qui restent toujours inconnus des masses, mais la finance d'épargne et le capital sain de l'individu, de la province, de la nation, les seuls qui soient vus ou connus de la foule. [...]

LE FLÉAU DE L'USURE

[...] L'usure financière est ce qui peut le plus sûrement ruiner un individu ou une institution, quand on n'a pas le moyen de les subjuguer par la force ou que l'on craint les réactions de l'emploi de la violence. Elle ronge avec tant de constance et de régularité inflexible qu'elle peut amener sa victime à signer son propre arrêt de mort économique. L'assassinat avec le consentement de la victime ! Appliquée aux États, l'usure produit les mêmes effets. Mais c'est la finance internationale qui peut ainsi garrotter des nations. [...]

DEUX ROUES D'UNE MÊME MACHINE

Finance internationale et Internationale prolétarienne sont plus que des alliées, ce sont des roues d'une même machine : la machine à conquérir le monde sur les ruines des nationalités, des économies nationales, des frontières et des religions. Et toutes deux, dans cette dernière phase du complot, lancent les mêmes cris et font le même zèle pour le gouvernement mondial de tous les peuples, la haute cour de justice mondiale, la police mondiale, les droits de l'homme mondiaux, le standard de vie mondiale, la monnaie mondiale, le moule mondial pour la pensée humaine ; et presque partout, on entend les chefs des « libres démocraties » répéter avec autant d'extase que d'ignorance les mots d'ordre de la grande dictature de l'or. [...]

ASSAUTS FINANCIERS

La Haute Banque fait l'assaut des États nationaux par l'usure, en les forçant à s'accabler de dettes par suite des guerres et des crises économiques voulues par la finance internationale ; par la « sécurité sociale » qu'instaurent les régimes libéraux qui ne veulent pas encore céder la place aux socialistes ; par les subsides gouvernementaux aux producteurs agricoles ou miniers rendus obligatoires par le prix du marché mondial imposé par les grands monopoles aux mains de la finance internationale. Elle fait l'assaut des institutions nationales, régionales ou corporatives en affolant leur économie par l'inflation et la déflation monétaire, l'instabilité des devises ou leurs rapports d'un pays à l'autre, les grands soubresauts de la spéculation boursière, la fluctuation constante des prix des matières premières. Elle fait l'assaut de l'économie personnelle par les mêmes moyens, et en forçant les États à inventer des taxes et impôts nouveaux pour satisfaire à leurs besoins artificiels croissants. [...]

VERS LE MONDIALISME

Pour arriver au contrôle mondial, au gouvernement mondial d'une masse humaine « libérée » de toute nationalité, toute frontière, tout droit national, toute tradition et toute foi spirituelle, il ne suffisait pas à la Haute Banque de l'Or (syndicat fermé des *gold-bankers*) de contrôler les prêts internationaux, le cours des monnaies nationales et le mouvement de l'or, mais il fallait aussi enlever aux peuples et aux gouvernements leur droit de contrôler l'émission de leurs monnaies nationales, de faire le commerce par troc qui permet de se soustraire au péage à la Haute Banque dans toutes les transactions commerciales internationales, de régler eux-mêmes le volume du crédit qui les mettrait à l'abri des grandes inflations artificielles. Comme le secret est l'essence de toute conspiration, les comploteurs ont toujours pris grand soin de ne jamais se montrer au grand jour pour extorquer des gouvernements eux-mêmes le pouvoir de les juguler. C'est par le truchement des sociétés internationales, comme la Ligue des Nations, et après elle l'Organisme des Nations Unies, qu'ils procèdent pour faire passer les lois qu'ils désirent dans les parlements nationaux. [...]

LE TROC

Le but principal que poursuit la Haute Banque est de détruire tout pouvoir national réel des gouvernements, en empêchant surtout, par le contrôle financier, l'initiative d'un pays de commercer par troc, par échange pur et simple de marchandises avec un autre pays. Le troc est le seul système qui, en définitive, peut permettre à un pays non seulement de se libérer de l'usure internationale élevée au rang d'institution, mais encore de faire équilibrer le salaire avec le coût de la vie, de fonder toute sa vie économique sur le travail et sa grandeur, de stimuler et propager l'initiative privée, de répandre l'aisance dans la société. Mais comme il faut que tout cela soit empêché et détruit pour parvenir au contrôle mondial, faut-il empêcher par tous les moyens possibles le commerce par troc. [...]

DICTATURE DES PUISSANCES D'ARGENT

Le droit d'un peuple de se donner le système qui lui plaît, de conduire son pays à sa guise, de réglementer son propre crédit, de mener ses affaires suivant ses justes aspirations, de faire les lois qu'il estime nécessaires à ses intérêts supérieurs, de ne pas subir de lois qu'il n'a pas votées, de ne pas souscrire directement ou indirectement des deniers sans avoir une voix délibérante sur leur prélèvement et leur emploi, sont censés être des droits démocratiques. Or, presque tous ces droits disparaissent devant le supergouvernement mondial, pour qui les gouvernements locaux ne sont que des pantins. [...] Créées par la démocratie, ces puissances [d'argent] ont fini par la dévorer et par soumettre les gouvernements autrefois libres à son inexorable dictature. [...]

LES TROIS CAPITALES

Trois grandes factions, dirigées d'un même centre, se disputent présentement le contrôle du monde. Il y a le communisme avec Moscou comme capitale éventuelle du gouvernement universel, il y a les Nations Unies avec Lake Success comme siège central, il y a le Sionisme international avec Jérusalem comme capitale d'un empire messianique juif mondial. Les Sionistes ont tellement de leurs membres et leurs créatures dans les deux premiers organismes qu'ils en ont le véritable contrôle invisible ou insoupçonné.

Moscou représente le marxisme dans lequel ont été enrégimentés une forte proportion des travailleurs des divers pays ; Lake Success représente la Franc-maçonnerie dans laquelle ont été enrégimentés les financiers, industriels, commerçants, bureaucrates et hauts politiciens des divers pays. L'un et l'autre, poursuivant exactement le même but d'un melting-pot areligieux et anational, fournissent aux employés comme aux employeurs, aux prolétaires comme aux capitalistes, l'illusion que c'est leur faction particulière qui va conduire le monde. Le Sionisme, qui tient les leviers de commande dans les deux camps, veille à leur sécurité jusqu'au jour où il lui sera utile de les faire s'entre-détruire pour monter plus facilement au pouvoir convoité, sur les ruines des deux factions effritées et des nations écroulées. [...]

LA LOI NATURELLE

Les liens du sang constituent la force la plus puissante du genre humain ; ils ont leur principale affirmation dans la cellule familiale, devant laquelle se sont toujours inclinées les religions, les éthiques et les morales. Plusieurs familles forment un clan, plusieurs clans forment une tribu, plusieurs tribus forment une nation. L'esprit national, ou nationalisme, n'est en somme que l'extension de l'esprit familial, inhérent à l'être humain, donc partie fonction de la Loi naturelle. Sur cette terre, personne n'a jamais pu vaincre la Loi naturelle, sauf le Christ qui S'est ressuscité Lui-même. Quiconque, homme ou système, peuple ou régime, a osé s'insurger contre la Loi naturelle, a fini par en tomber victime. L'internationalisme sur le plan matériel, c'est-à-dire l'internationalisme matérialiste, constitue une révolte contre la Loi naturelle, contre l'ordre des choses, et par conséquent est voué au pire désastre. [...]

Les deux internationalismes (*celui de Moscou et celui de Lake Success*) ont proclamé des « droits de l'homme », de l'homme tout court, sans nationalité ni religion, sans race ni esprit, comme si l'homme n'avait ni famille ni âme, simple bétail, simple animal. Les deux internationalismes sont faits du plus pur matérialisme, alors que la constitution même de l'être humain veut qu'il soit spirituel avant d'être matériel. C'est pourquoi, en définitive, ce n'est ni Moscou ni Lake Success qui gagnera l'enjeu de la suprême bataille : l'être humain. La triomphatrice sera la Loi naturelle, expression de la volonté de Dieu. Des ruines, des cendres et des cimetières que Moscou et Lake Success auront semés à profusion sur la terre sortira, enfin libéré, l'homme suivant la Vérité, l'homme avec une famille et une âme, l'homme national et religieux, l'homme du spiritualisme remplaçant l'homme du matérialisme, l'homme enfant de Dieu émergeant des débris du Veau d'or renversé. [...]

HOLLYWOOD

Depuis près d'un demi-siècle, Hollywood a répandu dans le cœur de ses vastes auditoires une lèpre morale et une syphilis intellectuelle dont les prurits ont fait plus que toute autre chose pour éroder le vieux fond chrétien, pour imposer l'asinisme de modes et de pratiques stupides, pour standardiser l'esprit humain dans un moule matérialiste, pour convertir la plus noble création de Dieu en une masse de robots, pour renverser les vieilles valeurs qui ont fait le prix de la culture aux plus beaux âges de l'humanité, pour semer sur tous les continents le goût des stupres et des vices, pour déséquilibrer la balance des moralités. On commence d'en récolter l'horrible moisson qui pourtant n'a pas encore fini de mûrir. [...]

LA GUERRE CONTRE DIEU

L'esprit qui anime le communisme est un esprit de haine et de destruction, et il ne saurait en être autrement. En effet, le communisme est primordialement une lutte contre Dieu, qui est tout amour et toute création. Quand on prend parti contre l'Amour et la Création, on ne peut que lutter pour la haine et la destruction. Le soi-disant athéisme de prédication communiste n'est pas une simple négation de l'existence de Dieu ou une attitude d'indifférentisme, c'est une lutte rageuse, une révolte de haine aveugle, une furie exécratoire contre le règne de Dieu sur la terre.

Depuis que le Naturalisme a été déchaîné sur le monde avec la Révolution française, tous ses sous-produits, toutes les formules ou écoles qui en ont découlé, ont avec une ferveur constante poursuivi cette lutte au règne de Dieu sur le cœur des hommes, qu'il se soit agi du rationalisme, du matérialisme intégral, du jacobinisme, du syndicalisme, du babouvisme, du communardisme, de la social-démocratie, du libéralisme intégral, du spartakisme, de l'anarchisme, du nihilisme, du menchevisme et du bolchevisme. [...] Cette lutte s'est faite ouvertement ou hypocritement, toujours sauvagement. Et quand on n'osait pas attaquer Dieu lui-même, on attaquait ce qui peut le suggérer à l'esprit humain : Vérité, Justice, Beauté, Vertu, Ordre, Autorité, Génie, Talent, Supériorité.

On est comme en présence d'un état de possession collective [...], de satanisme véritable. [...]

Cette guerre contre Dieu ne pouvait que se généraliser contre l'ordre des choses voulu par Dieu, contre les concepts de Providence, création directe de l'homme, libre arbitre, chute originelle, révélation, rédemption, inégalité naturelle, propriété, famille, ordre social, autorité, moralité, tout ce qui peut suggérer de l'espoir à l'homme déchu et tout ce qui peut l'élever physiquement et spirituellement. Là encore la stratégie destructrice est constante, de génération rouge en génération rouge, d'auteur en auteur, car la révolution vers le chaos offre une « succession apostolique » ininterrompue. [...]

UNE FEMME LUI ÉCRASERA LA TÊTE.

L'esprit général du rougisme s'explique fort bien quand on considère toute la lignée des « grands chefs », qui se sont tous fait les apôtres de la haine, l'envie, les passions mauvaises, le crime, le vol, l'assassinat, le massacre à froid, la destruction délirante de tout ce que l'idée de Dieu, la sagesse et l'éthique humaine ont pu inspirer. [...] Le record de l'immense majorité des chefs et prophètes gauchistes depuis deux siècles fournit une liste énorme de tarés, déments, drogués, criminels à dossiers chargés, sadiques, vicieux, ivrognes, vagabonds, déclassés, syphilitiques. La grande majorité de ces meneurs du prolétariat n'ont jamais eu de métier ni travaillé honorablement de leurs efforts physiques ou intellectuels. Leur unique occupation a toujours été de faire le mal, prêcher la destruction de tout ce qui peut se détruire, faire l'apologie du terrorisme, de la cruauté, du bain de sang, du renversement, de l'écroulement, de l'anéantissement. C'est l'esprit du mal, l'esprit du chaos, l'esprit du néant, l'esprit de la révolte rugissante et incurable, l'esprit de Lucifer auquel ils se sont voués dans leur insurrection contre Dieu et l'ordre qu'Il a établi. La faible humanité aurait bien peu d'espoir, devant l'infernale marée montante, si elle n'avait eu une promesse formelle, dès son origine première : la promesse que, si habile et si puissant que fût Satan, une Femme lui écraserait la tête et le vaincrait.

★ ★ ★

LE CHRISTIANISME A-T-IL FAIT FAILLITE ?

Le malaise qui angoisse le monde actuel est-il voulu ?

Deux causeries
Mai-juin 1954

CIVILISATION, CULTURE, CULTE

[...] Toute civilisation constitue le corps physique, l'extério-risation sensible et l'œuvre tangible d'une manifestation spiri-tuelle ; celle-ci se nomme la culture. L'ensemble d'une ère dans la vie des hommes est à l'image des hommes : elle a une âme et un corps. Si la culture représente tout l'ensemble des mouve-ments et travaux de l'âme d'une grande collectivité humaine, la civilisation en représente les manifestations extérieures dans le monde physique : littérature, théologie, liturgique, philoso-phique et artistique, beaux-arts, théâtre, législation et jurispru-dence, moralité publique, coutumes sociales, comportement civique, politique, usages de la guerre, etc. [...]

Il n'y a jamais eu de civilisation sans culture. Il n'y a jamais eu de culture qui ne fût fondée sur un culte. Et, de quelque façon qu'on l'examine, il faut prendre ce mot culte dans son sens le plus métaphysique et sa portée la plus religieuse. De tout temps, comme le démontrent même les cultes les plus primitifs et les plus grossiers, l'homme a été hanté par le mystère et l'origine de la vie, cette vie qu'il avait reçue et pouvait transmettre mais qu'il ne s'était pas donnée à lui-même. L'homme a toujours été conscient qu'il ne pouvait pas créer la vie, qu'il n'en était ni l'arbitre ni le maître. Il a toujours eu la préoccupation de chercher l'origine et le pourquoi de la vie en quelque chose qui fût extérieur et supérieur à lui-même, quelque chose capable de vouloir et créer la vie ; étant seul dans la nature qui fût une personne, un être pouvant penser et dire ego, moi, il chercha toujours son origine dans un autre ego, une autre personne qui n'eût pas les limites et les faiblesses de l'homme. Depuis les temps préhistoriques, il fallait attendre jusqu'à nos jours pour voir ce spectacle d'hommes cherchant l'origine de leur ego dans quelque chose d'inférieur à eux-mêmes et tenter d'expliquer l'esprit par le jeu de la matière.

ORIGINE ET FIN TOUJOURS RELIGIEUSES

[...] On ne trouve pas une seule civilisation qui n'ait reposé sur le fondement d'une idée religieuse forte, saisissante, prétendant établir le rapport entre l'homme et la divinité. [...]

Suivant l'image que les peuples se faisaient de la divinité, suivant l'essence de cette divinité, suivant les messages qu'ils prétendaient en avoir reçus, ils élaboraient un code religieux. Ce code religieux conditionnait nécessairement leur façon de se comporter, moulait leur vie intime, leur vie familiale, leur vie sociale ; ce code religieux devenait fatalement la racine d'où devaient surgir leur liturgie, leur philosophie, leur éthique, leur législation, leurs légendes et leurs arts, leurs aspirations, leurs coutumes sociales, leurs rapports avec l'étranger. Leur culte engendrait leur culture et celle-ci se manifestait dans leur civilisation. Il fallait parvenir à notre vingtième siècle pour entendre parler, dans l'empire soviétique et dans notre Occident, d'une culture sans culte, avec la même aberration que si l'on voulait fonder un humanisme sans hommes ou un déisme sans dieu. [...]

Les grandes civilisations passées ont disparu lorsque la substance religieuse qui avait servi de germe à leur culture eut été épuisée. Les guerres, avec leurs migrations et infiltrations, leurs destructions et changements territoriaux, n'ont jamais fait tomber une civilisation. C'est toujours l'esprit qui a conduit l'homme et jamais un glaive n'a pu décapiter une idée. Quand une civilisation mourut, ce fut toujours de sa propre insuffisance, après avoir exploité toutes les possibilités de sa culture ; après que l'idée religieuse originelle qui lui servait d'étincelle vitale eût dévoré toutes ses fibres dogmatiques et fût devenue incapable d'offrir une espérance nouvelle ou plus complète aux masses humaines toujours angoissées par le problème de la vie et de la mort. Et comme il n'y a pas de vacuum dans le « monde spirituel » de l'homme, pas plus que dans son monde physique, une idée religieuse nouvelle a toujours surgi pour remplacer celle qui disparaissait, exactement comme une autorité sociale ou politique surgit automatiquement pour remplacer celle qui tombe. [...]

LA RACINE ET LE TRONC D'ARBRE

[...] Lorsque l'on parle du christianisme dans l'ensemble des vingt siècles qu'il enjambe, on a surtout présente à l'esprit l'image du catholicisme romain, qui forme la racine et le tronc de l'arbre, avec une continuité qu'il n'est pas possible de mettre en doute. Bien des branches latérales ont tigé sur ce tronc multiséculaire, les unes tombées depuis longtemps, les autres desséchées, les autres anémiées et produisant de moins en moins de feuilles, mais le tronc primitif est toujours là, debout et vigoureux, vainqueur de toutes les tempêtes mortes de s'être trop dépensées contre lui. Sa substance intérieure est plus abondante qu'en toute époque précédente ; sa dogmatique, dont l'ensemble des gloses a à peine effleuré la surface, est plus luxuriante que jamais auparavant ; sa morale est restée constante dans son incitation à l'héroïsme et l'abnégation personnelle ; son prosélytisme est plus que jamais accentué par la tribulation ; son acceptation de la torture et du martyre est plus enthousiaste qu'aux jours de ses débuts ; l'idée qui lui dispute l'adhésion des hommes n'est pas même une idée religieuse plus forte, c'est tout au contraire une négation totale et sans équivoque de toute religion, de toute spiritualité, de toute divinité, avec le désordre moral et social qui en découle. [...]

INFLUENCE EXTÉRIEURE DE RETARDEMENT

Notre monde moderne se trouve donc placé devant une situation absolument inédite, sans précédent dans aucune autre civilisation passée. La situation d'une idée religieuse plus forte et plus dynamique qu'à son origine avec une culture qui dégénère rapidement, une morale qui s'animalise avec célérité et une civilisation dont de vastes portions croulent brusquement dans le gouffre d'une anticivilisation.

Puisque le christianisme n'a pas épuisé sa substance intérieure et n'a rien perdu de son dynamisme dogmatique, puisqu'une idée religieuse plus forte ne lui dispute pas l'orientation de la culture, par quel phénomène exceptionnel expliquer un pareil état de choses, le premier qu'on puisse signaler dans les annales humaines ? [...]

De réponse, je n'ai pu en trouver qu'une seule. C'est que la civilisation chrétienne, au moment même où elle atteignait son plus haut sommet dans tous les domaines, après la vie intérieure intense et la prodigieuse gestation spirituelle du Moyen Âge, a subi tout à coup un hiatus qui a freiné avec soudaineté l'élan de son ascension verticale.

Des non-chrétiens, au sein même de la société chrétienne, s'emparèrent des directions et des contrôles, soit par des agents gagnés à leurs projets, soit par la puissance matérielle directe des non-chrétiens eux-mêmes. Et l'on a vu, depuis, le non-christianisme, voire l'antichristianisme civil, présider à l'orientation des masses religieusement et éthiquement chrétiennes. Cette antinomie, cette opposition de deux polarités différentes, est l'unique explication de ce qui se passe de nos jours : une société tourmentée, angoissée dans le conflit spirituel de son âme, dirigée qu'elle est en même temps par les postulats antichrétiens de ses maîtres extérieurs et les vérités chrétiennes de ses croyances intimes. Ces pauvres masses humaines, il ne faut pas leur lancer la pierre puisqu'elles ne sont que de tristes victimes comme était la faible et trop aimante Madeleine. L'ennemi antichrétien, s'il faut le craindre et s'en défendre, n'est pas encore le vrai coupable, puisqu'il poursuit la route dans laquelle il s'est engagé, par aveuglement ou autre cause. La grande coupable, la prostituée, n'est-ce donc pas l'« élite » chrétienne du XVIIIᵉ siècle, noblesse en tête, qui, pour de l'argent ou de l'ambition, a offert le viol empressé de son âme au rationalisme que lui présentait le vieil écho antichrétien des flancs du Golgotha ? Et l'« élite » du même argent, de la même ambition, qui lui a succédé jusqu'à ce jour ? [...]

La marche de notre culture occidentale a été, dans le monde moderne, désorientée par l'effet d'un parasite extérieur et étranger à la culture ; le résultat en a été, non pas de dégénérescence par sénilité, mais un résultat de distorsion, de défiguration, de retardement temporaires.

Dans tout conflit où les masses humaines sont l'enjeu, quels que soient les aléas des grands chocs physiques, c'est toujours l'idée la plus forte, la plus juste, qui l'emporte. La vie des peuples, comme la vie des hommes, est affirmative ; un code de négations ne pourra jamais la subjuguer, surtout le code qui veut forcer l'homme à croire qu'il n'a pas d'âme et n'a pas d'autre statut que celui de l'animal. La violence physique pourra user sa fureur, mais l'idée forte n'en sera toujours que plus forte. Et l'idée forte sera toujours l'idée d'Amour, essentiellement créative.

La lutte ouverte entreprise il y a deux siècles par les forces de la haine contre la civilisation d'Amour a maintenant atteint des proportions globales, une dimension œcuménique, et rien ne peut plus empêcher sa phase suprême et décisive. Aussi perçoit-on de tous les coins du monde une angoisse lourde et accablante comme une agonie morale, en même temps qu'une agitation et des bruits de panique dans certains quartiers déterminés. Si l'Amour souffre l'angoisse, c'est toujours la haine qui subit la panique et tente de la propager ; car l'Amour croit et espère, tandis que la haine est négative et sombre dans le désespoir. [...]

Notre monde contemporain est réglé, avant tout, par la réclame et la publicité, les stages les plus bas de l'influence sur l'esprit avant que n'arrive le stage du terrorisme commandant à l'instinct animal de survivance. Avant la Deuxième Guerre mondiale, on pouvait encore parler du mot plus noble de propagande ; avant la Première Guerre mondiale, il était encore possible de parler d'opinion publique. Aujourd'hui, la fabrication de l'opinion constitue une industrie de gigantesque envergure. Cette industrie gravite autour de l'axiome lancé il y a à peine cinquante ans : « Un mensonge répété mille fois finit par être accepté pour une vérité » ; et le mensonge est devenu un art d'une grande finesse et d'une grande souplesse, débarrassé de la brutalité grossière d'autrefois, agrémenté par toutes les séductions dont peuvent le parer les nombreux moyens de présentation modernes. Tous les grands moyens de présentation sont reliés ensemble, de façon directe ou indirecte, constituant un vaste réseau qui fait le tour de la terre, de sorte qu'une campagne mondiale pour orienter les esprits dans un sens ou dans un autre est une possibilité journalière.

LES FAITS, LES HOMMES

Cette fabrication massive et intensive de l'opinion a toujours pour but de voiler quelque chose : la réalité qui se cache derrière les faits. Elle écrit l'histoire en surface et ne souligne que la surface, pour faire oublier les causes réelles de ce qui arrive. C'est une vérité élémentaire que : rien de ce qui se passe dans le monde humain ne provient d'autre cause que l'action des êtres humains. Mais, dans la fabrication de l'opinion, il faut soigneusement taire cette vérité. Aussi, la grande publicité d'influence sur les cerveaux ne parle-t-elle que des faits et des choses, sans jamais parler des hommes qui en sont immédiatement la cause, et encore moins des motifs qui animent ces hommes. [...]

Il est une chose que l'on oublie trop souvent et qui est à la source même de tout ce qui se passe dans notre monde. C'est d'identifier les hommes avec les idées qu'ils entretiennent et les buts qu'ils poursuivent. Dans le formidable combat que l'anti-christianisme livre au christianisme, il n'y a rien d'indifférent. Au temps des grandes persécutions, des grands schismes, des guerres de religion, il y avait de chaque côté de la barricade une candeur et un sens de l'honneur qui déterminaient chacun à prendre des positions franches et précises ; aujourd'hui, ce n'est que rouerie, perfidie et hypocrisie ; les antichrétiens de Moscou se prévalent du Christ en le présentant comme un révolution-naire et un socialiste, les plus furibonds antipapistes torturent les encycliques pour en extraire des déformations qui puissent pro-mouvoir leurs sophismes. Cela ne peut qu'accentuer davantage, parmi les masses ignorantes, l'affreuse confusion spirituelle de notre époque. Néanmoins, il faut identifier tout homme avec ses convictions et le but qu'il croit devoir poursuivre. C'est pour-quoi, pas un seul mouvement politique, financier, économique, social, pas un seul livre, pas une seule nouvelle d'importance ne peuvent être jugés à leur véritable signification, leur portée réelle, sans savoir d'abord quel est l'état d'esprit de leurs auteurs, quel est le but qu'ils poursuivent, de quel côté de la bar-ricade ils sont situés. C'est pourtant ce qui est le plus caché aux foules. À tel point qu'on s'aperçoit parfois seulement après vingt ou trente ans, quand le mal est fait, qu'un scribe pontifiant dans un camp n'était qu'un ennemi du camp où il s'était infiltré.

L'AUTORITÉ DE DROIT HUMAIN

Il fut un temps, dans toute l'étendue de la chrétienté, où la papauté pouvait faire ou défaire les empereurs, rois et princes, à cause de l'universelle acceptation de l'« autorité de droit divin ». Le Vatican était pour l'Occident chrétien sur un plan spirituel, ce qu'est aujourd'hui l'Organisme des Nations Unies sur un plan matériel, dans lequel les « droits de l'homme » ont sup-planté les droits de Dieu, c'est-à-dire les droits du Christ-Roi. La Papauté était reconnue comme l'arbitre des prétentions à l'auto-rité légitime. Mais, depuis ces temps où les conflits sociaux, les grèves, les *lock-out* étaient inconnus, il a coulé bien de l'eau dans le Tibre. Et la politique a éliminé l'autorité « de droit divin » pour y substituer une « autorité de droit humain ». Aujourd'hui c'est la politique qui est l'arbitre suprême, comme on le voit en tant de pays. C'est la politique qui peut, à son gré, nier aux citoyens le droit de propriété, le droit d'adorer, le droit d'avoir un culte et des temples de leur choix, le droit paternel sur les enfants et sur leur éducation, le droit à l'initiative privée et au choix personnel, le droit au simple instinct grégaire qui attire les uns aux autres les gens d'un même rang ; en somme le droit d'être homme.

Si, autrefois, l'autorité morale du Christ dans la société chrétienne avait la voix prépondérante et préservait l'Ordre, aujourd'hui, en notre ère de désordre, c'est une autorité profane qui conduit l'Occident ; et plus elle le conduit, plus nombreux sont les pays de notre monde chrétien qui s'engouffrent dans le chaos de l'anticivilisation. Il n'est ici nullement question de nier à l'autorité civile sa totale souveraineté dans son domaine. Mais, comme chrétien, on a le droit de demander, avec tant d'autres, comment il se fait que des autorités civiles régissant des masses humaines chrétiennes, donc censées les orienter dans la voie des aspirations chrétiennes, leur imposent une direction qui conduit fatalement à la destruction de l'ordre chrétien. L'autorité civile a pour rôle d'exercer la souveraineté politique d'un groupe humain déterminé, et elle profane son rôle lorsque, dans la direction morale ou matérielle des hommes, elle contrevient aux croyances et aux aspirations spirituelles des mêmes hommes. Ce phénomène — car c'en est un — ne s'explique que par l'influence exorbitante que la Franc-maçonnerie, minorité souterraine et dynamiquement agissante, exerce non seulement aux contrôles de la haute politique internationale et de la politique nationale, mais aussi aux contrôles du monde financier, économique, bureaucratique et propagandiste.

La Franc-maçonnerie constitue un réseau mondial réel qui peut opérer simultanément partout à la fois. Vouloir sous-estimer sa puissance, surtout dans les hautes sphères politiques, c'est se leurrer grandement.

MÊMES DONNÉES FONDAMENTALES

[...] En général, d'après le parallèle politique (stricte autorité de minorité ou parlementarisme), on divise les obédiences maçonniques en deux groupes : les loges latines radicales et les loges saxonnes non radicales. Mais ce n'est là qu'une distinction de tempérament des peuples, car les données maçonniques fondamentales sont exactement les mêmes. Toutes, sans aucune exception, s'identifient par des données générales et des buts particuliers qu'on retrouve chez chacune : anticatholicisme, libéralisme et « droits de l'homme », libre-examen (sauf en ce qui concerne l'autorité maçonnique), fraternité humaine dans une république universelle qui aura avalé toutes les souverainetés nationales, désarmement obligatoire de tous les peuples afin d'assurer la survie de la république universelle, tension constante vers un déisme humaniste traditionaliste, laïcisme totalitaire et universel. [...]

L'ÉLU ET LES GOYIM

[...] Le Talmud, transposition de la Torah sur un plan matériel, a parmi toutes les idéologies religieuses connues une particularité unique, impossible à trouver ailleurs. C'est celle d'une possibilité de paradis sur cette terre pour un seul et unique peuple, seul élu, seul aimé, seul chéri de Dieu, seule humanité que tous les autres peuples, les Gentils, ou Goyim, simples animaux, semence de bétail, sont appelés à servir, enrichir et rendre heureux. [...]

FRANC-MAÇONNERIE ET TALMUDISME

Je prétends, avec plusieurs spécialistes beaucoup plus compétents que moi, que tout ce qui est contenu dans les conclusions ultimes de la Franc-maçonnerie, du communisme et autres mouvements analogues dont les Juifs se retrouvent toujours à la source, est du pur talmudisme ; c'est à dire de l'enseignement destiné à convaincre les Gentils qu'ils n'ont ni âme humaine, ni besoin de divinité, qu'ils sont vraiment du bétail sans droit supérieur à celui des animaux, et doivent se laisser conduire en conséquence ; et que la Franc-maçonnerie, qui joue par ses adeptes un si grand rôle dans la direction politique des masses chrétiennes, tire toute son idéologie de sources talmudiques. [...]

L'UNIQUE SECRET

On peut dire qu'en réalité il n'y a qu'un seul secret maçonnique, secret qui est livré aux adeptes dès leur entrée sous forme symbolique mais qui forme le secret véritable et unique de la Franc-maçonnerie. C'est la « reconstruction du Temple de Salomon », c'est-à-dire l'établissement de la « nouvelle Sion », cette résurrection de l'Ancienne Alliance défunte sur les ruines de la Nouvelle et dont on trouve le plan général dans les « Protocoles » sionistes si discutés et les détails dans quelques centaines d'auteurs juifs. Pour reconstruire le Temple de Salomon, il faut d'abord avoir la Palestine ; deux guerres mondiales l'ont donnée aux Juifs, avec le zèle empressé des États communistes de l'Est et des États maçonniques de l'Ouest ; il faut ensuite avoir la possession de Jérusalem, puis le site même de l'ancien temple, la mosquée d'Omar. Plans et maquettes du temple à reconstruire ont été faits après trente ans de recherches et de travaux, et étaient déjà exposés au kiosque de la Palestine à la Foire internationale de New York en 1937-1938. La bibliologie juive moderne ne cache pas que Jérusalem doit devenir la capitale mondiale d'un monde unifié, la capitale de la Révolution accomplie, la capitale du « nouvel ordre des siècles ». [...]

JUDAÏSATION PAR LA RÉFORME

Le protestantisme s'est toujours bien accommodé de la judéo-maçonnerie parce qu'il trouvait, dans ses « principes » premiers, un semblant de justification et de soutien : notamment l'antiromanisme et le libre-examen. Et cela, à cause de l'affinité d'origine des deux : le judaïsme.

Des chercheurs anglais — chose curieuse, ils sont protestants — se sont dépensés pour trouver l'origine véritable des hérésies qui ont affligé l'Église du Christ depuis ses débuts, depuis le simonisme jusqu'à la toute récente secte des Témoins de Jéhovah, en passant par l'arianisme, le manichéisme, le nestorianisme, le catharisme des Albigeois et combien d'autres et leurs statistiques révèlent qu'au moins 95 % de ces déviations proviennent directement d'une action juive. Ces auteurs présentent Calvin comme un Juif de père et mère ; quant à Luther, auteur de la grande Réforme, ils répètent à son sujet le vieil adage : « *si Lyra non lyrasset, Lutherus non saltasset*[1] », soulignant que le Nicolas de Lyre en question était un Juif voué à la destruction du christianisme. [...]

Dans son livre : *L'Antisémitisme, son histoire et ses causes*, le brillant écrivain juif Bernard Lazare écrit avec beaucoup de raison, confirmé en cela par les faits historiques : « C'est par la Réforme que nous avons commencé la judaïsation de la chrétienté. » [...]

BONAPARTE ET HITLER

On ne peut, devant le problème du libéralisme judéo-maçonnique, considérer la fulgurante carrière de Napoléon Bonaparte sans voir, comme son reflet en sens inverse, la non moins fulgurante carrière d'Adolf Hitler, à cent ans d'intervalle. Ces deux caporaux régnèrent avec une grandeur vraiment impériale, la plus majestueuse depuis celle de Charlemagne, sur des pays qui n'étaient logiquement pas les leurs. L'Italien Bonaparte devint sujet français par le caprice d'une annexion politique ; l'Autrichien Hitler devint sujet allemand par la faveur automatique d'un enrôlement militaire. France et Allemagne leur doivent les meilleures routes qu'elles possèdent, l'histoire de leurs plus grandes victoires et de leurs plus illustres maréchaux. L'un parvint au pouvoir par son prestige militaire, l'autre par son éloquence.

---

[1] « Si Lyre n'avait pas joué de la lyre, Luther n'aurait pas dansé. »

Bonaparte, empereur d'une république libérale, et Hitler, président d'un empire antilibéral, ont fait tous deux le même voyage : de l'Espagne jusqu'à Moscou, en passant par l'Égypte.

Financé par les Rothschild, qui décuplèrent leur fortune naissante avec ses victoires et sa défaite, Napoléon ravagea l'Europe entière. Son but n'était pas de dominer le monde, comme le prétendait la sottise des propagandistes hostiles, mais de substituer aux vieilles constitutions chrétiennes existantes la constitution de l'« ordre nouveau », avec ses Droits de l'Homme et sa trilogie Liberté-Égalité-Fraternité. Naturellement, l'émancipation des Juifs allait de pair avec l'« ordre nouveau » qui se résumait surtout à cela. [...] Les loges maçonniques des pays vaincus fêtaient avec allégresse la victoire du conquérant. Les souverains des États européens encore chrétiens, alarmés, firent la Sainte-Alliance pour conjurer le péril. [...] Par la supériorité numérique, la Sainte-Alliance eut raison de Bonaparte. Mais, vaincu par la force des armes, Napoléon resta vainqueur par les idées qu'il propageait car, moins de vingt ans après sa mort, le libéralisme avait complètement envahi l'Europe.

Hitler fut le produit naturel et inévitable de son époque, celle qui marqua le commencement de la Révolution mondiale, caractérisée surtout par l'assaut du communisme international contre les pays d'Europe. Dix ans avant lui, Benito Mussolini, ancien socialiste-marxiste, avait sauvé l'Italie presque sombrée dans le communisme, éliminé le terrorisme qui avait pris l'ascendant partout, réorganisé de fond en comble l'économie italienne et poussé ce pays à un stage d'ordre et de prospérité qu'il n'avait pas connu depuis des siècles et qu'il n'a pas connu depuis, malgré tous les efforts de notre ultramoderne démocratie : Ce « méchant » fasciste commit l'« imprudence », non seulement de bannir le libéralisme et la Franc-maçonnerie de son pays, mais encore, par le traité de Latran en 1929, de rendre au Vatican sa totale liberté, son argent et quelques-uns de ses territoires qui lui avaient été enlevés par la démocratie libérale en 1870. De plus, Mussolini, entre 1936 et 1939, eut l'« impertinence » de se joindre à Hitler pour aller aider à sauver ce qui restait de chrétienté en Espagne. [...] Il n'en fallait pas plus pour que Mussolini fût condamné par l'universalité des loges et des organisations communistes à être, tôt ou tard, renversé du pouvoir et puni.

FANATIQUE EN SENS CONTRAIRE

Dans l'axe anticommuniste, Hitler fut considéré comme le chef de file parce qu'il avait à sa disposition des moyens plus puissants, une population plus grande et des ressources plus considérables. Cet homme, dont l'ascension phénoménale dans un pays qui n'était pas le sien n'a de parallèle que l'ascension de Napoléon en France, était indiscutablement un mystique et un fanatique. Il fut abstème et chaste jusqu'à ce qu'il lui fut médicalement conseillé de prendre des breuvages légèrement alcoolisés et, vers la cinquantaine, de se trouver une épouse. Il ne fuma jamais. Le grand économiste anglais Arthur W. Kitson (*The Banker's Conspiracy*), après un stage de quinze jours avec lui à Berchtesgaden, écrivait à un Canadien, entre autres choses : « J'ai vécu quinze jours dans la plus stricte intimité avec Hitler. C'est indiscutablement un génie. Nul besoin d'entrer dans les détails ; énumérer les grandes lignes est suffisant avec lui. Il y a une chose que je n'aime pas chez cet homme : trop de madones et de crucifix dans ses appartements privés, ça sent le papisme. » Kurt-Wilhelm Lüdecke, un intime du cénacle hitlérien de la première heure, déclarait à Montréal en 1932, avant même que Hitler fût au pouvoir : « J'ai été dans son intimité et j'ai entendu ses confidences. Je peux parler bien à l'aise car je suis incroyant. Hitler a une marotte comme tous les grands hommes. Sa marotte, c'est la Vierge Marie. Il prétend même que c'est elle qui l'a sauvé lorsqu'il fut blessé dans les tranchées lors de la guerre, qu'il l'a vue, qu'elle lui a dit qu'il avait la mission de sauver l'Europe. Il faut lui pardonner cette faiblesse, car si ce n'était pas celle-là, ce serait peut-être une faiblesse d'un genre plus grave. » En 1936 et 1939, de retour de visites auprès de Hitler, Winston Churchill ne tarissait pas d'éloges sur les prodigieux talents de reconstructeur de Hitler, « sa compétence, son sourire désarmant, sa puissante personnalité, son étrange magnétisme », allant jusqu'à dire : « Si jamais l'Angleterre était vaincue et tombait aussi bas que l'Allemagne est tombée, je souhaiterais que la Providence lui donne un Hitler anglais pour la relever aussi rapidement » (*Step by Step*, 1939). En septembre et octobre 1936, les journaux anglais reproduisaient des éloges encore plus grands de Lloyd George sur l'« admirable » personnalité de Hitler et l'œuvre qu'il avait accomplie, ce qui lui valut les foudres des journaux juifs, maçonniques et communistes du Royaume-Uni.

Hitler était vraiment un fanatique, mais un fanatique dans le sens contraire de Napoléon. Il se disait « chargé providentiel de mission », la mission d'éliminer d'Europe le haut capitalisme juif et le marxisme juif. Il frappa avec rigueur tout ce qui ressortissait du libéralisme, du socialisme, du communisme, de l'athéisme, des Témoins de Jéhovah, de la Franc-maçonnerie, du sionisme. Sitôt arrivé au pouvoir, il fit signer par tous les ministres de son cabinet la fameuse déclaration de Potsdam, qui ne reconnaissait que les confessions chrétiennes comme « fondement moral et social de l'Allemagne », reléguant toutes les confessions non chrétiennes à un statut d'ordre exclusivement privé, jusqu'au point d'en sacrifier son ami de la première heure, le maréchal Ludendorff, wotaniste par complaisance pour son épouse. Son fanatisme incita la jeunesse allemande à brûler sur les places publiques tous les livres accessibles des communistes, socialistes, libéraux, de Voltaire, Heinrich Heine, Rousseau, Condorcet, etc. ; il alla jusqu'à ouvrir un « Musée des Horreurs » où furent entassées les œuvres des sculpteurs, peintres et graveurs modernistes, abstractionnistes, sauvagistes, dadaïstes, cubistes, etc., pour mieux stigmatiser ce qu'il appelait les « œuvres décadentes de l'esprit juif ». Une bien grande partie de la presse mondiale en fut scandalisée. Par-dessus tout, il remilitarisa l'Allemagne avec une intensité dynamique extraordinaire surtout après le début de la guerre civile espagnole qu'il interprétait comme un signal des visées immédiates de Moscou sur l'Europe. Tous ses écrits, tous ses discours indiquaient à ne pas s'y tromper qu'il se croyait un « envoyé de Dieu » pour débarrasser le monde du judéo-communisme, l'homme prédestiné pour écraser la Russie Soviétique et le Haut Capitalisme juif international. [...] De même que Napoléon voulait que le libéralisme devînt la formule politique universellement adoptée, de même Hitler voulait que le socialisme national, libéré de tout marxisme, tout juivisme, tout libéralisme et tout maçonnisme, fasse son tour d'Europe. Car Hitler était avant tout l'Européen, peut-être le dernier des grands Européens modernes. Il voulait agrandir l'Europe vers les monts Oural, la protéger contre la poussée grandissante des masses asiatiques et assurer à la race blanche une prédominance prolongée dans la direction du monde.

LA GUERRE INUTILE

Mussolini, Hitler, Franco, Salazar, Metaxás, momentanément Cuza de Roumanie et le prince Konoe du Japon, affirmèrent la souveraineté nationale de leurs pays d'autant plus fortement que l'internationale communiste ou maçonnique préconisait la fin des autonomies nationales. Lorsque les puissances nationalistes marchèrent vers les frontières du communisme, tout ce que notre monde connaît de gauchisme, de maçonnisme, de marxisme, d'internationalisme fut mis en branle non pas tant pour détruire les puissances nationalistes que pour sauver la Russie Soviétique et assurer sa survie. C'était ce qui importait le plus : sauver la Russie communiste, résultat d'un siècle et demi de conspiration, puis voir ensuite à l'élimination des nationalismes. On alla même plus loin. Avec Yalta et Téhéran, les puissances maçonniques de l'Occident donnèrent à Moscou les privilèges d'hégémonie politique dans les Balkans, les Pays baltes et la Chine, ce qui lui assurait, en population, la moitié du genre humain. [...]

FRONT COMMUN DES LOGES

[...] Si la maçonnerie-religion veut supplanter les religions existantes pour rétablir (à son insu ou non) l'Ancienne Alliance interprétée comme messianisme pour un seul peuple, la maçonnerie-politique veut abattre tous les États existants pour les fondre dans une république universelle à gouvernement mondial, le grand rêve du Sionisme international. [...]

Les publications et comptes rendus des Franc-maçonneries de toutes obédiences démontrent clairement que la politique active forme un souci constant de ce que toutes ces obédiences appellent la « Franc-maçonnerie universelle ». D'ailleurs, toutes se vantent d'avoir contribué à la formation de la défunte Société des Nations, puis de l'Organisation des Nations Unies, qui sont des corps essentiellement politiques. On peut lire dans leurs publications les efforts déployés par la Franc-maçonnerie pour l'instigation d'un Parlement européen, puis d'un Parlement mondial, la subordination des souverainetés nationales, la coexistence amicale et coopérative de l'Occident avec l'Orient soviétique, la réorientation de l'économie générale (production et commerce). [...]

LE PARFAIT TRIANGLE

Depuis la Révolution française à chaque proposition anti-romaine a correspondu une proposition antinationale, de sorte qu'il n'est presque plus possible de dissocier les deux domaines, et certaines propositions purement politiques ont pris une importance aussi grande que les propositions antireligieuses et ont fait corps avec elles. Cela a provoqué, par la répétition effrénée de la propagande maçonnico-sioniste, une affreuse confusion des normes affectant le nationalisme et l'internationalisme, le civil et le religieux. Avec l'aboutissement final que, dans les pays où la Révolution est consommée, on s'aperçoit toujours trop tard que l'imposture appelée « séparation de l'Église et de l'État » n'était simplement que le germe de la destruction ou l'enchaînement de l'Église par l'État par des groupes et des individus qui n'appartiennent ni au corps ni à l'âme du peuple.

La Franc-maçonnerie est, dans son origine, son inspiration et sa direction, un instrument aux mains de la Juiverie mon-

diale. Elle s'adresse surtout aux classes supérieures, à la bourgeoisie, aux employeurs, patrons, intellectuels, bref cette faction
appelée « le Capital » dans la division artificielle de la société.
On y attire des adeptes par l'ambition, la hâte d'arriver, le désir
de parvenir plus vite et plus facilement que d'autres à la prospérité matérielle, à l'avancement politique et social. Pour attirer
dans le communisme les classes humbles, la faction appelée « le
Travail », on procède exactement de la même façon, en stimu-
lant l'instinct spirituel le plus puissant de l'être humain : s'élever
le plus vite possible et le plus haut possible, c'est-à-dire l'ambition. La chanson est aussi simple que séduisante : « Jusqu'ici
vous avez eu la dictature capitaliste, qui vous a apporté guerres,
misères, injustices, exploitation. Pourquoi ne pas essayer la dictature du prolétariat, la dictature de vous-mêmes ? Ce sera à
votre tour d'être les maîtres, de jouir du pouvoir et ce qu'il comporte, et la situation ne pourra pas être pire qu'elle l'est aujour-
d'hui. » Ainsi, Capital et Travail, attelés au même chariot juif,
croyant se faire la guerre mais en réalité ne faisant que s'entre-
détruire sur le plan national au profit d'une constante expansion
financière, économique et politique de la Juiverie internationale, courent simultanément vers le même but final […] : le renversement du Trône et de l'Autel, du sacerdoce et des hiérarchies sociales du monde chrétien, des souverainetés nationales,
de la famille, du droit de propriété.

Au-dessus de la Franc-maçonnerie et du communisme, il y
a le Sionisme international à la fois religieux, intellectuel et
national. Le Sionisme s'appuie sur la Haute Banque juive mondiale, ensemble des banquiers juifs internationaux.

Sionisme, communisme et Franc-maçonnerie ont toujours
formé le parfait triangle. […]

ÉLIMINER LE CHRIST DU GLOBE

[…] Sionisme, Franc-maçonnerie, marxisme, tous trois issus
de la même source et nourris de la même sève : le Talmud, sont
des corps étrangers infiltrés dans la grande armature chrétienne,
agissant dynamiquement et très nocivement. Dans leur essence

comme dans leur esprit, ils sont à l'opposé radical de l'idée chrétienne ; ils cherchent non seulement à éliminer le nom du Christ de notre planète, à détruire Son œuvre, Son Église, mais encore à détruire l'Ordre voulu par Dieu en ce monde et à y substituer un « Ordre Nouveau » matérialiste et sans-Dieu.

PUISSANCE DE LA HAUTE BANQUE

Si ces trois grands mouvements, dont le Sionisme est le chef, sont puissants et redoutables, la force sur laquelle ils s'appuient est plus redoutable encore. Cette force, de contrôle juif aussi, est la Haute Banque juive internationale, maîtresse de l'Or, du crédit international, du jeu des devises. Elle a imposé son culte du Veau d'or dans un monde qui devient de plus en plus un désert de foi, un désert de morale, un désert de patriotisme. Cette force agit partout, elle influe sur toutes les Bourses, elle a son mot déterminant à dire dans la fixation des prix de tous les produits, elle régit les conditions du commerce international, elle commande aux gouvernements des nations, elle organise et soutient des monopoles mondiaux. S'il faut en croire des écrivains juifs éminents, ce que l'on enseigne aujourd'hui sous le nom d'« économie » dans nos écoles, collèges et universités n'est qu'une gigantesque fiction fondée sur les sophismes qui servent de justification à l'internationalisme financier ; et que, de plus, ce que l'on nomme couramment la loi ou le jeu de l'« offre et la demande » n'est que le résultat des caprices intéressés de l'« église du Veau d'or » dont seuls profitent les pontifes égoïstes au détriment des masses humaines ignoblement dépouillées. Le bétail « non-juif » dont le Talmud parle avec tant de mépris n'est-il pas fait pour être utilisé par son maître, le peuple élu ? C'est la Haute Finance juive mondiale qui, depuis la première banque Rothschild de Frankfort, a présidé à la formation de tous les trusts mondiaux de denrées alimentaires, commodités, pierres précieuses, métaux précieux, semi-précieux, métaux industriels, innovations, distribution des nouvelles, monopoles du théâtre, de la musique, du cinéma, de la télévision, etc. ; de grandes combines non-juives n'ont pu combattre avec un succès définitif dans ces domaines, du moins sur un plan mondial. Cette puissance incontestée de la Haute Banque juive, que le *Jewish Encyclopedia* proclame avec orgueil, a aussi été responsable, suivant d'innombrables auteurs chrétiens et juifs, diplomates, financiers, économistes, sociologues, hommes politiques et autres, de TOUTES les révolutions du monde moderne, toutes ses guerres locales ou générales, tous ses écroulements économiques, toutes ses perturbations sociales. [...]

Les grandes organisations dont il a été question jusqu'ici ne sont pas les seules à pousser l'humanité vers cette funeste déviation de son but final et que l'on ne peut que nommer « le messianisme matérialiste juif ». Elles sont servies, dans leur action qui ne connaît ni repos ni répit, par d'innombrables mouvements dont la caractéristique générale est d'être, non pas supranationaux, mais pleinement internationaux.

De ces mouvements, il y en a pour tous les goûts, toutes les faiblesses, tous les penchants, toutes les « spécialités », tous les intérêts, tous les « passe-temps » ; il y en a pour les esprits timorés, pour les tièdes, pour les neutres, pour les hésitants, pour les sceptiques, pour les emmêlés, pour les férus de sociologie, les férus de finance, les férus d'économie, les férus de science pure, les férus d'histoire, les férus de théologie, les férus de philosophie, les férus de morale, les férus de psychologie, voire les férus des beaux-arts. C'est normal, car s'il y a un « corps mystique du Christ », il y a nécessairement un « corps mystique de Satan » si l'on veut pousser à sa conclusion logique la parole du Sauveur : « Qui n'est pas avec moi est contre moi. » Sociétés et clubs internationaux, organismes de philanthropie ou de fraternité en rivalité avec les organismes de « charité pour la grâce sanctifiante », mouvements pour un paradis sur terre en opposition au mouvement pour un paradis dans l'au-delà, mouvements d'occultisme ou de spiritisme, d'athéisme ou de libre-pensée, de théosophie ou de mysticisme, de gnosticisme ou de magie. Pour chaque thèse chrétienne connue, il y a une antithèse antichrétienne, dans tous les domaines imaginables de l'activité humaine. Ces antithèses sont richement soutenues, disséminées avec patience et opiniâtreté, revêtant l'apparence et la forme voulues pour le milieu qu'elles doivent pénétrer. Et lorsqu'on examine la race humaine dans tous ses aspects, surtout institutionnels et sociaux, on se demande quel milieu n'a pas été pénétré par le terrible virus. [...]

FREUDISME

Le freudisme, ou psychanalyse, constitue la matérialisation intégrale de la psychologie telle que nous l'enseigne la scolastique. Son initiateur et prophète est le Juif Sigmund Freud, qui a voulu ramener à l'instinct sexuel toutes les activités conscientes ou inconscientes de l'homme. Pour Freud, ce n'est plus le cerveau ni le cœur qui sont responsables de nos pensées ou nos actes, c'est le sexe. Intelligence et sentiment sont subordonnés à une fonction animale, tête et poitrine sont soumises au ventre ! En nos temps modernes où l'Erreur est gobée d'autant plus vite qu'elle est plus grossière, il n'en fallait pas plus pour que Freud fût proclamé demi-dieu et que son sophisme fût érigé en système « scientifique ». C'est à ce système qu'il faut remonter pour trouver la principale source de paganisme, d'immoralité et de criminalité qui déferlent aujourd'hui sur notre monde. Car, avant de se répercuter jusqu'au bas de l'échelle sociale, par la voie des publications populaires, livres de vulgarisation, « comiques », etc., le freudisme avait été ingurgité par la tête même du corps social : universités, académies, moralistes, sociologues et juristes. [...]

DIGNITÉ QUE LA FEMME

Lorsque le message de pureté et de renoncement du christianisme arriva dans la Grèce conquise et la latinité à son pinacle, ce fut dans les foules rongées par l'amertume du dégoût et de la honte comme une rosée rafraîchissante, un message de beauté, de consolation, de relèvement et d'espoir. Filles et femmes surtout, jusque-là simple bétail d'amusement, sentirent la vérité et la réalité de leur âme, la noblesse de leur nouvelle considération.

Ce sont elles qui, par leur nombre et leur influence, par leur nouvel idéal et leurs sacrifices, firent la force naissante et finalement le triomphe du christianisme. Celui-ci, en retour, exalta à un degré jamais connu la beauté de la jeunesse pure, la sublime grandeur de la maternité et émancipa la femme de juste émancipation à mesure que se développa le culte marial. La dignité que la femme a conquise en Occident, c'est au christianisme, et à lui seul, qu'elle le doit.

LES POURRISSEURS À L'ŒUVRE

[…] Les deux Juifs qui, au siècle dernier, dirigeaient la Haute Vente maçonnique sous les noms de Nubius et Piccolo Tigre, avaient fait circuler dans toutes les loges des instructions détaillées sur la façon de détruire la chrétienté. Ces instructions se résumaient à trois moyens principaux : « rendre les chrétiens impurs, ce qui fera qu'ils ne seront plus chrétiens », puisque c'est surtout la pureté qui doit distinguer le vrai chrétien du païen ; « corrompre la femme par tous les moyens imaginables, ce qui corrompra en même temps la chrétienté et fera tituber l'Église », « intéresser le prêtre à toutes sortes d'occupations qui l'éloigneront du sanctuaire ». Nubius, dans un esprit de véritable Juif babylonien, insistait surtout sur la directive suivante : « Voyez à ce que le chrétien prenne goût au vice, voyez à ce qu'il y revienne toujours, à ce qu'il l'absorbe par les cinq sens, à ce qu'il le respire par tous les pores de la peau ; à ce qu'il en soit saturé. » Une littérature décadente et vicieuse, orchestrée par une main invisible et couvrant tous les pays de l'Occident, toujours plus audacieuse et pruriteuse, soutenue par le théâtre puis le cinéma juifs, par une orientation progressive du vêtement vers le nudisme, déferla peu après sur les masses chrétiennes ; en même temps l'amusement public des endroits contrôlés par les fidèles ou les copistes de l'idée talmudico-babylonienne prit l'allure des divertissements et rites vénusiens des vieilles époques païennes. […]

L'être humain, par les penchants et concupiscences consécutifs à la chute originelle, était déjà accablé, incapable de se relever par lui-même. Mais à ces penchants naturels si puissants, quoiqu'ils fussent de nature intime et personnelle, une conspiration hardie a ajouté l'incitation publique, sociale, institutionnelle, massive et universelle pour contrebalancer les effets publics et institutionnels de la Rédemption.

Si, au Moyen Âge, les rois et princes chrétiens auraient pendu haut et court, sans aucune hésitation, les pourrisseurs de leurs peuples, les chefs d'État modernes, surtout parce qu'ils sont francs-maçons, parfois juifs ou marxistes, et qu'ils sont soumis aux ordres de pourrissage de leurs maîtres inconnus, ont toléré au nom de la « liberté de parole » l'océan de boue dans lequel leurs maîtres ont voulu submerger leurs peuples-victimes. [...]

LE « CONFESSIONNAL DU MATÉRIALISME »

Le freudisme est devenu, par l'imposture de sa psychanalyse, le « confessionnal du matérialisme ». C'est à ses adeptes que les âmes incroyantes, sentant le besoin d'un dégagement, vont vider leur conscience. [...]

MORALISTES DE L'IMMORALITÉ

Le freudisme, théorie non prouvée que presque toutes les universités du monde ont gobée et érigée en science académique afin d'émarger aux budgets nourrissants des plantureuses Fondations matérialistes américaines, ramène à une origine sexuelle toute manifestation humaine. Il a, à cette fin, imaginé un lexique impressionnant. Celui qui veut rester chaste devient victime de refoulement, frustration, complexe, inhibition, sublimé, etc., car il violente la Nature et ses nécessités. S'il allume un incendie, commet un vol, assomme ou tue, c'est uniquement parce que ses « fonctions naturelles refoulées » explosent soudainement malgré lui et, dans une manifestation de désordre ou de violence dont il n'est nullement responsable, trouvent un *exeat*, une échappée qui doit rétablir l'équilibre normal de l'individu. [...] Ce sont donc la pureté, la chasteté, la victoire sur la tentation qui sont un mal, un attentat contre la Nature ; et c'est la luxure, le vice, la « satisfaction des fonctions naturelles » qui sont un bien ! [...]

À en croire ces moralistes de l'immoralité, le paganisme a raison et le christianisme a tort, la responsabilité personnelle ou notion du bien et du mal n'existe pas, la vertu est un désordre et le mal est un bien, la subjugation des sens est une erreur qui détraque l'équilibre nerveux. [...]

DARWINISME

L'évolution ou transformisme de Darwin est une autre théorie dont on a gangrené la cervelle des élites chrétiennes et qui conduit infailliblement à la même appréciation du Goy tel que le Talmud babylonien le définit : un animal sans âme. Les universités de tout l'Occident font à cette idiotie l'honneur de s'en occuper pompeusement et les grandes Fondations américaines paient de fortes sommes pour sa dissémination. Darwin fut le seul personnage non-juif auquel les « Protocoles » ont fait la faveur d'une mention particulière, en soulignant qu'il fallait propager son enseignement, ce qui est très significatif. [...]

L'unique but du transformisme est de contredire la Révélation. Celle-ci nous enseigne que le Créateur, après avoir créé TOUS les animaux marins, aériens et terriens (même les singes), couronna Son œuvre par la création particulière et intentionnée de l'homme, qu'Il fit à Son image, lui donnant une âme douée d'intelligence consciente et de libre arbitre. Cette définition de l'homme par la Révélation est la seule — à l'exclusion de toute autre — sur laquelle peuvent s'appuyer la dignité et la fraternité des êtres humains. [...]

SCIENTISME

La science est une affaire essentiellement humaine ; elle n'existe que de l'homme, par l'homme, pour l'homme. Si l'homme constate, découvre et applique, il n'est pour rien dans la réalité de lois qu'il n'a pas promulguées, de forces qu'il n'a pas créées et auxquelles il est lui-même soumis. Production humaine, la science est au-dessous de l'homme, qu'elle doit servir. En faire l'objet d'un culte, c'est simplement remplacer une divinité spirituelle par une divinité matérielle, ce qui démontre encore qu'il faut une religion, quelle qu'elle soit, à l'être humain, même si c'est une idole sortie de ses propres mains. [...]

LA RÉVOLUTION CHRÉTIENNE

Comme un coup de tonnerre sur l'esprit humain, le christianisme lance les âmes et les cœurs dans un éveil et une voie qui constituent une véritable révolution. Si saint Jean l'évangéliste, le Doux, donne une solution définitive au problème de la substance et l'essence avec son « *In principio erat Verbum* », saint Paul le violent pénètre au-delà de la substance et catapulte l'esprit humain dans le problème du mouvement de l'énergie, de la dynamique divine. Il met fin à la longue époque préchrétienne de la statique spirituelle, de cette « inertie du présent », de « l'attente passive », de la « contemplation de la promesse réalisable à n'importe quel moment », pour plonger dans les eaux torrentueuses de la « réalisation commencée et qui doit se propager ». La notion essentiellement chrétienne de la grâce sanctifiante, ou partage de la vie divine, crée une vision spirituelle entièrement neuve tout en produisant une sensation de vie intérieure jamais connue auparavant. L'âme humaine n'est plus contenue, fixe et immobile, dans une simple vision de béatitude ou de nirvana ; elle est lancée dans un impétueux mouvement de vie trépidante dont le dynamisme n'a plus de bornes. Quinze siècles de cette activité spirituelle, qui finit par imprégner tout l'Occident, devaient infailliblement déterminer une action parallèle dans l'observation du monde matériel. S'il est vrai que l'homme est à l'image de Dieu, il pouvait être également vrai que les lois de la nature peuvent être une image d'autres lois opérant dans le monde surnaturel. C'est cette assomption, consciente ou subconsciente émanée du christianisme, qui est à la base de tout le courant scientifique mouvement-énergie-dynamique du monde moderne et qui ne serait jamais venu sans le christianisme. [...]

MOUVEMENT QUI ANIME TOUS LES DOMAINES

Avec le christianisme, tout devient vivant, mobile et dynamique. La vieille mathématique sort de son sommeil et s'anime en des formules que l'antiquité n'aurait jamais pu soupçonner ; la primitivité de l'astronomie s'élance dans des développements complexes et éblouissants ; la géométrie se met en marche, la mécanique capte et maîtrise les forces vives ; la chimie court de secret en secret. La science de l'homme, devenue presque vivante par l'homme qui enfin peut avoir de la vraie vie, génère d'autres sciences, les techniques enfantent de nouvelles techniques. Et cela jusqu'à ce qu'on en arrive à la vision de l'énergie pure, derrière le sceau de laquelle on ne pourra trouver que Dieu. Dans les arts, même intensité, même effervescence de l'âme libérée. La longue ogive, comme deux lignes parallèles se rencontrant à l'horizon, reproduit l'élan vers l'infini et donne aux masses de pierre un mouvement jusque-là inconnu. La musique monte à des hauteurs inouïes et, avec la fugue d'esprit uniquement chrétien, accède à une fluidité insaisissable. La conception chrétienne de la justice échafaude un droit commun et une jurisprudence d'une incomparable beauté. Peinture et sculpture ne se contentent plus de simplement reproduire l'aspect extérieur avec fidélité, c'est l'âme et le pathos intérieur qu'elles arrachent et révèlent. Toute la splendeur de la philosophie vivante prend corps dans l'inébranlable scolastique que toutes les oppositions ultérieures ne pourront jamais même ébrécher. Puis, comme apothéose du génie humain qui se baigne avec une joyeuse exaltation dans la lumière de Dieu, c'est la somme de la théologie catholique et de ses fastueux commentaires qui répond à toutes les questions, calme tous les doutes, anéantit toutes les abjections. Et tout cela parce que le monde occidental, grâce au christianisme, peut vivre la vie nouvelle de l'humanité en partageant de la vie de Celui qui a vaincu la mort. S'il y a donc seulement deux phases dans toute l'histoire spirituelle des hommes : phase de mort ou de fixité de l'humanité non rédimée, puis la phase de vie et mouvement de l'humanité rachetée, de même l'histoire du développement scientifique et du développement artistique démontre aussi deux phases parallèles. Ce sont la phase de statique et inertie de l'ère préchrétienne, et la phase de mouvement et dynamisme de l'ère chrétienne. [...]

UN MALAISE VOULU

Si le christianisme est à la baisse dans une forte partie du monde, ce n'est pas par la faiblesse de sa doctrine, l'anémie de ses principes ou le caractère périmé de son credo, mais bien par l'intervention violente de forces tyranniques, la conspiration de forces souterraines, la tolérance béate du contrôle politique et social des masses chrétiennes par des éléments antichrétiens ou extrachrétiens. S'il était vrai que cette civilisation chrétienne doit disparaître, il faut admettre que ce sera la dernière dans toute l'histoire humaine, qu'il n'y en aura plus d'autres puisqu'il n'est pas possible d'en imaginer une autre, et que la race humaine sombrera dans un chaos qui la détruira totalement.

Le malaise qui angoisse le monde actuel est assurément voulu. Il est voulu par une volonté consciente qui vise un but précis : le renversement de l'ordre chrétien, qui a infiltré comme un germe nocif tout le corps de cet ordre, qui a une unité de direction et d'action, qui gruge et affaiblit tous les organes du grand corps avant de pouvoir le subjuguer complètement. Tout ce qu'on a vu jusqu'à ce jour est peu de chose en comparaison de ce qu'apportera la troisième et dernière phase de la Révolution mondiale si bien réussie dans ses deux premières phases par la trahison délibérée ou la molle connivence des chefs d'États chrétiens. Il n'y a pas à s'illusionner. L'ennemi ne renoncera pas à sa colossale puissance acquise dans le corps chrétien et ne cessera pas la bataille qu'il a entreprise uniquement pour nous faire plaisir. Il est lui-même entraîné par les courants vertigineux qu'il a déchaînés sur le monde. L'apprenti-démon n'est pas plus maître de son expérimentation que l'apprenti sorcier. Si, pour le chrétien, le Christ est tout, a tout, doit être partout et a droit à ce que tout se soumette à Lui, esprits et choses, mondes ou hommes, individus ou collectivités, le germe antichrétien toléré dans l'organisme chrétien a pour tâche unique d'éliminer le Christ de tout et de partout. C'est là la réalité de la grande bataille finale amorcée en 1914 et conduite sous des dehors diplomatiques, militaires et économiques. Avec une diabolique séduction, l'ennemi antichrétien gagne même des légions de chrétiens à sa cause, par l'habileté et la puissance de sa propagande, les convainquant que sa haineuse bataille contre la Croix est... une croisade. [...]

ÉVIDENCE ET VÉRITÉ

Le scientisme, forme grandiloquente du naturalisme, est la nouvelle religion que le gauchisme veut imposer au monde. [...] Cette erreur grossière provient de la matérialisation de la Vérité, quand ce n'est pas sa totale omission. Car l'évidence, la démonstration que la science peut apporter ne sont nullement la Vérité. L'évidence de la Nature et ses phénomènes est accessible même aux animaux : lumière, ténèbres, douleur, couleur, chaleur, froid, hauteur, distance, consistance, senteur, goût, foudre, vent, fumée, vapeur, vibrations, etc. Tout ce que l'homme peut faire, de plus que l'animal, c'est d'analyser et mesurer les phénomènes, de constater les lois qui les régissent ; mais ni la Nature ni la raison humaine ne peuvent expliquer l'origine, le début de ces lois, qui les a imaginées et imposées. Par contre, la Vérité, inaccessible à tout être dépourvu d'une âme, a sur l'évidence la même supériorité que l'Esprit sur la matière. La Vérité ne concerne que le monde spirituel et les fonctions de l'esprit humain, même lorsqu'il s'agit pour celui-ci d'apprécier des évidences. La Vérité s'identifie à Dieu comme l'évidence s'identifie au monde matériel. C'est pourquoi le matérialisme, qui nie Dieu, ne peut connaître et encore moins avoir la Vérité. Cela explique comment, en notre ère des plus prodigieux développements matériels, l'homme s'éloigne de la vision de Dieu dans la mesure qu'il s'extasie devant les découvertes humaines, il sombre dans la pénurie spirituelle et morale en proportion de la foi plus exclusive qu'il accorde aux déploiements et transformations de la matière, il erre dans la confusion et le désordre quand il s'imagine que sa science et ses réalisations sont le fondement de l'Ordre sur la terre.

L'évidence scientifique ne peut apporter qu'une vague lueur, par le faible moyen de l'induction, des réalités spirituelles ; tandis que la Vérité, connue par la Révélation et acceptée par la Foi, éclaire d'une éblouissante lumière toutes les facultés de l'âme, lui apportant la connaissance de réalités plus saisissantes et plus vivantes que toutes celles du monde matériel, donnant même à ce dernier ses proportions et son sens réels. [...]

La Vérité est une, inchangeante, éternelle, universelle. C'est pourquoi elle est infaillible et reste l'unique source de certitude. Si elle ne s'appliquait qu'en un endroit, une circonstance particulière ou un temps déterminé, ce ne serait pas la Vérité. Dans le monde humain, doué d'esprit, la Vérité une et infaillible ne peut reposer qu'en un seul homme, chargé d'une autorité que lui confère l'infaillibilité, autorité que seul a pu transférer Celui qui a pu dire : « Je suis la Vérité. »

MATÉRIALISATION UNIVERSELLE

La matérialisation de la Vérité en métaphysique, lui substituant l'« évidence scientifique » comme seule source de certitude, en a sapé l'autorité. C'est ce que voulait l'ennemi infiltré dans l'organisme chrétien. Encore, si ce n'était que la seule matérialisation effectuée. Toutes les autres autorités qui dépendent de la Vérité dans le domaine physique ont subi le même sort, remplacées graduellement par des usurpations appuyées sur le terrorisme, des préjugés, des haines, des orgueils en révolte, des trafics de consciences.

On a vidé la Charité de sa substance, l'Amour ; dans sa coquille creuse, on a injecté l'ersatz inerte de l'« humanisme », la « fraternité » adéiste et libérale qui n'a rien de supérieur à la simple solidarité instinctive et fragile des animaux d'une même espèce. L'Amour n'y étant plus, son absence laisse le champ libre à l'indifférence, la dureté de cœur, la cruauté. [...]

Sur le plateau du théâtre mondial, la Justice a fait place à l'arbitraire, comme le démontrent le triste état des nombreux peuples enchaînés, les ignobles farces qu'on a nommées « procès internationaux » et les aberrations statuées aux Nations Unies. Le Droit a pris un sens unilatéral et est devenu, comme dans le cas de l'usurpation violente de la Palestine, le Tort glorifié. Deux conceptions opposées de la vie, de la société et de tout ce qui s'y rattache sont engagées dans un combat à finir. À la solennelle affirmation de leur Dieu-Homme : « Vous ne pouvez rien faire sans moi », les peuples occidentaux-chrétiens, par leurs chefs politiques, répondent prétentieusement par un humanisme achrétien qui n'est que la formule de leurs propres ennemis. [...]

Les mots ont changé de sens et les terminologies ont pris des significations inverses ce qui propage constamment la confusion qui existe déjà dans le grand corps chrétien par la présence d'un parasitisme retardataire et déformateur. Prenons le mot « démocratie », qui dans la société humaine (des deux côtés du rideau de fer), est devenu l'impératif suprême et qui a remplacé toute autorité divine grâce à une seule et même propagande. Que signifie donc ce mondial mot de passe, ce *verbum* tout-puissant ? N'importe quoi, du moment que c'est contre le Vrai, le Juste et le Beau. En Russie, la « démocratie » justifie l'esclavage de vingt millions d'hommes dans des camps de concentration, la destruction de la religion, de la famille, du droit de propriété. En Palestine, elle béatifie le racisme le plus virulent et le plus sauvage. En France, elle glorifie la désunion et l'instabilité. En Angleterre, elle confirme l'abandon et l'abdication d'un rôle historique appelé « vital, capital » il n'y a pas une décade. En Chine, elle sanctionne l'usurpation, la tyrannie et le despotisme. En Amérique, elle canonise la ploutocratie, le socialisme, le métissage, l'avilissement des mœurs. Qu'un monarque mange un hot-dog à la Maison-Blanche, on le proclame « démocratique ». Qu'un prince ou une princesse se rie des lois sacrées du mariage et s'identifie aux caractères les plus scandaleux d'une époque, c'est être « bon démocrate ». La propagande antichrétienne qui donne le ton à la vie moderne, sur la note « démocratie », se croirait coupable d'antidémocratie si elle tentait d'élever le niveau moral ou intellectuel des peuples. Sa tâche est de « décrasser les cerveaux », de toute culture, des deux côtés du rideau de fer. [...]

DEUX CREDO EN CONFLIT

La tolérance, qui ne s'appliquait autrefois qu'au mal et à l'erreur (puisque le Bien et le Vrai n'ont pas besoin de tolérance) a été hissée sur le même socle que le droit. L'intérieur et essentiellement spirituel libre arbitre, option consciente et volontaire du mal ou du bien, perd de plus en plus sa raison d'être devant un libéralisme qui accorde un égal respect public au mal comme au bien, au mensonge comme à la vérité. [...]

Deux credo se disputent l'adhésion des esprits dans le monde : le credo matérialiste et le credo spiritualiste. Tous deux ont leurs dogmes qui se complètent et forment un tout logique, comme les mailles d'une même chaîne. Dans l'un et l'autre credo, il est impossible de briser ou soustraire un chaînon sans rompre la chaîne elle-même. Dans l'un et l'autre credo, l'aboutissement final est le même : la béatitude pour l'être humain, un paradis de justice et de fraternité, de bonheur et d'égalité, de paix et d'équité.

Le credo chrétien proclame que l'homme naît avec des penchants mauvais, que la Terre est « une vallée de larmes », que le paradis de béatitude n'existe que dans l'au-delà et ne peut être atteint que par la rédemption dans le Christ. Le credo matérialiste proclame que l'homme naît bon et n'est corrompu que par son entourage, que la Terre peut devenir un séjour de plaisir, que le paradis de béatitude est accessible uniquement en ce monde (puisqu'il n'y a pas d'au-delà).

Chacun des deux credo définit les conditions d'admission à son paradis. Le credo matérialiste énumère les siennes, que l'on retrouve et dans le marxisme et dans la Franc-maçonnerie et dans le sionisme : élimination de l'idée de Dieu, d'un monde spirituel, de l'âme humaine, du Trône et de l'Autel, de toute religion, du droit de propriété privée, de toute initiative personnelle, de la famille comme cellule fondamentale de la société, de toute idée de patrie, des différences raciales et des frontières nationales. Le paradis ne viendra, après toutes ces destructions, que par un gouvernement mondial de république universelle qui ne connaîtra pas d'opposition et qui fera régner sur le monde la justice, la paix, la fraternité, l'égalité, l'hygiène, la non-richesse, la non-pauvreté, le même confort pour tous et chacun. [...]

L'échéance finale est donc un super-gouvernement de république mondiale, comme se le proposent le marxisme de Moscou, le maçonnico-communisme des Nations Unies, le sionisme tel que défini dans les « Protocoles » et prouvé par tous les événements contemporains. C'est pourquoi on se demande comment il se peut que des chrétiens non inféodés aux trois organismes susmentionnés peuvent prêcher la nécessité, l'opportunité ou la possibilité d'un même gouvernement mondial de république universelle, comment il est possible que les disciples du Christ peuvent préconiser une même solution que les disciples de Lucifer, comment il peut arriver que l'orthodoxie doctrinale chrétienne puisse conclure dans le même sens que la « doctrine » antichrétienne. C'en est à se demander quelle section du christianisme, même mineure, n'a pas subi la corrosion par l'acide libéral-socialiste-communiste.

CONDITIONS DE L'UNITÉ

L'unité mondiale, l'unité de l'humanité, toutes les conditions en existent déjà dans le christianisme. C'est le seul plan où peut se réaliser le véritable internationalisme de justice et de paix, pour tous les domaines et toutes les activités. [...] L'internationalisme ne peut s'imposer et se fonder que sur des bases spirituelles : idéal commun, doctrine commune, éthique commune, conception commune de la justice, du droit, de l'équité, de la paix : tous acceptés librement par tous les hommes ; et, en tout cela, qu'il s'agisse d'un code mondial d'échange des activités spirituelles de l'homme, découvertes ou réalisations religieuses, philosophiques, scientifiques, artistiques, morales, légales et sociales. C'est ce que le christianisme a compris et fait depuis les quinze siècles qu'il mène le monde. [...]

CE QU'EST LE NATIONALISME

[...] Le nationalisme, dans son expression politique, c'est le corps matériel et physique d'un état d'esprit et d'un sentiment ardent que l'on nomme patriotisme. Ce patriotisme englobe l'ensemble des traditions et aspirations d'un peuple. Le nationalisme est l'exercice du droit d'un même peuple de diriger sa destinée, de se conduire lui-même, de prendre ses propres décisions, de jouir physiquement et moralement de tout l'héritage compris sur son sol et dans son sous-sol, de choisir ses alliés, de refuser de se soumettre aux pressions extérieures, d'affirmer ses droits financiers et économiques à l'intérieur de ses frontières, de proclamer le Christ comme Souverain et Législateur si ça lui plaît, de voir à ce que son héritage profite d'abord et avant tout à ses enfants et ses institutions, de repousser tout parasitisme venu du dehors, d'imposer sa Foi et son Espérance comme règles d'Ordre sur son propre territoire. [...] Ce que le nationalisme a d'« étroit », c'est qu'il peut demander aux citoyens des sacrifices jusqu'à celui de mourir pour la patrie, « étroitesse » que nos unimondialistes veulent élargir jusqu'à la nécessité de mourir pour des lubies révolutionnaires, antichrétiennes et antinationales. Le nationalisme exige, comme condition de sa dignité et son autorité, une totale souveraineté. [...] Cela n'empêche nullement le nationalisme d'user de cette souveraineté pour contracter des alliances, des ententes, des engagements supranationaux, de se lier librement à des limitations exigées par l'intérêt général, exactement comme les familles d'un même village se lient à des exigences communes sans pour cela rien perdre de leur souveraineté intérieure. [...]

EFFONDREMENT DU LIBÉRALISME

Le messianisme chrétien comporte un paradis surnaturel dans lequel disparaîtront les distinctions de sexe, de famille, de langue, de race, de nationalité, de rang social, de fortune, de liturgie, d'origine ou prestige terrestre. Le messianisme judaïque, qui n'a pas le mérite d'une suggestion originale, n'est qu'une matérialisation grossière de l'idéal spirituel chrétien, une application déformée, grotesque de cet idéal dans le monde sensible. Utopique et menteur, il veut la disparition de la distinction des sexes, des familles, des langues, des races, des nationalités, des classes et des hiérarchies dans un monde qui ne peut s'en passer et où ces distinctions constituent des réalités issues, non de la raison de l'homme, mais de la combinaison harmonieuse de l'ordre naturel avec l'ordre divin : cette suprême réalisation du christianisme. [...]

Pourtant, le chevauchement parallèle des deux messianismes, l'un spiritualiste et l'autre matérialiste, l'un de Vérité et l'autre de sophisme, l'un divin et l'autre diabolique, tous deux exigeant dans leur monde propre la disparition des mêmes distinctions, a créé cette confusion qui a séduit bien des chrétiens. On a même vu des docteurs au zèle intempestif, désireux d'anticiper sur l'ordre spirituel, prêcher pour ce monde la disparition des distinctions capitales, nécessaires dans l'ordre humain autant qu'elles sont superflues dans l'ordre spirituel ; surtout la distinction collective du plus grand nombre qui s'incorpore dans ce qu'on appelle la souveraineté nationale. Quand S.S. Pie XII disait, assez récemment, que « la formation doctrinale est la nécessité actuelle la plus urgente », on peut comprendre, entre autres choses, qu'il s'agit de cette formation doctrinale capable de déceler instantanément les sophismes séduisants du faux messianisme, les pièges attrayants du credo antichrétien ; cette formation doctrinale qui protégera le chrétien authentique de la fausse tolérance, du ramollissement dans le zèle, de l'étiolement du « don de force », de l'indifférentisme et du quiétisme que le libéralisme répand partout sans être capable d'affaiblir en rien le dogme chrétien mais en jouant sur la faiblesse naturelle des êtres humains, ce vieil écho du péché originel qui avait consisté à imposer à l'homme, dans une égale considération, la connaissance du bien et la connaissance du mal ; cette formation doctrinale qui doit permettre au chrétien, militant et soldat par son auguste titre, non seulement de résister aux assauts de l'ennemi, mais surtout de prendre l'offensive et, par les armes puissantes de sa doctrine, balayer les sophismes comme la lumière chasse les ténèbres. [...]

Pour ses originateurs et directeurs de la Haute Banque Mondiale, le système a réussi, en éliminant maintes barrières religieuses, nationales, éthiques et sociales qui leur fermaient la route, en leur assurant une centralisation inouïe de richesse par l'exploitation financière systématique des peuples, un système d'usure crapuleuse d'une envergure sans parallèle et d'une dimension à l'échelle globale, les leviers de la propagande mondiale et l'abjecte soumission de chefs nationaux prostitués à l'argent.

Mais pour les peuples réduits en servage, le libéralisme a fait faillite en n'apportant (pour l'unique profit d'une minorité conspiratrice) que guerres mineures, majeures et universelles, révolutions de toutes sortes, désaxement de la vie naturelle, décadence et démoralisation, arrêt subit de la prodigieuse montée culturelle chrétienne. Avec le judéo-libéralisme, les affaissements économiques et le paupérisme grandissant devant la centralisation constante de la super-richesse sont devenus, non plus l'effet de phénomènes naturels cycliques, mais bien la conséquence de manœuvres humaines toujours égoïstement répétées. C'est le judéo-libéralisme, d'origine directement talmudique, qui mène le monde depuis que les vendus aux Juifs Oliver Cromwell, Voltaire, Rousseau, Mirabeau et leurs rejetons jusqu'à nos jours ont conjugué leurs efforts avec la Réforme et la Renaissance pour déloger l'orthodoxie chrétienne de la direction publique.

Devant leurs succès ininterrompus, les grands-prêtres du mondial Veau d'or ont acquis la conviction inébranlable de leur triomphe définitif ; parce qu'une humanité passive, tolérante, n'a pas encore fait de soubresaut important pour se défendre réellement du parasitisme — malgré tout le gros mélo écrit sur l'épisode hitlérien —, les conspirateurs croient dur comme fer en leur propre « sagesse » orgueilleuse, fondée sur leur croyance en la folie congénitale des Gentils (comme le Talmud l'affirme en tant d'endroits). Ils croient déjà, à lire leurs exubérances prématurées, que leur raison et l'argent ont vaincu la nature humaine et subjugué la Nature elle-même. Bien triste sera le dernier lendemain du grand complot, lorsqu'un monde rendu à l'agonie renversera la fausse idole dorée, broiera ses temples et écrasera la terreur avec ses terroristes ; il en restera bien peu de rescapés pour consentir à s'inféoder, en désespoir de cause, au reste de l'humanité ; juste assez peut-être pour compléter le « quota » des 144 000 si scrupuleusement comptés dans l'Apocalypse. Quand ils auront vu de leurs propres yeux que tout peut s'effondrer, institutions ou complots humains, qu'ils croiront que même les mondes peuvent passer et disparaître tandis que « Sa parole ne passera jamais », la plénitude de la désillusion et de la douleur ne leur offrira que cette Parole comme dernier abri et dernière espérance. [...]

DÉSUNION DES CHRÉTIENS

C'est la culture-civilisation chrétienne que la Révolution mondiale a pour but exclusif d'éliminer de ce monde ; si la confusion des propagandes est trop grande pour qu'on la voie, du moins qu'on croie les intentions mille fois répétées des chefs de la Révolution. C'est un combat à mort, un combat à finir, entre une culture spiritualiste qui a tiré toute sa sève et sa substance du Christ Lui-même et une anti-culture matérialiste qui veut éliminer de la sphère humaine toute conscience du spirituel. Le combat a l'ampleur de notre planète, il se poursuit avec une implacable âpreté partout où il y a des hommes ; là où la Révolution n'a pas encore renversé et piétiné avec fureur l'organisme trahi et mal défendu de notre civilisation, elle a infiltré ses agents dans tous les milieux, répandu son poison dans tous les groupements et tendu ses pièges à tous les carrefours. Pendant que le serpent digère ses dernières proies, il fixe d'un regard d'acier la colombe occidentale qui, terrorisée, troublée même dans son instinct de conservation, ne sait même plus si elle doit réagir.

Mourir martyr pour une cause qu'on n'a pas voulu défendre quand il en était temps, pour laquelle on n'a pas voulu faire de sacrifices quand la victoire était possible, est une mort ignominieuse, une punition richement méritée.

Si tous les chrétiens du monde voulaient, pour un seul mois, faire front commun et faire sentir la puissance de leur opinion et leurs moyens, c'est la Révolution mondiale qui croulerait d'elle-même ; mais la division est trop grande et l'infiltration ennemie trop profonde. Si seulement les catholiques du monde voulaient simplement parler et agir sans crainte ni respect humain, d'un seul bloc solide, la Bête reculerait et disparaîtrait pour au moins un siècle. Mais quand on voit parmi eux tant de désunion malgré une même doctrine, un même catéchisme, une même apologétique ; dans certains milieux tant d'indifférence, d'esprit de compromission, d'incompréhension de leur sublime héritage ; tant d'insoumission d'esprit et tant d'entêtement dans les opinions personnelles, quand il n'y a pourtant qu'un seul Pasteur du même troupeau et une seule Autorité qui détient la puissance réelle de légiférer, lier et délier, on se demande si notre jansénisme moderne mérite le salut du miracle qui dépend de la conviction et la combativité des hommes mais qu'ils espèrent comme cadeau de la Providence en récompense de leur inaction.

Huit croisades, dont on a exalté le zèle et les sacrifices, furent entreprises il y a huit siècles, contre un ennemi lointain qui n'était pourtant qu'un « infidèle ». Si jamais une croisade fût nécessaire, c'est bien aujourd'hui en notre Occident, sans besoin de courir au loin, contre une théocratie qui opère nuit et jour dans tous nos milieux et exerce de grands ravages comme en témoigne la pathologie morale de notre société. Ce qu'il convient de faire, devant le malaise qui angoisse le monde actuel ? Une croisade, la plus grande, la plus totale, la plus urgente, une croisade d'idées et d'actions, aussi intense et aussi ubiquiste que l'anti-croisade de l'ennemi.

Puisque tout se résume, de l'aveu des ennemis et suivant l'évidence aveuglante des faits contemporains, à une lutte mondiale, acharnée, sans merci, contre le Christ et Son œuvre, la première chose à faire, dans cette croisade, est de prendre catégoriquement position : pour ou contre Lui. Personne ne peut se soustraire à ce choix, dans l'Occident chrétien. S'il y a des endormis, des mous et des indifférents, aussi bien les cataloguer tout de suite dans le camp ennemi, car ils ne sont qu'un poids mort, une passivité nuisible aux assiégés mais fort utile aux assaillants.

LA VRAIE « CROISADE »

Mais le choix ne peut guère se faire sans la Foi, base de tout dans le monde chrétien. Pourquoi base de tout ? Parce que, contrairement à la charité et l'espérance, qui sont méritoires puisqu'elles exigent des actes personnels, la Foi n'a pour méritant que Celui qui l'a donnée en pur et gratuit cadeau, comme la vie elle-même. Qui peut se glorifier d'avoir la Vie, qu'il ne se doit pas à lui-même ? Pourtant, celui qui a reçu la Foi ne doit-il pas sacrifier même sa vie pour elle ? Il a été dit : « Celui qui aura cru en moi et qui aura observé mes commandements... » Il faut croire d'abord. Si la charité est la source des mérites personnels, elle n'est rien sans la Foi. Peut-on aimer ce qu'on ne connaît pas ? La charité sans la Foi devient de la philanthropie inerte, de l'humanisme sans vie, de la solidarité que le moindre incident peut transformer en sauvage cruauté.

Éveiller, propager et affirmer la Foi chrétienne est la première mesure de défensive et de contre-offensive à prendre dans l'indispensable croisade de notre époque. Devant le Mensonge et le Mal, la Foi doit être aussi intransigeante que Celui qui la donne ; elle ne doit pas connaître de compromis, puisqu'elle passe avant la vie elle-même. Elle doit être ramenée à sa pureté et sa lumière primitives, décortiquée de toutes les pelures dont l'ont recouverte les faux docteurs modernes, décrassée des demi-doctrines de demi-capitulation dont l'ont surchargée les timorés et les faibles qui ont imaginé de « démaliser » le mal par sa coexistence nuptiale avec le Bien. Il n'y a pas mille sources de doctrine pour guider la Foi, il n'y en a qu'une seule. Depuis près de deux siècles que la Révolution s'est mise en marche, le pontificat romain, qui a fourni en l'occurrence les chefs les mieux informés et les plus éclairés de toute l'histoire du monde, a prévenu l'humanité de tous les malheurs qui l'ont accablée depuis, indiquant dans un vaste monument de sagesse et d'ardente charité les tribulations qui allaient fondre sur les hommes, leurs origines et leurs causes, offrant en même temps les moyens de les conjurer et d'en épargner les victimes. L'état actuel des choses démontre assez quel peu de cas le monde chrétien en a fait ; mais le monument de sagesse est toujours là, comme un phare de direction vers la Justice, et, qu'on le veuille ou non, la barque humaine devra y fixer sa course si elle préfère arriver à bon port plutôt que de sombrer. [...]

Là où la Foi a été bien plantée et sainement alimentée, la vertu est plus facile et la société n'endure pas la corruption ouvertement étalée des mœurs publiques. Plus faiblit la croyance en la récompense du bien et le châtiment du mal, plus s'étiole le sens du péché et de la responsabilité personnelle, plus se répand la confusion sociale, simple reflet du chaos spirituel.

LES ORDRES SONT INTERVERTIS.

Dans la bataille, c'est surtout la jeunesse qui est le gros enjeu. Ce n'est pas sans raison que toute la phalange des forces judéo-antichrétiennes travaille, depuis le début même de la grande Révolution, à séculariser et laïciser l'enseignement dans les pays de l'Occident chrétien, afin de le circoncire de tout ce qui peut suggérer ou affermir la foi et la moralité chrétiennes. [...] D'autant plus qu'au laïcisme presque mondialement propagé, la foi et la moralité de la jeunesse occidentale ont été sapées par une marée toujours grandissante de littérature, d'images, de spectacles, de chansons et de radiophonie érotiques, d'incitations à la violence, d'irrespect de la vie humaine et de la propriété qui ne connaissent ni pause ni répit.

Il est temps que les foules chrétiennes imposent, avec la sévérité qui convient, le respect de leur âme, de leur foi, de leur morale et de leurs traditions, sur les territoires qu'elles ont peuplés et organisés. La lâcheté de la tolérance judéo-libérale a fait trop de ravages. Ce n'est pas à quelques pustules qui recouvrent tout un corps qu'il faut s'attaquer, mais à la cause même de ces pustules. [...] Le scandale érigé en institution ne pourrait se disséminer si les sources en étaient taries.

La course à l'argent a été imposée aux foules comme première nécessité de la vie, grâce au rouage économique que les maîtres de la finance mondiale ont imaginé. [...] Par le culte obligé du Veau d'or, la préséance des grands organismes d'Ordre a été invertie. La Politique a voulu asservir la Religion afin de mieux régir l'âme des peuples, et la Finance a par sa puissance déterminante dans le jeu démocratique voulu régir la Politique, pour s'emparer de l'orientation des mêmes peuples ; formule qui ne peut que conduire par son matérialisme, à une domination implacable de ces peuples et qui sera, en somme, une « théocratie de l'argent », comme le prouve le super-capitalisme d'État d'outre-rideau de fer camouflé sous le nom de « démocratie populaire ».

De notre côté du rideau nous avons la même image, moins précise, camouflée sous le vocable de « démocratie capitaliste ». L'un et l'autre système affirment, par leurs appellations et leur action, que ce n'est plus l'Esprit, ni la conception de la vie, ni la culture dont dépendent le sort et l'orientation des hommes, mais de simples systèmes sortis des mains des hommes. La démocratie, dans le sens idéal qu'on lui donne, n'a encore jamais vraiment existé. [...]

LE CORPORATISME

La réalité de la démocratie — et il est bon qu'on mentionne toujours plus souvent la chose inexistante afin de la faire surgir — ne pourra venir qu'avec une seule formule : le Corporatisme. Car le Corporatisme englobe sous son autorité non seulement la finance, la politique, mais aussi l'économie, le métier ou profession, le législatif, le social, et se couronne par une représentation directe dans l'Exécutif de la nation. Seul le Corporatisme pourra donner aux peuples les moyens de financer leur propre développement sans avoir à se laisser enchaîner par la finance anonyme de l'extérieur, pourra répartir entre tous les participants aux activités économiques leur part raisonnable de ce qu'ils produisent, pourra provoquer sans heurt la décentralisation, la multiplication des initiatives et des fortunes, l'autodiscipline des classes ou activités diverses de la nation, et donner enfin ce dont on discute verbeusement depuis un siècle tout en s'en s'éloignant constamment : la justice sociale. [...]

L'ordre corporatif contient [...] toutes les conditions et tous les éléments de la justice sociale sans laquelle on ne peut espérer de paix réelle entre hommes, classes, peuples ou continents. Lorsque les cadres sociaux bâtis par les ordres matérialistes — toujours pour l'avantage primordial de minorités ou petits groupes intéressés — aura croulé, l'ordre corporatif trop longtemps refoulé surgira comme cadre social nouveau et apparaîtra à un monde émergé du désespoir comme le plus grand cadeau, comme l'apothéose du génie chrétien dans sa réalisation d'un ordre humain spiritualiste donnant justice au plus petit comme au plus grand, au plus humble comme au plus puissant des fils d'Adam. [...]

C'est dans leurs principes chrétiens que doivent être d'abord réveillés et réformés les peuples partageant de la culture civilisation chrétienne. Le reste ira tout seul. Blanc de Saint-Bonnet a écrit avec beaucoup de raison : « Toute erreur politique est une erreur théologique réalisée. » [...] Aussi, non seulement il n'est pas indifférent, mais encore il est d'une extrême gravité que les peuples chrétiens soient dirigés, représentés ou légiférés par des chefs hostiles à la vérité chrétienne, qu'ils soient francs-maçons, marxistes ou sionistes. Le chaos politique qui s'accentue d'année en année est le résultat de la tolérance des directives, programmes, manifestes, slogans, chartes et déclarations lancés des mêmes sources franchement antichrétiennes et qu'on fait avaler à des foules incapables d'y discerner la contradiction de leurs croyances, de leurs aspirations.

MORT ET RENAISSANCE

La haute politique est aux mains de la Banque Mondiale de l'Or qui en détermine le cours confus par ses trois organismes internationaux : marxisme, maçonnerie, sionisme. Nul chrétien capable d'une vision large n'a le droit de s'en désintéresser. Que cette monstrueuse organisation décide, pour hâter l'échéance de son plan politique, de déclencher un affaissement économique général ou une nouvelle guerre universelle, les gouvernements locaux et les administrations locales en restent frappés aussi durement que les citoyens eux-mêmes et se voient tous soumis à une dictature mondiale qui façonne à son gré leur vie financière, économique et sociale. [...] L'effrayante secousse par laquelle les conspirateurs croient pouvoir compléter leur domination définitive du monde pourra avoir aussi facilement comme conséquences de briser leurs griffes qui tiennent tant de monopoles et redonner aux chrétiens leur maîtrise sur l'Occident. C'est même ce qui arrivera inévitablement, car dans un corps-à-corps mondial entre l'argent et l'âme, entre la matière et l'esprit, entre l'illusion et la réalité, entre l'œuvre humaine et la création divine, le résultat ne fait aucun doute, quels que soient les débris accumulés dans la lutte. [...]

Ce monde sera bâti par les jeunes d'aujourd'hui qui ne se laissent pas emporter par les folles idées de la décadence ; qui sont capables, dans le tintamarre assourdissant du modernisme, de vivre une vie intérieure sérieuse et recueillie ; qui, au plus fort de la guerre des nerfs, méprisent la peur suscitée par les terrorismes ; qui sont aptes à l'abnégation et aux sacrifices pour servir la Vérité ; qui ont des principes solidement enracinés et jouissent de ce flair si précieux qui fait discerner l'erreur cachée sous les sophismes les plus séduisants ; qui ont le sens des besoins vitaux de leur époque, surtout le sens rarissime du plus grand de tous les arts : l'art politique qui consiste à orienter des hommes, des peuples, vers une vie meilleure, plus pacifique, plus naturelle, plus conforme à leur double destinée. C'est à eux, ces vrais forts, que demain appartient, avec ses redoutables responsabilités et ses magnifiques possibilités de réalisation.

L'achèvement de la Révolution mondiale apportera sa propre mort, dans l'épuisement de son mensonge et son désordre. Cette mort est une nécessité dont on ne saurait trop souhaiter la venue prochaine. Car il ne peut y avoir de renaissance sans mort préalable. Chez les disciples avertis ou ignorants de la Révolution, mort du sens religieux, mort du sens moral, mort du sens patriotique, mort du sens social, mort du sens de justice et d'équité, afin que renaisse sur cette désintégration une vie nouvelle, comme l'arbrisseau qui pousse, vigoureux et agressif, sur le pourrissement du vieil arbre tombé. [...] La culture gothique, qui avait marqué l'apothéose scolastique débarrassée de toutes les scories de l'ère préchrétienne, reprendra enfin sa marche ascendante, libre des parasitismes de retardement et de distorsion.

L'inspiration que le matérialisme avait chassée de partout, avec son esthétique qui n'avait trouvé comme dernier refuge que son application aux machineries et aux créations de l'utilitarisme ranimera les esprits géniteurs d'une clarté plus vive qu'en aucune autre époque ; penseurs, littérateurs, artistes prendront comme point de départ les plus hauts sommets atteints par les génies les plus illustres de la culture chrétienne et monteront vers des cimes nouvelles. La grande et glorieuse civilisation qui a dirigé et moulé le monde depuis quinze siècles, la seule même qui a véritablement mérité le nom de civilisation depuis la chute du premier homme, reprendra sa marche solennelle vers l'avenir, libérée des entraves artificielles qui ont tenté de la faire dévier de son cours pendant quelque temps ; son esprit dynamique, indestructible puisqu'il tient d'un germe divin, alliant ses principes d'Ordre aux développements scientifiques prodigieux qu'il a lui-même suscités, donnera à notre monde, après tant de faillites et de malheurs apportés par le matérialisme, l'ère d'apaisement et de justice que personne ne peut donner sauf Celui qui a dit, avant de disparaître : « Je vous laisse ma paix. » La civilisation chrétienne, à tout prendre n'en est encore qu'à ses débuts, tant elle contient de trésors toujours inexplorés et de possibilités sans limites. Si un jour elle disparaît, c'est parce que le dernier homme aura disparu.

★ ★ ★

LE LIBÉRALISME : POISON DIABOLIQUE

Article
Début des années 1960

Le libéralisme est la plus grande erreur des temps modernes en ce sens qu'il conduit infailliblement au matérialisme, à la négation pratique du péché originel, du bien et du mal, au socialisme d'État, au communisme athée. [...]

Le libéralisme, c'est cette erreur qui vient de la liberté mal comprise. Pour le libéralisme, la liberté, c'est le pouvoir de choisir entre le bien et le mal. Si c'est ça la liberté, si, parce que je suis libre, je peux choisir entre le bien et le mal, si Dieu m'a donné ce pouvoir, Il ne peut donc pas me condamner si je choisis le mal. C'est Lui qui fait ma liberté ; c'est Lui qui serait responsable de mon choix. [...] Le péché, c'est agir contre la volonté de Dieu. S'Il a voulu me donner le droit de choisir entre le bien et le mal, je ne peux jamais aller contre sa volonté. Donc, il n'y a plus de péché avec une telle notion de la liberté. On ne peut faire de reproche à personne si on accepte ce sens du mot liberté.

Or, le libéralisme admet ce sens du mot liberté. Il détruit donc la notion du bien et du mal, enlève le péché originel : la Rédemption devient inutile avec le libéralisme, ainsi que la Révélation. Avec le libéralisme, l'homme est livré à la raison qui devient indépendante de Dieu, qui devient pratiquement Dieu. Le libéralisme détruit toute la religion, toute relation, tout lien entre le Créateur et la créature. Le libéralisme met sur un pied d'égalité le bien et le mal, laisse autant de latitude au mal comme au bien. Qu'arrive-t-il alors si l'on met sur un même niveau le bien et le mal ? Nous, chrétiens, nous savons que c'est le mal qui va triompher si on donne autant de chance au mal qu'au bien. Pourquoi ? C'est très facile à comprendre : il est plus facile de faire le mal que de faire le bien comme il est plus facile de descendre que de monter un escalier. Pour faire le mal, rien de plus facile : nous n'avons qu'à suivre nos instincts, nos penchants, nos passions, les inclinations de notre corps. Pour faire le bien, il faut livrer bataille à notre corps qui ne connaît pas Dieu. […]

Le libéralisme, c'est cette erreur de la liberté mal comprise. « Laisser au mal la même latitude qu'au bien » : ce principe qui est appliqué en démocratie ne peut qu'engendrer beaucoup de mal parce que le peuple n'est pas composé d'une majorité de saints. […] Et comme pour faire le bien, il faut souffrir la persécution de ceux qui font le mal (« tous ceux qui veulent vivre avec piété dans le Christ Jésus auront à souffrir persécution » 2 Timothée III, 12), puisque le peuple n'est pas saint, ce peuple faible sera influencé par les puissances occultes de l'argent et de l'erreur et c'est le mal qui triomphera. […]

Les chrétiens doivent se débarrasser du libéralisme, de cette erreur qui donne autant de droits au mal qu'au bien, parce que le mal n'a aucun droit et pour empêcher la masse de se corrompre. Autrement, on donne de la force au mal, on affaiblit les bons en les désarmant, en leur enlevant leur conviction de supériorité sur ceux qui font le mal, en leur donnant un complexe d'infériorité lequel entraîne jusqu'au respect humain, jusqu'à cette fausse honte de faire le bien. Depuis que le libéralisme s'est installé parmi nous dans son château fort : la démocratie, beaucoup de bons ont honte de faire le bien ; ils se cachent même souvent pour faire le bien. Les méchants, eux, sans aucune pudeur, semblent être fiers de faire le mal ; ils n'ont pas peur et ils le font ouvertement. [...]

Avec le libéralisme on rend la liberté synonyme de licence. Le mal a autant de droits que le bien et cela non seulement au point de vue économique mais aussi au point de vue moral et politique. La démocratie est un produit du libéralisme. [...] Tout a droit de cité avec la démocratie libérale : le bien comme le mal, l'erreur, le mensonge, comme la vérité.

Le libéralisme ne lutte pas contre le mal : il fait l'œuvre de Satan, car Jésus a dit : « Qui n'est pas avec moi est contre moi » (saint Matthieu XII, 30). [...]

Peut-on suivre deux maîtres : un dans sa vie publique et l'autre dans sa vie privée ? Le Fils de Dieu, Jésus-Christ, au jugement dernier ne fera pas un jugement spécial pour la vie privée et un autre pour la vie publique de chaque homme. Chacun de nos actes, même s'ils sont accomplis dans un cadre social, constitue pour chacun de nous un acte personnel dont nous sommes personnellement responsables et Jésus jugera les personnes et non pas les groupes, les sociétés parce qu'Il récompensera ou punira les personnes et non les groupes, les sociétés. [...]

Il faut travailler pour Dieu dans chacune de nos actions même dans notre vie publique, en politique. La politique doit être sous le contrôle de Dieu, sous son autorité, comme d'ailleurs toutes choses, tous les êtres dans l'univers entier. Autrement, Dieu n'est plus Dieu ; la politique est Dieu. [...] Il n'y a qu'un seul et unique Dieu, Maître de chacune de nos actions, même dans notre vie publique. Autrement la vie publique ne serait pas sous le contrôle de Dieu mais, d'un autre et cet autre, c'est Satan. [...]

La vraie liberté, c'est le pouvoir qu'a la volonté de choisir entre deux choses ou plusieurs, pourvu que ces choses puissent conduire à Dieu que je dois connaître et aimer pour être vraiment heureux avec mon âme, la partie la plus importante de mon être. [...]

★ ★ ★

À BAS LA HAINE !

Juillet 1965

LA HAINE EST FILLE DU MENSONGE.

[…] Le mensonge, dont Satan lui-même est le père (saint Jean VIII), est d'autant plus temporaire, local, opportuniste, compromettant et tolérant que la vérité est éternelle, universelle, intégrale, intransigeante et intolérante. La vérité n'admet pas de soustraction, de souillures, de voile ou d'enténèbrement. La vérité est la mère de la compréhension, de l'entente, de l'ordre, de la justice et de l'amour, lequel engendre la vraie paix.

Le mensonge crée les fausses nouvelles, les fausses théories, l'histoire erronée ; en notre époque plus qu'en toute autre, il est devenu un produit de fabrication à la chaîne qui suscite le chaos des idées par la perversion des mots. Le dialogue, dont on parle tant, est devenu impossible puisque les mêmes mots ont un sens différent ou contraire suivant l'optique spirituelle de ceux qui les utilisent. Et il n'y a que deux seules optiques possibles dans ce dialogue recherché et qui ne sera possible qu'après la chute définitive d'une des deux optiques : celle du christianisme spiritualiste trinitaire, celle du judaïsme matérialiste farouchement antichrétien. Comme le répètent tant de savants auteurs juifs, il y a entre les deux un abîme sans fond et infranchissable que rien ne saura jamais combler. […]

Le mensonge, par ses produits et sous-produits, engendre inévitablement la querelle, la révolte, l'émeute, la guerre, l'homicide. Il est le père de cette fille hideuse que l'on appelle la Haine. La haine ne peut, ni de près ni de loin, surgir de l'enseignement du Christ, qui n'est qu'Amour. Elle ne peut venir que de ce qui est antichrétien, anti-amour. Quand saint Jean parle de « Satan, père du mensonge, car il n'y a pas de vérité en lui, homicide dès le commencement », il décrit assez bien comment le mensonge ne peut produire que de l'homicide. Et comme Jésus-Christ a dit, par un décret sans appel, « Je suis la Vérité », il s'ensuit que tout ce qui est contre le Christ et Son christianisme est mensonger et originateur d'homicide. Sur notre terre, depuis dix-neuf siècles et en ce moment, le judaïsme talmudique est ce qu'il y a de plus fervemment antichrétien, d'autant plus que le judaïsme a à sa disposition les contrôles mondiaux de la finance, de la propagande, de la politique et de la diplomatie : donc les contrôles primordiaux pour la propagation du mensonge. [...]

Comme le monde actuel vit presque submergé dans un océan de mensonges, d'erreurs, de demi-vérité, de sophismes, de « lavage de cerveau » au détersif judaïque, il ne peut vivre que dans la haine, à l'opposé de l'amour chrétien. C'en est rendu à tel point que les vrais chrétiens, les orthodoxes, les « intègres » et les « conformistes » sont devenus des objets de haine pour les « doctorillons de charisme » judaïsés. Les nouveaux « docteurs » du christianisme, qui se proclament « chrétiens de gauche », si empressés au dialogue avec les ennemis du Christ, ont tellement abandonné l'Amour et tellement épousé la Haine de leurs inspirateurs, qu'ils en sont rendus à traiter de « chiens » ceux qui ne veulent pas démordre de leur obéissance aveugle aux dogmes catholiques et de leur soumission au Saint-Siège. [...]

La Haine est la fille du Mensonge, comme la Violence est la fille de la Haine, comme l'Homicide est le fils de la Haine. Pour abolir la haine, il faut d'abord abolir le mensonge. Et tout, en notre époque, est mensonge, à cause des moyens de propagande contrôlés par des antichrétiens dans un monde chrétien, que ce soit par les moyens des agences de nouvelles transmises aux journaux, du contrôle des réclames payantes dont vivent les journaux, du cinéma, de la radio, de la télévision, des pressions sur la politique, la diplomatie, le personnel enseignant des universités, écoles secondaires, normales ou primaires (surtout par l'influence judéo-maçonnico-marxiste de l'UNESCO). [...]

UN SUJET INTERDIT

Il y a longtemps que les Juifs demandent, dans les pays occidentaux, des lois d'exception et de discrimination interdisant aux Gentils toute discussion de la question juive, toute mention des Juifs dans l'œuvre de destruction de la civilisation occidentale et chrétienne, toute étude disant la Vérité sur la responsabilité majeure des Juifs dans l'organisation du marxisme (socialisme, communisme, anarchisme, nihilisme, etc.), des révolutions, guerres civiles et guerres mondiales. [...]

Ces gens qui parlent interminablement de « dialoguer » sur tous les sujets imaginables ne reconnaissent plus le droit au dialogue lorsqu'il s'agit de la question juive. Ces gauchistes férus de dialectique et de logique, de psychanalyse et de rationalisme, de tolérance et de droits civils, se révèlent pour ce qu'ils sont dès que le mot « juif » est prononcé. Ils se ferment les yeux et les oreilles hermétiquement, repoussent la plus aveuglante évidence, renient la vérité, refusent d'accepter la réalité des faits. Avec l'hystérie spirituelle congénitale du judaïsme, ils se mettent à hurler tout le lexique d'injures que leurs maîtres leur ont fait apprendre par cœur : méchants, intolérants, cruels, racistes, fous, racas, étroits d'esprit, obsédés, persécuteurs, antichrétiens, sous-humains, etc., etc., que l'on peut lire régulièrement dans les livres, pamphlets, journaux juifs et gauchistes. C'est la marque classique du gauchisme, l'inévitable résultat du « lavage de cerveau ». Les rationalistes en viennent à maudire la raison !

Notez que tous ces gauchistes judaïsés, issus de la culture chrétienne, de la civilisation occidentale, de la race blanche, sont devenus les plus vociférants détracteurs et les plus aveugles ennemis du christianisme, de la civilisation et de la race qui ont donné au monde tout ce qu'il a connu de liberté, de prospérité, d'avancement, de grandeur et de majesté. Ceux qui avaient quelque aptitude naturelle pour diriger et bâtir sont devenus, à cause de ce lavage de cerveau, des suiveurs bien domestiqués, et des destructeurs professionnels à la solde de conspirateurs internationaux. [...]

LA DÉMOCRATIE

Les Juifs crient partout, interminablement, qu'il faut respecter la démocratie. On avait toujours cru que la démocratie était la loi, la volonté de la majorité. Mais on s'était trompé. On réalise que c'est la loi, la volonté de la minorité juive. [...]

DU PHARISAÏSME AU JUDAÏSME RABBINIQUE

Les Juifs étaient dans l'impossibilité totale de pratiquer la religion de Moïse, détruite pour toujours par les armées païennes de la Rome impériale. D'ailleurs, cette religion n'avait plus aucune utilité puisque le Christ en avait réalisé toutes les prophéties, avait établi une Alliance nouvelle et éternelle et avait, de son autorité divine, remplacé la loi du talion par la loi du pardon, promulgué les préceptes du Sermon sur la Montagne.

N'ayant plus de sacerdoce et de religion réelle, ils se livrèrent à une secte, celle des Pharisiens, celle du Judaïsme. Les Pharisiens d'il y a deux mille ans avaient un enseignement bien particulier qu'on appelait « la tradition des Pharisiens ». C'était une déspiritualisation, une matérialisation des Saints Livres interprétés à leur façon. [...]

Tout ce qui a passé sur terre, Jésus fut le plus humble, le plus doux, et le plus patient des êtres. Mais lorsqu'il entend les Pharisiens et les voit à l'œuvre, il abandonne toute douceur et toute patience, il fulmine contre eux des jugements divins d'une sévérité inouïe et que seule son autorité de Verbe de Dieu peut justifier. [...]

Or, après deux mille ans, c'est ce même Pharisaïsme maudit par le Christ qui est à la base de la secte judaïque d'aujourd'hui. [...]

LE TALMUD

Le Talmud est, pour le judaïsme pharisaïque des vingt derniers siècles, l'interprétation et la codification pratique des livres de la Torah (Ancien Testament). C'est « la tradition des Pharisiens » mise par écrit au cours de cinq siècles, l'ensemble des commentaires, des décisions, des recommandations, bref de la jurisprudence des Pharisiens et Rabbins.

Il faut admettre qu'il y a dans le Talmud des pages de sagesse et de beauté. Mais par contre, il y a des centaines de pages d'une déconcertante vulgarité, de bassesse dégradante, de haine incompréhensible, de blasphème et de lèse-divinité, d'orgueil racial sans borne et d'intolérance fanatique. Les idolâtres y sont voués à toutes les condamnations, surtout les pires idolâtres chrétiens qui adorent l'Eucharistie ; et Jésus le Nazaréen, objet de cette adoration, est proclamé imposteur, blasphémateur, enfant illégitime, fils d'une prostituée et d'un soldat grec (comme dans le *Sefer Toledot Yeshou, Livre de la vie de Jésus*), digne de cinq supplices infamants. [...]

UNE RÉACTION NATURELLE DE DÉFENSE

Dans son livre *L'Antisémitisme, son histoire et ses causes*, le Juif Bernard Lazare attribue au Talmud et à l'esprit qu'il développe « l'insociabilité » des Juifs et un grand nombre des répressions qu'ils ont subies à travers les âges. Pour cet historien, l'antisémitisme vient des Juifs eux-mêmes, disant que là où le Juif entre pour la première fois et où l'antisémitisme n'existe pas encore, c'est le Juif qui l'apporte avec lui, à cause de ce qu'il est et de ce qu'il va faire, la semence de la réaction défensive anti-juive.

Si l'antigentilisme, ou haine farouche des non-juifs, est d'origine et d'essence religieuse à cause de l'enseignement du Talmud, on peut dire que le progentilisme que les Juifs appellent

« l'antisémitisme » est de la même origine religieuse juive, par voie de réaction. Samuel Roth va jusqu'à dire que « l'antisémitisme », défense spontanée contre une attaque, est aussi normal et naturel que le clignement de la paupière lorsque l'œil voit un objet ou un moustique se jeter sur lui. [...]

Seuls les Juifs ont une âme, seuls ils sont aimés et chéris de Dieu, seuls ils sont le peuple élu appelé à dominer la terre, à régenter les Goyim ou Gentils non-juifs, à exploiter leurs personnes et leurs biens comme on le fait des animaux : voilà l'enseignement du Talmud. [...]

Les Juifs nous parlent sans cesse d'antidiscrimination, d'antiracisme, d'antici et d'antiça. Pourtant, avec le Talmud, ne sont-ils pas les plus furieux, féroces et intolérants des discriminateurs ? Ne sont-ils pas, ce qu'il y a de plus fanatique, de plus extrémiste, de plus radical, de plus obsédé et de plus sauvage sur notre planète ? Quelle est, en dehors du judaïsme pharisaïque, la secte ou religion qui prétend que tous les êtres humains hors de son secteur sont du bétail, des animaux, des êtres sans âme ? Cela ne s'est jamais vu ou entendu en dehors du pharisaïsme talmudique juif. Seuls les Juifs déchus du Mosaïsme sont capables de pareil enseignement. Ce qu'il y a de plus bas ou de plus arriéré sur terre en fait de paganisme n'a jamais été capable d'imaginer rien de tel.

De toutes les croyances, religions, sectes qui ont passé sur notre planète, une seule, la pharisaïque-judaïque, a enseigné que les êtres humains non membres de son bercail sont des animaux, du bétail, des êtres sans âme. Peut-il y avoir encore sur cette terre de pire discrimination raciale-religieuse, de plus atrocement fanatique intolérance, de plus sauvage négation de la dignité de la personne humaine ? L'histoire des temps les plus reculés, de l'antiquité, du Moyen Âge et des temps modernes n'en donne pas d'autre exemple que le pharisaïco-judaïsme. C'est plus que de la barbarie, c'est de l'animalisme, du satanisme. C'est le tréfonds de la bassesse où peut sombrer ce qui, pendant vingt siècles avant le Christ, a porté la gloire la plus illustre de la sagesse. C'est l'ultime mystique de la haine, de l'anti-charité, de l'anticivilisation. [...]

La haine attire la haine, le mépris engendre le mépris, souvent avec des conséquences physiques déplorables. La pire source de haine, de mépris, d'intolérance, de racisme en ce monde réside dans le Talmud des Pharisiens, livre de base du Judaïsme. Car, comme l'affirment à l'unanimité, encyclopédies, historiens, docteurs et savants juifs, sans le Talmud il n'y aurait plus de judaïsme, son pharisaïsme deviendrait impossible.

Que le Talmud disparaisse parmi les Juifs, et que seuls demeurent les saints livres de l'Ancien Testament, automatiquement et immédiatement l'antigentilisme juif disparaîtra, et en même temps ce qu'on appelle « antisémitisme », sentiment naturel de défense. Il n'y a pas de réaction sans une action préalable. Dans le cas des rapports Juifs-Gentils, l'action est l'assaut du talmudisme qui veut avoir droit de cité parmi les Gentils, la réaction est la défense naturelle, normale, automatique, autopathique des Gentils contre un code qui les met en état d'animalité. [...]

Que le Talmud enseigne aux Juifs que les non-juifs sont des animaux sans âme, du bétail exploitable à merci, des bêtes dont « la meilleure mérite d'être tuée », etc., c'est leur affaire de croire à cette sottise ou non. Mais c'est un droit strict, naturel et national, pour les Gentils de toutes races, de se défendre contre cette prétention et surtout contre toutes manœuvres inspirées par cette prétention, dans tous les domaines de l'activité humaine. Le talmudisme est « haine et mépris des Gentils », l'antisémitisme est amour et sacrifice en défense des Gentils attaqués, persécutés, diffamés, exploités. [...]

PERSÉCUTÉS ET PERSÉCUTEURS

À lire et écouter les Juifs de tous siècles et tous endroits, ce seraient les pâtiras, les souffre-douleur, les boucs émissaires de notre planète. Les peuples de tous les continents et toutes les époques ne seraient que des bêtes méchantes, malicieuses et sadiques faisant souffrir les Juifs avec plaisir par pure haine raciale et religieuse. En somme, c'est l'éternelle rengaine du Talmud : les Juifs sont bons, les Gentils sont méchants, les Juifs ont raison, les Gentils ont tort. [...]

Pourquoi les Juifs modernes, « seuls humains ayant une âme », s'acharnent-ils avec tant de parasitique insistance contre les livres sacrés et les rituels des chrétiens ? Parce que, comme leurs chefs pharisiens au temps du Christ, ils ne peuvent subir la Vérité. Comme disent nos compatriotes de langue anglaise : « *They can't take it.* » Ensuite, il y a le fait que les Juifs, par leur vacarme mondial, veulent faire oublier que le Talmud condamne toujours, encore aujourd'hui, le Christ comme imposteur, séducteur, blasphémateur, digne de cinq peines de mort infamantes. Les Juifs veulent se faire absoudre du crime de déicide, mais ils se refusent à absoudre le même Christ des crimes d'imposture, séduction, blasphème, etc., qu'ils Lui attribuent !

Il est évident que Jésus est venu souffrir Sa passion et mourir pour les péchés de tous les hommes, même ceux des Juifs. C'est la cause lointaine et générale de Sa mort. Mais quelle est la cause prochaine, immédiate et locale ? Il n'y a qu'une réponse : les Juifs. Le nier serait nier l'histoire et les Livres saints. [...]

Ce ne sont ni les Évangiles ni les rituels chrétiens qui sont cause de « l'antisémitisme » en Occident. À les lire, les chrétiens n'ont qu'une immense pitié, qu'une inexprimable commisération pour les Juifs, pour lesquels ils ne cessent de prier afin que leur fantastique et incompréhensible aveuglement prenne fin. La cause de « l'antisémitisme », en Occident comme en Orient, au nord comme au sud, c'est le Talmud, qui fait des Juifs ce qu'ils sont, qui les rend intolérants du christianisme en Chrétienté, de l'islamisme en Islam, qui les proclame seuls êtres humains ayant une âme et ayant tous droits sur les Goyim ou non-juifs animaux sans âme, les rendant ainsi parasites et insociables parmi tous les peuples de la terre. Ce que les Juifs n'ont jamais pu ni ne peuvent encore comprendre, c'est que les peuples non-juifs ne peuvent ni ne veulent accepter ce statut de simple bétail évolué, ne veulent pas se laisser faire, résistent et réagissent à toute attaque juive. [...]

JUDAÏSME ET COMMUNISME

[...] Le communisme est une maladie dans notre civilisation occidentale, et le judaïsme est le microbe porteur de cette maladie. Le communisme est une Barbarie en guerre contre la Civilisation. Le communisme est un Messianisme matérialiste juif, déchaîné contre le Messianisme spiritualiste chrétien.

Vouloir combattre la tuberculose en ignorant délibérément le bacille de Koch serait de la sottise. C'est pourtant ce qu'ont fait nos docteurs, nos « intellectuels », nos grands bavards qui se sont levés comme champions professionnels de l'anticommunisme. Plus ils ont combattu le communisme en fermant les yeux sur son origine et ses causes, plus le communisme a fait de progrès. Ils voulaient paraître des messieurs respectables, des gens « très comme il faut », ils craignaient l'épithète « antisémite » ou la diffamation personnelle, et ils n'ont réussi qu'à aider l'ennemi en lui faisant de la réclame « par suppression de la vérité ».

Certains, qui dénonçaient la malaria avec éloquence, qui baissaient pieusement les yeux devant les tourbillons de moustiques injecteurs de la maladie, qui accordaient leur première charité aux moustiques dans l'ardent désir de les voir abandonner leur nocivité, ont fini par prendre eux-mêmes la maladie ; et quelques-uns d'entre eux, à leur tour, sont devenus transmetteurs de fièvre paludéenne. [...]

Le communisme est une négation totale de : Dieu, l'âme humaine, un monde dans l'au-delà, la Révélation, la nécessité de religion, la morale révélée éclairant la moralité naturelle, les droits sacrés de la famille, la propriété privée, l'initiative personnelle, la libre entreprise, le marché libre.

En regard de ces négations formelles par le communisme (socialisme marxiste), la civilisation chrétienne occidentale oppose des affirmations positives et constructives de ces réalités et nécessités.

Qu'est-ce que le communisme, anticivilisation ou barbarie d'esprit juif, en opposition aux affirmations de notre civilisation occidentale, propose pour les remplacer ? Rien sauf la terreur comme on l'applique aux animaux, l'État-prison où tout le monde est égal dans la pauvreté et l'animalisme, et d'où il ne peut s'enfuir sans recevoir une balle dans le dos. [...]

Toutes les négations de l'anticivilisation judéo-communiste, de la barbarie marxiste, sont dans le parfait esprit du Talmud. Elles s'adressent à ces bêtes, ces animaux sans âme que sont les Goyim, les Gentils. [...] Pas surprenant [...] que tant de publications juives aient si souvent reproduit que le haut idéal du communisme concorde parfaitement avec le haut idéal du judaïsme, et aient acclamé Karl Marx comme « le second Moïse » qui doit conduire les Juifs dans la terre promise des temps modernes. [...]

La civilisation christo-occidentale ne semble plus avoir de logique, probablement parce que tant de ses chefs ont avalé et digéré les sophismes des Juifs orientaux et non chrétiens, qui se sont glissés dans cette civilisation. D'elle-même, parce que les Juifs le demandent et qu'elle veut leur plaire, cette civilisation se sécularise, se laïcise, se socialise, se judaïse, se communise, se matérialise. Au lieu de combattre son mortel ennemi, elle se penche vers lui avec un sourire faux et grimaçant ; comme une bête terrorisée, elle copie, elle singe, elle accepte ses manières, dans son espoir de colombe blanche qui ne veut pas être avalée par le serpent. [...]

Le judéo-communisme de Marx & Cie ne considérait le bétail sans âme des Gentils que comme des animaux. On sait que les animaux n'ont ni vie religieuse, ni vie intellectuelle, ni vie culturelle. Ils n'ont que la vie économique : vivre et se reproduire, c'est-à-dire manger, se gîter, se défendre contre le froid, la chaleur, les intempéries, les ennemis, et faire des petits.

Il est arrivé que ça ne marchait plus sur les roulettes, c'était « *kaput* » au paradis des travailleurs. C'est bien beau le « bien commun », « la communauté » forcée, mais lorsque tout le monde y travaille pour tous les autres sans avoir jamais sa chance personnelle d'avancement, le « stakhanovisme » disparaît bien vite et chacun cherche à se procurer le plus possible en travaillant le moins possible, en produisant le moins possible puisque ce n'est pas pour soi. On s'est aperçu que l'être humain a quelque chose de plus que les animaux qui vivent en société, comme les abeilles et les fourmis. Il a son « moi » qui en fait une personne, un être qui se situe au centre du monde puisque tout le reste du monde est autour de lui. [...]

GUERRE ET CRIMES DE GUERRE

[...] Pendant des siècles la civilisation occidentale et chrétienne a essayé d'éliminer les horreurs et d'adoucir les rigueurs de la guerre, de la rendre moins inhumaine et moins cruelle. On tenta d'y injecter l'esprit de la chevalerie et le sens de l'honneur. Se déshonorer en combattant devint l'une des choses que craignit le plus le génie occidental. Cela conduisit à la guerre en dentelles des gentilshommes qui se criaient « Tirez les premiers, messieurs les Anglais », « Après vous, messieurs les Français. » Puis à l'esprit de Bréda, si bien illustré dans « le tableau des Lances » de Vélasquez, où l'on voit le général vainqueur relever amicalement son vaincu en lui signifiant que la guerre est finie et que c'est maintenant la paix qui règne. Puis ce furent les conventions internationales interdisant de frapper les civils non combattants, la convention de Genève relative aux prisonniers de guerre et autres ententes entre peuples civilisés.

Tout cela s'est écroulé avec le commencement de la Révolution mondiale en 1914, date d'une guerre qui ne s'est jamais terminée depuis. (En 1943 Churchill disait : « C'est la guerre de 1914 qui continue. ») Cette première phase de la Révolution mondiale (1914-1918) plongea l'Occident dans un abîme de haine et de sauvagerie, chose inévitable puisque tout n'était que Mensonge, que le Mensonge engendre la Haine, que la Haine engendre la Férocité. De tous les buts de guerre proclamés, sans aucune exception, aucun ne fut atteint ; de toutes les promesses solennelles, sans aucune exception, aucune ne fut réalisée. Tous les belligérants furent perdants, même notre alliée la Russie

(1914-1918). Le seul vainqueur fut le judéo-communisme qui apparut à la grande stupéfaction de tous et qui se déclara en guerre contre la Culture-Civilisation chrétienne occidentale. Ceux qui ont dépensé des millions de dollars en enquêtes et recherches pour connaître les origines et les causes du judéo-socialisme installé en Russie Soviétique ont découvert que non seulement la Juiverie internationale était la grande responsable, mais encore qu'elle était responsable de cette Première Guerre mondiale qui avait décuplé sa richesse, sa puissance, son contrôle sur tous les médias internationaux de propagande. Il y a là-dessus une bibliographie abondante sur des faits précis entrés dans l'Histoire et qu'on ne peut plus nier. [...]

Il fallait nécessairement une deuxième guerre mondiale pour élargir les conquêtes de la Révolution mondiale par le judéo-communisme bien installé en Russie. Lorsque, en 1938 et 1939, j'écrivais sans répit et je courais un peu partout au Canada pour dire qu'une deuxième guerre mondiale était inévitable, voulue, délibérément complotée pour renverser les empires européens de l'homme blanc et répandre le judéo-communisme dans le monde, afin de détruire la Civilisation chrétienne occidentale, judéo-sionisme et judéo-communisme se liguaient pour me dénoncer comme un alarmiste, un prophète de malheur, un trublion national, un obsédé, un « méchant nazi-antisémite ». [...]

Celui qui peut le mieux expliquer le pourquoi d'une guerre est indiscutablement celui qui déclare cette guerre. La guerre de 1939-1945 fut déclarée à l'Allemagne, au nom de la France et de l'Angleterre, par le Premier ministre Sir Neville Chamberlain, le 3 septembre 1939. Lorsque l'ambassadeur américain à Londres, M. Joseph P. Kennedy (père du président assassiné en 1963), demanda à Sir Neville le pourquoi de cette guerre, le Premier ministre anglais lui répondit que : il n'avait pas voulu cette guerre ; que sans le harassement constant de Washington (Roosevelt et ses Juifs) cette guerre n'aurait jamais eu lieu ; que la Pologne n'était une cause de guerre ni pour la France ni pour l'Angleterre ; que l'Angleterre avait été forcée de faire cette guerre par Washington et par la Juiverie mondiale. [...]

Le ou les plus grands criminels de guerre imaginables sont donc ceux qui imposent une guerre mondiale inutile à des gens qui ne veulent pas la guerre quand il n'y a pas de cause de guerre. Ces criminels sont responsables de tous les morts juifs ou gentils, de tous les tués et blessés, civils comme militaires, des bombardements stratégiques et des combats sur champs de bataille, des villes anéanties, des atrocités et spoliations, des déracinements et déplacements de millions de réfugiés, des dictatures sanguinaires imposées dans trente pays que la guerre devait délivrer de la tyrannie et du despotisme. C'est à se demander si tout le vacarme mondial fait par les Juifs avec leurs victimes de guerre n'a pas pour but unique de faire oublier aux Gentils leurs 60 000 000 de morts, leurs 100 000 000 d'éclopés et sans-foyer, leurs dizaines de millions de veuves et d'orphelins de guerre, leurs millions de vétérans de tous pays trompés et trichés dans leurs idéals de guerre, leurs cités anéanties, les centaines de milliards de dollars gaspillés en pure perte et en dettes (surtout aux banques internationales juives) dans une... « guerre inutile, sans cause de guerre, imposée par la Juiverie mondiale » (s'il faut en croire les deux Premiers ministres Chamberlain et Churchill). [...]

De même, s'il faut en croire les auteurs anglais les plus impartiaux, si le Pape Pie XII avait eu à dénoncer les « crimes de guerre », c'est d'abord l'Angleterre et les États-Unis (bien avant l'Allemagne et la Russie) qu'il aurait été obligé de condamner devant la conscience universelle. Le juriste anglais F.J.P. Veale dans *Advance to Barbarism*, le major-général anglais J.F.C. Fuller dans *The Second World War, 1939-1945*, le capitaine naval anglais Russell Grenfell dans *Unconditional Hatred*, imités par bien d'autres, affirment que c'est d'abord l'Angleterre de Churchill qui décida de mettre de côté toutes les lois et usages de guerre occidentaux pour bombarder les civils et non-combattants sans défense, dans les secteurs résidentiels afin de briser le moral des soldats et des travailleurs allemands, et que l'Allemagne se contenta de protester pendant des mois et des mois avant de riposter. Ils affirment aussi que le déchaînement mondial sans précédent d'une propagande de haine et super-haine (elle était aux mains des Juifs) appelant tous et chacun à haïr, exécrer, mépriser, tuer sans merci, massacrer les survivants, etc., etc., ne fut pas le fait des Allemands ou des Russes durant les premiers mois de la guerre. Dès le début de mai 1940, ce fut une guerre de barbarie, de sauvagerie et de férocité uniques dans les annales de l'Occident. On s'acharna contre les femmes et les enfants, abolissant ainsi des siècles de coutume et de jurisprudence civilisées. Le général Fuller y consacre un chapitre intitulé « la guerre et la moralité ». Bref, ce fut une guerre d'esprit antioccidental et antichrétien, un esprit étranger à l'Europe.

L'ALLEMAGNE ET LES JUIFS

Lorsque le caporal autrichien Adolf Hitler accéda au pouvoir en Allemagne par l'élection régulière de janvier 1933 et fut invité à former un gouvernement par le maréchal-président Paul von Hindenburg, le pays était au plus bas tréfonds de la misère et du désespoir, juste au bord de l'abîme judéo-communiste. Berlin était la capitale mondiale de la propagande communiste. Le pays comptait plus de six millions et demi de chômeurs. Les Juifs contrôlaient presque entièrement les moyens de propagande : presse, radio, théâtre, cinéma, maisons d'édition, une forte partie des banques et des chaires universitaires, du commerce, de certaines industries spécialisées, de sièges à la magistrature et la grande majorité des postes de médecins dans les hôpitaux. Le pays était complètement désarmé et de petits voisins, comme la Tchécoslovaquie, armés jusqu'aux dents, auraient pu à leur gré envahir et vaincre l'Allemagne presque sans effort. Hitler prétendait que la Juiverie tenait l'Allemagne dans cet état afin de la conduire au judéo-communisme. Il prétendait que le Juif, oriental et généralement antichrétien, est incompétent et inapte à imposer sa vision des choses et sa conception de la vie aux Occidentaux chrétiens, surtout aux postes ultra-délicats de la finance, la justice, l'enseignement à tous les degrés, la législation ou l'interprétation des lois ; que, le jour où l'Allemagne et les activités allemandes retomberaient sous le contrôle d'Allemands, le pays retrouverait comme par enchantement sa vigueur, sa prospérité, sa considération et son honneur parmi les autres grandes nations de la terre. Hitler écarta donc les Juifs de tous les postes de contrôle et de tous les organismes délicats, avec ce résultat qu'en moins de quatre ans tout chômage avait disparu, il y avait pénurie de main-d'œuvre, la prospérité allemande faisait l'envie du monde et surtout d'une Amérique encore empêtrée avec ses douze millions de chômeurs, avait doublé son commerce international malgré un boycott juif mondial, avait arraché des cris d'admiration même à Winston Churchill, qui souhaitait la venue d'un Hitler anglais à Londres si jamais l'Angleterre tombait aussi bas que l'Allemagne était tombée. [...]

Les Juifs redoutaient la venue de tout gouvernement national fort, en Allemagne plus qu'ailleurs. Dès 1928, le grand chef sioniste V. Jabotinsky écrivait qu'il fallait à tout prix empêcher la venue de tout gouvernement stable et fort en Allemagne, ajoutant que « les Juifs ne peuvent vivre de façon prospère dans un État à esprit national puissant ». Le lendemain même de la déclaration de la guerre, le 4 septembre 1939, les publications juives de presque tous les pays du monde commençaient d'annoncer que c'était « la guerre des Juifs », que les Juifs avaient « été en guerre contre l'Allemagne dès le premier jour de l'accession d'Hitler », que « tous les Juifs du monde étaient ennemis de l'Allemagne », etc., etc. [...] Samuel Untermeyer, de New York, avait été le premier, dès 1933, à annoncer « la guerre sainte » et « le boycott économique mondial » des Juifs contre l'Allemagne. Le *New York Times* du 7 août 1933 consacra plus d'une page à sa déclaration de guerre, qui fut répétée par divers postes de radio américains.

Sur la scène financière et économique, le monde vit se dérouler une bataille de titans entre le génie occidental et le génie juif. Plus la Juiverie accentuait son boycott, plus l'Allemagne imaginait des moyens de le contourner et d'augmenter sa prospérité, tout en remplaçant partout, à travers le monde, ses anciens agents ou correspondants commerciaux juifs par des Gentils. Devant tant de succès, que l'on avait cru impossible, divers pays d'Europe se mirent à imiter l'Allemagne, se rapprocher d'elle économiquement et politiquement, ce qui devenait dangereux pour les pays sous contrôle juif.

C'était dangereux, surtout et par-dessus tout, pour le judéo-communisme antichrétien et antioccidental qui s'était préparé à sa phase de grande expansion, la deuxième phase de la Révolution mondiale.

Il n'avait plus qu'à parler de guerre armée ou guerre chaude, à préparer les esprits à cette guerre, à rendre cette guerre inévitable. La propagande du temps, surtout dans les grandes publications juives ou sous contrôle juif, le fit avec un art consommé, avec une frénésie qui indiquait une certaine panique devant la menace au messianisme matérialiste déjà si avancé. [...]

Depuis quelques années, des auteurs de plus en plus nombreux publient des documents attestant que l'Allemagne voulait éviter la guerre à tout prix, qu'elle avait besoin de la paix pour démontrer au monde ce que son système pouvait produire en fait d'abondance et de prospérité. Dès 1937, Hitler mettait la Juiverie mondiale en garde contre le désir d'allumer une deuxième guerre mondiale, ajoutant que si la chose arrivait, il verrait à ce que les Juifs paient leur impôt du sang comme les autres peuples européens. D'ailleurs, avant de mourir, il écrivit dans son testament qu'il avait très clairement prévenu les Juifs que, advenant une nouvelle guerre mondiale provoquée par eux, il ne se gênerait pas de leur appliquer la loi juive du talion, vie pour vie, sang pour sang. Jusqu'à quel point fut-il donné suite à cet avertissement politique ? On ne le saura peut-être jamais. Et quelle justification morale peut-on y apporter, dans une guerre où toutes les lois de l'humanité furent violées de tous côtés, où par exemple en une seule nuit plus de 120 000 femmes et enfants non-juifs furent brûlés au napalm par des centaines d'avions dans une ville refuge proclamée ville ouverte (Dresde), où les bombes atomiques réclamées par la fameuse lettre d'Albert Einstein devaient anéantir plus de 200 000 civils non-juifs dans un Japon aux armées vaincues et qui avait demandé à la Russie de faire des offres de paix ? [...]

L'ÉGLISE ET LES JUIFS

Si l'Église a tant combattu le Talmud qui défigure l'esprit de l'Ancien Testament, si elle a si souvent promulgué pendant dix siècles des règles pour empêcher que les baptisés ne tombent sous l'autorité des circoncis, elle n'en a pas moins été, toujours et en tous lieux, la plus grande protectrice des Juifs contre la violence des foules exaspérées, que ce fussent l'Église romaine, l'Église orthodoxe ou l'Église des baptisés protestants. Il semble que l'Église a besoin de la survie des Juifs jusqu'à la fin des temps, afin d'avoir toujours, en ce monde et jusqu'au moment du jugement dernier, les vrais témoins apostats de sa légitimité, de son authenticité, de sa vérité, de son « Verbe qui ne passera pas » même si le ciel et la terre peuvent passer, par bombe atomique ou autrement. [...]

LES MAHOMÉTANS

Je dois admettre que, comme chrétien, j'ai une certaine sympathie pour les Mahométans. Tandis que le Talmud des Juifs qualifie Jésus d'imposteur et blasphémateur, et Marie Sa mère de prostituée, le Coran [...] honore Jésus en le proclamant le plus grand des prophètes et affirme que Marie Sa mère était réellement vierge. Là où le Talmud judaïque affiche une haine rageuse et un irrespect bien pharisaïque des sources du christianisme, le Coran mahométan affirme une haute considération et un grand respect. [...]

LES PROCÈS D'APRÈS-GUERRE

Les grands procès d'après-guerre, ceux de Nuremberg, Tokyo, Jérusalem et autres, furent faits pour diverses raisons.

La première était de prouver que l'ennemi avait tort, qu'il était seul responsable des guerres, et qu'il était un barbare anticivilisé. La seconde était de punir comme il convenait d'aussi grands criminels, dont la défaite suffisait à prouver le tort.

Dans l'antiquité païenne, on était trop honnête, on respectait trop la vérité, pour salir la Justice dans des simulacres de procès, faits par les autorités pour cacher leurs propres responsabilités et justifier leur agréable vengeance. *Væ victis !* tel était jadis le mot d'ordre des vainqueurs. Il leur fournissait l'occasion de jouir d'un triomphe facile et de tuer les vaincus sans forme de procès.

Mais, en notre XXe siècle, qui accumule des montagnes de jurisprudence révolutionnaire, il faut au moins des procès avant de tuer son ennemi vaincu. [...] Lorsque l'on pendit, à Nuremberg, les chefs d'État, les maréchaux et les amiraux vaincus, le sage et pondéré sénateur Taft, chef du parti républicain des États-Unis, déclara solennellement : « C'est une tache ineffaçable sur le drapeau étoilé de notre République ! » Cette seule phrase devait lui coûter la candidature présidentielle, lors de la convention républicaine qui suivit sa déclaration.

Comme tout le monde, Taft avait constaté que le Procès de Nuremberg n'était qu'un cirque judiciaire, une farce grotesque, où tous les éléments de la justice et de l'équité étaient ignorés. Le tribunal de Nuremberg avait été formé en vertu de la Convention de Londres (1943), qui stipulait clairement que les crimes imputés aux ennemis ne pourraient en aucune façon être imputés à leurs vainqueurs. C'était déjà la négation de toute Justice. Car, pour être juste, une loi doit être appliquée à tous, surtout si c'est une loi de portée criminelle, et elle doit atteindre quiconque viole ses prescriptions. Cette injustice fondamentale entraîna toute une série d'autres injustices.

Les vainqueurs, parties à la cause judiciaire, se firent accusateurs, juges et bourreaux. Ils érigèrent un tribunal qui ne fut pas international, neutre, impartial, mais uniquement et exclusivement un tribunal de vainqueurs.

Ils proférèrent contre leurs vaincus des accusations de crimes qui n'existaient dans aucune loi au monde, qui n'ont jamais été et ne sont pas encore définis dans aucun Code criminel, par exemple : les accusations d'agression, de crimes de guerre, de crimes contre l'humanité. Pour ces prétendus crimes, il n'a jamais été prévu de recours, ni de procédure, ni de peine. [...]

Au procès de Nuremberg, les accusés n'eurent pas le droit de contester la juridiction du cirque-tribunal, comme le permettent les normes de la jurisprudence occidentale admise par tous les pays civilisés ; ils n'eurent pas le droit de se choisir des avocats-défenseurs de leur choix ; le temps de leur défense fut strictement limité (surtout pour parler de justice *ex-post facto*). [...]

En 1948, le World Jewish Congress (Congrès juif mondial) a rédigé, patenté, publié et répandu un livre intitulé *Unity in Dispersion*. Dans ce livre, le C.J.M. se décrit comme une espèce de gouvernement mondial pour tous les Juifs du monde, avec ce qui ressemble à des ministres de cabinet et des ministères variés. Dans ce livre aussi, le Congrès juif mondial se vante d'être accrédité auprès des Nations Unies [...] ; il se vante d'avoir eu le monopole exclusif de la préparation des preuves d'atrocités devant être soumises aux procès des criminels de guerre. [...]

Par décision de la justice antioccidentale et antichrétienne de Nuremberg, on a pendu des milliers d'Allemands occidentaux et chrétiens, à cause de ce « monopole exclusif des preuves d'atrocités fournies par le Congrès juif mondial »... Puis, l'on s'est aperçu en haut lieu que ces preuves n'étaient que des inventions, des fabrications, des torrents de parjures, des extorsions d'aveux obtenus par la torture. À mesure qu'une enquête officielle du gouvernement d'Adenauer (pourtant favorable aux Juifs) révélait que, sur tout le territoire allemand, il n'y avait jamais eu de chambres à gaz ou de fours crématoires, le gazage et la crémation des Juifs se déplaça vers la Pologne. On en est rendu aujourd'hui, pour le seul camp d'Auschwitz, à compter près de 4 500 000 victimes de gazage et de crémation, ce qui, avec les moyens attribués à ce camp, aurait normalement pris au moins 120 ans, d'après les calculs les plus précis des scientistes experts en la matière ! [...]

Tout serviteur de la Vérité peut faire venir de la Librairie du Parlement des États-Unis (*Library of Congress*, Washington, D.C.) le rapport du Juge Edward L. Van Roden, chef du Comité judiciaire de révision, sur les procès antinazis qui valurent la peine de mort à des milliers d'innocents en Allemagne. On pourra y lire comment les Juifs ou l'esprit juif y rendirent justice dans la période qui suivit immédiatement la Deuxième Guerre mondiale.

Des centaines de jeunes officiers allemands furent frappés à coups de pieds dans le ventre, jusqu'à ce que (dit le rapport officiel américain) ils devinssent impotents en permanence, afin de leur faire signer de fausses confessions de culpabilité... Dans d'autres cas, de faux prêtres leur furent envoyés dans leurs cellules, pour les confesser et essayer par tous les moyens de leur extorquer des aveux. Dans d'autres cas encore, on faisait subir aux accusés des procès en chambre noire : on les déclarait coupables et on les condamnait à mort ; puis aussitôt après, on allait leur dire : « Vous avez une chance de sauver votre vie et celle de vos parents qui partagent moralement vos crimes : signez la confession écrite que nous vous présentons, vos parents ne seront pas inquiétés et vous-même vous aurez la plus grande chance d'obtenir une commutation de peine ; sans quoi, vous serez mis à mort dès demain... » Pour l'amour de ses parents et dans l'espoir d'avoir la vie sauve, le condamné signait la confession préparée d'avance par ses accusateurs. Quelques jours après, il subissait un procès en public et, sur la foi de ses propres aveux (extorqués on sait comment), il était condamné à mort et exécuté. [...]

SUIS-JE UN ENNEMI DES JUIFS ?

Personnellement, comme chrétien, je n'ai rien à pardonner aux Juifs, puisque je ne considère pas qu'ils m'ont offensé ou nui. Ce qu'ils ont fait, ils l'ont fait suivant leurs buts et leurs causes, non pas comme *inimici* (ennemis personnels) mais comme *hostes* (ennemis publics supra-personnels)... C'était de bonne et franche guerre, sauf dans leurs moyens, qui étaient le mensonge et la fourberie. Je leur ai donné des coups loyaux, m'appuyant toujours sur leurs grands penseurs ; ils m'ont donné des coups déloyaux, s'appuyant sur le mensonge et l'attribution d'intentions inexistantes. C'est dans leur nature de combattre avec pareilles armes. Je le savais et ne puis m'en plaindre puisque dans toute guerre, surtout la guerre défensive pour sa Culture et sa Civilisation, on doit s'attendre à subir des coups et faire des sacrifices. Le vrai chrétien ne peut pas être un haineux, puisque sa religion est à base de charité et que, dès le moment où la haine entre dans son cœur, il manque au principal commandement de notre divin Maître : l'amour de Dieu et du prochain. Parce que le haineux n'agit plus alors en chrétien. Quiconque, parmi les baptisés du Christ, cède à la haine et à la violence qu'elle entraîne, celui-là devient judaïsé, gagné à la Synagogue ennemie du Christ. [...]

LES RAISONS DU MYTHE DES SIX MILLIONS

La propagande mondiale juive ne cesse de rabâcher interminablement son mythe des six millions de Juifs massacrés pendant la Deuxième Guerre mondiale. Elle veut que nous acceptions aveuglément, sans discuter ni rien dire, ce nouveau dogme de foi intangible, inattaquable. À mesure que les croix disparaissent dans les écoles d'Occident, sous l'influence juive, surgissent partout, depuis 15 ans, des monuments, des stèles, des plaques, des parchemins, des films... à l'inoubliable mémoire des six millions de victimes juives !

Pourquoi tant d'insistance à redoublement de tintamarre mondial, comme l'obsession d'une incantation qu'on veut nous faire absorber ? C'est pour faire oublier par les Gentils la responsabilité et la culpabilité des auteurs d'une guerre sans cause de guerre et qui fut inutile, d'une guerre imposée uniquement en vue de faire crouler les empires occidentaux et pour répandre le judéo-communisme sur toute la terre, d'une guerre qui a coûté la vie à plus de soixante millions de Gentils que les Juifs disent sans âme, d'une guerre qui a coûté des membres et la santé à autant de vétérans militaires et de civils, d'une guerre qui a ruiné des dizaines de millions d'autres Gentils qui ont perdu leurs biens, leur patrie... et tout cela... au nom d'un rêve utopique qui se nomme le messianisme matérialiste juif. Dans la cave la plus sombre, par la nuit la plus noire, il suffit de la lumière d'une petite bougie pour que les ténèbres soient vaincues. C'est cela, la force de la Vérité. [...]

KOL NIDRE[1]

[...] Un rabbin m'a dit : « C'est comme pour vous, chrétiens, c'est le pardon des péchés. Vous allez à confesse et vous êtes délié. » Je lui répondis qu'un chrétien reconnaît ses péchés après les avoir commis et qu'il ne se sent délié qu'en les regrettant, en ayant le ferme propos de ne pas recommencer et surtout en essayant de réparer le tort qu'il a pu commettre à ses semblables ; tandis que la prière juive de « Kol Nidre » absout et pardonne les péchés, et en délivre de tout effet, douze mois à l'avance, avant même qu'ils soient commis, et elle ne comporte aucune obligation de regret, de ferme propos et de réparation. Il répondit seulement par un sourire. [...]

Cette prière sans autre exemple au monde, qui ne fait mention d'aucune divinité, qui est un acte d'autopardon, sans aucune idée de réciprocité, un acte de répudiation à sens unique, cette prière est aux antipodes de toute morale naturelle, de toute moralité occidentale et chrétienne, et c'est à juste titre qu'elle rend suspect même le meilleur de ceux qui la récitent. [...]

HAUTE CULTURE-CIVILISATION CHRÉTIENNE

La civilisation occidentale et chrétienne est celle qui a le plus donné de bienfaits, d'avancement et de progrès au monde entier. Sans la Haute Culture chrétienne, cette civilisation n'aurait jamais existé. Tous les peuples occidentaux partagent de

---

[1] Prière juive d'annulation publique des vœux qui ouvre l'office du soir de *Yom Kippour*.

cette Haute Culture à laquelle chacun a apporté sa contribution et que chacun exprime dans sa langue et suivant son tempérament. [...]

Notre Haute Culture-Civilisation chrétienne constitue un messianisme de charité, de dévouement et de libération, comme des millions d'Occidentaux l'ont démontré depuis mille ans par leurs travaux créateurs dans tous les pays du monde.

Des Juifs ont inventé, financé et propagé une barbarie négative et destructive pour renverser cette Haute Culture-Civilisation et la remplacer par un messianisme matérialiste d'esclavage sous un joug de terreur.

Il n'est pas possible de renverser la Haute Culture-Civilisation chrétienne sans renverser d'abord les piliers qui la soutiennent : sa Foi et sa Morale. Des organismes ténébreux et des organismes au grand jour comme le cinéma d'Hollywood (capitale mondiale de la syphilis morale), les grands réseaux américains de radio-TV (CBS, ABC et NBC dont les présidents sont juifs) et Radio-Canada-CBC sous contrôle juif, les journaux communistes, socialistes et pseudo-chrétiens « de gauche », les entreprises de judaïsation appelées « judéo-chrétiennes », les chaires et manuels universitaires d'anthropologie « évolutionniste ou transformiste », de psychanalyse freudiste, d'économie et sociologie marinées au talmudisme, de « sciences politiques » égarant professeurs et étudiants en mille sentiers différents qui les éloignent du seul bon et qui leur font ignorer de totale ignorance les seuls vrais auteurs, bref tout cet arsenal non-chrétien ou antichrétien et ennemi du génie occidental travaille sans relâche, nuit et jour, par beau et mauvais temps, à étouffer dans l'âme des jeunes chrétiens occidentaux les germes mêmes de la Haute Culture-Civilisation chrétienne de l'Occident. Mais sans résultat définitif réel car, si l'on peut salir une âme (Culture) et distordre son corps (Civilisation), il n'est pas possible de tuer l'une ou l'autre, à moins qu'elles ne soient plus capables de réaction défensive.

Les Juifs, admis généreusement et charitablement dans l'organisme bien vivant qu'est la Haute Culture-Civilisation occidentale et chrétienne, ont agi comme un germe de distorsion, de retardement et de déviation dans le corps de cette Haute Culture-Civilisation. [...]

CONCLUSIONS

Devant la situation mondiale actuelle, devant les affirmations des Juifs qui croient que l'heure de leur messianisme matérialiste a sonné, tout Occidental chrétien qui croit au messianisme spiritualiste de Jésus-Christ plutôt qu'au messianisme matérialiste du judaïsme talmudique doit poser et accepter des conclusions finales, des conclusions de Christ à Antéchrist, de Vérité à erreur, de Bien à mal, de Justice à injustice, d'Amour à haine.

Ces conclusions, je les résumerai dans les postulats suivants, autant dans l'intérêt des Juifs, que j'aime autant que n'importe qui, que dans l'intérêt des Gentils que je défends :

1. Que les Juifs cessent de renifler et de condamner le Nouveau Testament, le seul vrai, bon, juste et divin qui prévaut depuis dix-neuf siècles, divin parce qu'il est de Dieu, et qu'ils scrutent l'insanité de leur Talmud écrit par des hommes qui ne valent guère plus que les autres hommes.

2. Que les Juifs, en Occident chrétien, cessent de vouloir « dé-occidentaliser » et « déchristianiser » ce même Occident chrétien, que ce soit par leurs Internationales du Sionisme (Juifs du capital-argent) ou du judéo-communisme (Juifs révolutionnaires), tous deux apparemment opposés comme les deux mâchoires d'une même pince mais obéissant à la même main juive qui les tient.

3. Que les Juifs qui se croient si rusés sachent que les Gentils, dans tous continents et tous pays, connaissent leur jeu de rouerie et d'hypocrisie grâce à leur invention « d'*underground* » pendant la Deuxième Guerre mondiale qu'ils ont créée comme modèle à imiter, et que chaque geste important qu'ils font est parfaitement compris.

4. Que les Juifs, qui ont été admis dans tout l'Occident avec un esprit de charité et de miséricorde, cessent de se croire les maîtres des pays d'Occident ; qu'ils cessent de vouloir en contrôler l'âme, l'esprit et le corps, c'est-à-dire la Culture et la Civilisation. Qu'ils se contentent d'être heureux, prospères et en sécurité dans des pays qui leur ont donné plus que le Congo, la terre des Bantous, l'Éthiopie, voire l'État d'Israël (l'État le plus raciste du monde) ne leur auraient donné. Mais qu'ils n'osent pas toucher ou même effleurer l'âme de la Haute Culture-Civilisation chrétienne. car (s'ils n'ont pris aucune leçon de leur histoire quadrimillénaire) ils en subiront, par le jeu normal des lois de la vie, des répercussions encore plus sérieuses qu'ils n'ont à se plaindre présentement de la dernière guerre mondiale qu'ils ont occasionnée et imposée à la Gentilité.

5. Que les Juifs, admis comme « pauvres réfugiés » et « parents de parents » chez nous, sachent une fois pour toutes qu'ils n'ont pas été admis au Canada comme « maîtres ou distorteurs de l'idée chrétienne ». Que ces asiatiques non-chrétiens (pour ne pas dire antichrétiens) sachent que nous, Anglo-Français chrétiens, fondateurs et maîtres du pays sous des rois chrétiens français ou anglais depuis 1534, ne sommes pas encore prêts à les suivre dans leur antichristianisme et leur anti-occidentalisme, même s'ils sont maîtres de la Haute Finance internationale, des consortiums internationaux qui profitent de nos ressources naturelles et nos hautes industries et commerces.

6. Que les Juifs apprennent, une fois pour toutes que l'Esprit, quand il a été trop longtemps et trop fortement comprimé, dans n'importe quelle Culture, explose dangereusement et balaie tout le matérialisme et les matérialistes compresseurs.

7. Que les Juifs cessent de vouloir nous imposer leurs haines et leurs vengeances par les organismes de propagande qu'ils contrôlent. Que les Juifs cessent de défigurer l'Histoire et la Vérité, de judaïser ou talmudiser. Ils ont déjà perdu le combat dans l'Esprit des peuples avertis, ils perdront tout ce qui leur reste s'ils s'entêtent davantage, et leurs larmes de demain n'émouvront plus personne.

8. Que les Juifs sachent que les Gentils considèrent comme haine tout ce qui attaque leurs Traditions, leur Foi, leur Patriotisme, leurs Droits séculaires, leur mode de vie, leurs libertés, et que c'est par amour que les Gentils sont prêts à se battre et même à mourir pour tout cela.

9. Que les Juifs lancent, avant qu'il ne soit trop tard et à l'exemple des Gentils, ce cri, sincère et prouvé par des faits concrets dans tous les domaines : « À bas la haine ! »

★ ★ ★

LA RÉVOLTE DU MATÉRIALISME

Causerie prononcée à Montréal
1966

VÉRITÉS SOMMAIRES

La lutte à finir qui se poursuit de nos jours sur toute l'étendue de la terre est vraiment la lutte du matérialisme contre tout spiritualisme, la bataille implacable de la matière contre l'esprit. Le communisme qui régit tous les territoires dans l'orbite de Moscou s'affirme ouvertement comme le culte et l'organisation du matérialisme ; il affirme que tout n'est que matière, qu'il n'y a ni au-delà, ni divinité, ni âme humaine. Donc, pas d'autre nécessité, pas d'autre foi, pas d'autre espoir qu'en la matière.

La plupart des autres pays non communistes sont régis de façon invisible par la Franc-maçonnerie, dont les chefs suprêmes ont exactement les mêmes convictions et visent au même but final, mais par des moyens plus détournés, plus hypocrites, dosant tous leurs mouvements dans une gradation aussi diabolique qu'habile.

Ce sont là des vérités sommaires, presque des lieux communs, que n'importe quel chercheur peut trouver en peu de temps. Mais néanmoins, ce n'est qu'une parcelle de vérité sur la question, un premier aperçu, et ce n'est pas encore suffisant pour comprendre pleinement le péril qui nous menace, pour nous en libérer, pour vaincre finalement l'ennemi. [...]

LA VÉRITÉ CACHÉE

La ploutocratie juive internationale, c'est-à-dire la Haute Banque Mondiale de l'Or, est l'autorité suprême qui conduit la vie financière et économique du monde. C'est de ce groupe que Henry Ford disait, en 1921 : « Éliminez cinquante Juifs influents, et vous n'aurez plus de guerres, de révolutions, d'effondrements économiques, de crises, de chômage ni de communisme. »

Cette ploutocratie juive des rois de la finance réside à Wall Street ; elle a autant d'influence sur le Kremlin que sur la Maison-Blanche. C'est ce qui explique que, en tout ce qui concerne l'avancement de la conspiration mondiale, Washington et Moscou ont conjugué leur action depuis 1933. Leurs mésententes ou querelles publiques, suscitées par Wall Street pour la galerie et pour dérouter l'opinion mondiale, ne nuisent en rien au progrès du complot. [...]

Cette ploutocratie juive exerce l'autorité et l'influence suprêmes sur le communisme, sur la Franc-maçonnerie et les autres associations et sectes qui en découlent.

LES HOMMES « SANS ÂME »

Les chefs suprêmes de la grande conspiration matérialiste ne sont pas des matérialistes. Ce sont ce qu'on appelle chez les ignorants de « bons Juifs », des Juifs de synagogue, qui soutiennent la synagogue, et, au besoin, pour leurs fins, soutiennent des institutions chrétiennes.

Ce qu'on appelle « le bon Juif » est plus dangereux que le Juif non pratiquant. Car le Juif de synagogue est complètement saturé de talmudisme et il croit aux enseignements du Talmud, qui a fini par prévaloir sur la Torah ou l'Ancien Testament.

Le Talmud, même dans ses éditions modernes, enseigne que le Dieu unipersonnel des Juifs, Jéhovah, ne reconnaît et n'aime qu'un seul peuple, qui est son élu, qui est le peuple saint, parce que seul le Juif a une âme ; que les autres êtres humains, les Gentils ou Goyim sont des êtres sans âme, créés uniquement pour être utiles au Juif, pour le servir, pour l'enrichir, pour être conduits et régentés par le Juif. D'après le Talmud, toutes les religions des Goyim sont des idolâtries et doivent être effacées de la terre, pour que seul le Judaïsme, la vraie religion, subsiste universellement. Lorsque seul le Judaïsme subsistera, les Goyim devront en prendre connaissance et reconnaître enfin l'onction, la royauté d'Israël, devant laquelle ils devront docilement s'incliner, en acceptant leur sort définitif de serviteurs du peuple élu. [...]

L'irréligion, l'athéisme, prêchés par le communisme et les autres organisations, ne sont qu'à l'intention des Gentils, afin de les mieux subjuguer. Si le communisme parvenu au pouvoir frappe avec tant de fureur rageuse les religions et les temples des Gentils, il ne moleste pas la synagogue. Bien au contraire. [...]

LA DOMINATION DU MONDE

En somme, la lutte du matérialisme, quand on comprend bien le fond de la question, est la lutte du spiritualisme judaïque contre tous les autres spiritualismes, particulièrement le spiritualisme chrétien. C'est le cadavre de l'Ancien Testament qui veut ressusciter et s'imposer sur les ruines du Nouveau Testament. Si, pour nous, Goyim, ce doit être une affaire d'irréligion et d'athéisme, pour les Juifs c'est une affaire essentiellement religieuse, une poussée générale de tous leurs organismes vers un messianisme terrestre, vers la domination du monde par les Juifs, la domination du Judaïsme sur la pensée humaine. Voilà la vérité, l'unique Vérité, sur la conspiration communiste, la Vérité qu'il faut taire, et je sais ce qu'il en coûte pour avoir le courage de la dire.

Si le Talmud disait la Vérité, s'il était vrai que nous n'avons pas d'âme, que nous ne sommes que du bétail, alors j'admettrais le premier que le plan juif est justifié, qu'Israël a raison et a droit d'agir comme il le fait, que son complot suprêmement logique avec ses prémisses a raison d'être et s'impose.

Mais, malgré les prétentions d'Israël, nous avons une âme, nous avons un spiritualisme, et c'est ce qui fera la perte du Juif si convaincu du contraire, c'est ce qui fera avorter son complot et réduira à néant toute sa puissance et tous ses efforts. Et puisque nous avons une âme, il y a nécessairement un monde et une vie spirituels, il y a fatalement un Esprit suprême qui a fait cette âme, il y a un Dieu, une Révélation et tout ce qui s'ensuit.

LA QUANTITÉ ET LA QUALITÉ

Trop souvent on confond le spirituel avec le surnaturel, parce que le surnaturel est d'essence purement spirituelle. Mais ce qu'on convient d'appeler la Loi naturelle englobe à la fois le spirituel et le matériel. On est presque toujours porté à ne concevoir la Loi naturelle que comme la loi régissant les choses sensibles de notre planète et du monde visible. C'est une erreur. De vraies distinctions fondamentales, il n'y en a qu'entre l'Incréé et le créé, entre l'Infini et le fini, entre le Divin et le non divin, entre le Créateur et la créature. Il est de la nature des anges d'être de purs esprits, et il y a conséquemment une Loi naturelle qui les régit ; il est de la nature des hommes d'être temporairement des esprits et des animaux, et ils tombent sous le coup de la Loi naturelle, tant pour leur esprit que pour leur corps. La Loi naturelle, dont malheureusement on ne cite trop souvent que quelques aspects, est la loi générale régissant tout le domaine du créé, soit spirituel, soit matériel. C'est la loi qui régit la nature de tout et de tous.

Et cette loi, d'après les traces qu'elle nous fait voir, comporte un équilibre, une équivalence que rien ne peut rompre, entre le spirituel et le matériel, dans le domaine humain.

Cette loi nous indique clairement que le matériel ne peut s'évaluer que par la quantité, que le spirituel ne peut s'évaluer que par la qualité. Ainsi, un homme est d'autant plus riche que la quantité de ses richesses est grande ; il est d'autant plus juste que la qualité de sa justice est affinée, intense. Et, comme il est vrai que l'esprit domine la matière, il est pareillement vrai que l'intensité du spiritualisme l'emportera toujours sur la quantité du matérialisme. [...]

Toute action, tout mouvement physique met en opération des forces qui agissent dans le monde physique et qui souvent, par leur suggestion ou autrement, influent sur l'esprit. De même, toute action ou tout mouvement de l'esprit met en opération des forces qui peuvent agir dans le monde physique.

QUAND L'ÉQUILIBRE EST ROMPU

Il y a, chez l'être humain, une espèce d'équilibre dans l'action et l'interaction du spirituel et du matériel ; lorsque cet équilibre est rompu, l'être en souffre dans l'une ou l'autre de ses parties composantes. Puisque l'esprit est d'essence supérieure à la matière, il garde toujours l'autorité prédominante, de même que l'influence supérieure. Lorsque le physique, par ses exigences et son action, réussit à prendre l'ascendant sur l'esprit, celui-ci, sans rien perdre de ses possibilités de primauté, devient comme paralysé, asphyxié par la rupture de l'équilibre. Il faudra, à l'être ainsi déséquilibré, un effort de volonté, un effort de l'esprit, héroïque, presque surhumain, pour que son côté spirituel reprenne l'ascendant sur son côté matériel. Généralement, l'affliction et la douleur sont les agents principaux qui peuvent susciter cet effort.

Il en est de même pour un peuple, pour la société en général, pour l'humanité, tout comme pour l'individu. La seule arme qui peut vaincre le matérialisme, c'est le spiritualisme. Et quand je vous dis cela, c'est uniquement en considérant la nature même de l'homme, sa composition, bien indépendamment de toute notion ou tout enseignement religieux. Car l'existence de l'esprit est, avant tout, une question de fait. Il existe ou n'existe pas.

Quand le communisme heurte de front le sens familial, le sens national, le droit de propriété, il attaque la Loi naturelle dans quelques-unes de ses manifestations ou exigences les plus évidentes. Mais il violente encore plus la Loi naturelle quand il cherche à éteindre le spiritualisme en l'homme, dont la nature est d'être à la fois esprit impérissable et corps physique périssable.

Si, comme le croit le Juif talmudiste, le Goy ou Gentil n'avait pas d'âme, rien ne pourrait arrêter la marche triomphale du communisme, rien ne pourrait empêcher la victoire complète et définitive du plan des arrière-loges. Mais leur erreur capitale, c'est de nier que les Gentils ont une âme, qu'ils ont une vie spirituelle, et surtout une pathologie spirituelle qui constitue la plus grande puissance qu'il y ait en ce monde.

Tout assaut du matérialisme contre le spiritualisme met automatiquement en mouvement, par réaction inévitable, une activité spirituelle. Et cette activité est d'autant plus efficace, puissante, que sa qualité est intense.

L'Église Catholique comprend évidemment le jeu de cette équivalence et de ces forces, lorsqu'elle les met en action par la prière, la pénitence, la volonté de sacrifice, l'acceptation de l'épreuve, qui sont de puissants mouvements de l'esprit. Ce n'est pas mon rôle de commenter les énormes forces supplémentaires qu'elle y ajoute par l'intervention du surnaturel par la grâce. C'est un tout autre domaine.

BESOIN IMPÉRIEUX ET CONSTANT

[...] De par la Loi naturelle, jamais la matière ne pourra vaincre l'esprit, sur cette terre, à moins que l'homme ne renonce délibérément à son propre esprit.

De tout temps et sous tous les climats, le besoin du spiritualisme a été aussi impérieux, chez l'homme, que ses besoins matériels et il s'est manifesté en conséquence ; ce besoin et ces manifestations se sont révélés avec une constance et une permanence telles, que nier l'existence de l'esprit chez l'homme ne saurait être que le fait d'une déficience mentale, ou l'aberration d'un aveuglement, comme seul le Talmud peut en produire.

L'ASSAUT LE PLUS ORGUEILLEUX

La lutte affreuse poursuivie contre l'esprit, contre la nature même de l'homme, constitue l'assaut le plus orgueilleux qui se soit encore vu contre la Loi naturelle. Celle-ci, qui n'est en somme que l'expression de la volonté du Créateur, n'a jamais été vaincue par qui que ce soit, sauf par Jésus-Christ, qui s'est ressuscité Lui-même. Plus on la viole, plus elle se venge cruellement. Plus fortement et plus longuement on comprime l'action de la Loi naturelle, plus violemment elle explose à la face même de celui ou ceux qui la défient. Par le spectacle que le monde nous offre depuis quelques années, la saine raison permet de croire que le point de saturation qu'il n'est pas permis de dépasser sera bientôt atteint, s'il ne l'est pas déjà ; que la réaction du spiritualisme atteint chaque jour un degré d'intensité plus vive, et que cette réponse de l'esprit dépasse de beaucoup par sa qualité la somme du matérialisme lancé dans la lutte.

Quand elle se venge, ce ne sont pas des idées que frappe la Loi naturelle ; ce sont les êtres réels qui tombent sous sa régie : hommes ou choses. Devant elle, argent, organisation, propagande, complots ne sont absolument rien. Bientôt nous verrons sa réaction faire crouler, comme un château de cartes, l'ensemble de ces organismes et ces internationales qui se croient gigantesques et tout-puissants.

LA RÉACTION SERA MONDIALE.

Jamais, dans notre mouvement, nous n'avons cru à la haine, à la vengeance, à la violence ou la brutalité, bien que nous en ayons été plusieurs fois victimes. C'est immensément pénible de voir des êtres humains, quels qu'ils soient, souffrir et gémir, même quand c'est du résultat de leur propre conduite. Mais, que pouvons-nous faire, quand la Nature elle-même déchaîne l'inflexible et inexorable justice du jeu de ses lois ?

Ceux qui ont organisé et propagé la Révolution mondiale vont l'avoir, leur révolution ; mais, dans sa dernière phase, elle se retournera contre ses auteurs.

Si le semeur de vent récolte la tempête, ceux qui ont semé le désordre et la révolte récolteront l'anarchie et une ruée aveugle contre eux-mêmes.

Ce n'est pas impunément qu'on accable l'humanité entière de guerres, de révolutions, d'orgies de sang, de persécutions, d'usure financière, de déséquilibre économique, de fausses théories et de mensonges ; ce n'est pas impunément qu'on immole en trente ans cent millions d'êtres humains, sur l'autel de ses convoitises ; la Loi veut qu'on en récolte la moisson.

Quand, à l'horloge du destin, sonnera l'heure terrible de la reddition des comptes, que des peuples entiers préparés à ne plus écouter aucune autorité, ouvriront soudainement les yeux et verront toute la Vérité, il n'y aura sur cette terre ni autorité religieuse, ni autorité civile, ni autorité militaire qui pourra se faire entendre à ces foules et les empêcher de se lancer en tumulte contre les conspirateurs qui auront torturé l'humanité.

De même que le mensonge a régné partout au même moment, de même que la conspiration a été simultanément universelle et globale, de même l'impétueuse et incontrôlable réaction sera mondiale. *Dies iræ, dies illa* : jour de colère que ce jour-là ! Et personne n'y pourra rien faire.

L'ESPRIT VA TOUT BALAYER.

Dans l'intervalle, tout ce qui peut se produire n'a qu'une importance relative et mineure. Ce qui compte, c'est la victoire finale de la Vérité sur l'Erreur, du Bien sur le Mal, de l'Ordre sur le Désordre, de l'Esprit sur la Matière. Douter un seul instant de cette victoire, c'est douter de Dieu même et de Ses lois. À quelque prix que ce soit, à quelque péril qu'on s'expose, il faut continuer de servir et proclamer la Vérité. Nous sommes assurés de triompher avec elle, c'est tout ce qui compte. Le reste a si peu d'importance que, s'y arrêter un seul instant, c'est diminuer sa propre stature d'homme, c'est descendre au niveau de l'ennemi. Tout l'appareil des puissances matérielles, cela se résume à Zéro majuscule, devant l'Esprit qui peut et qui va tout balayer. Plus l'opposition matérialiste qu'il y a devant nous est grande en quantité, plus nous devons affiner notre spiritualisme en qualité et en intensité, surtout par la souffrance, surtout en souffrant la souffrance des autres déjà plongés dans le creuset brûlant de l'Histoire. Quand viendra le choc final, nous serons les mieux armés, nous serons les plus forts ; et nous verrons, témoins favorisés de toutes les époques humaines, l'Esprit renverser, d'un souffle de feu, la misérable accumulation de matière dans laquelle d'autres hommes, fils de Dieu pourtant, avaient mis exclusivement leur foi, leur espérance et leur amour.

AUTRES SOURCES

SIROP TRAVAILLAIT POUR SA RACE ET SA PATRIE.
Extrait de Popeline, *roman paru en feuilleton dans* Le Goglu
25 juillet 1930

Sirop[1] accomplissait avec un zèle joyeux sa modeste besogne, conscient comme le reste du peuple qu'il aidait à écrire l'une des plus grandes pages de l'histoire du Canada, un chapitre marquant la libération économique définitive des Canadiens et le commencement de leur indépendance financière. On pressentait que le vote serait partout écrasant, décisif, car toute l'âme fière et noble de la patrie canadienne planait sur les foules, soulevait les énergies, gonflait les cœurs, dirigeait les esprits vers la délivrance du joug des financiers juifs et américains. C'était un peuple rajeuni qui secouait la domination étrangère et devenait son propre maître. La horde rouge, rageuse, offrait vainement l'or corrompu des intérêts juifs et répandait inutilement des flots d'alcool pour attirer l'attention ou la sympathie des patriotes. Mais ceux-ci avaient trop souffert, trop chômé, leurs femmes avaient trop pleuré, leurs enfants avaient trop gémi, trop de leurs fils s'étaient exilés pour que ces faveurs passagères n'eussent aucun effet. Le peuple souverain, enflammé d'un

---

[1] L'un des principaux personnages du roman, ami de Popeline, impliqué aux côtés des Goglus dans la campagne pour les élections fédérales de juillet 1930.

esprit de justice inexorable et sans amertume, allait faire sauter par le signe de la croix, fait sur des petits bouts de papier, les tyrans qui l'avaient opprimé, livré aux Juifs et aux étrangers. Et Sirop travaillait, travaillait, travaillait, pour sa race et sa patrie.

JE NE SERVIRAI PAS.
L'Appel du sang
c. 1933

Qu'est-ce que la tache originelle ? C'est le péché de Lucifer, mieux défini par son cri : « *Non serviam* » (je ne servirai pas). Comme collectivité ou peuple, les Juifs veulent être libérés, émancipés de Dieu et de l'humanité, de la Révélation et des lois naturelles. Ils veulent que tout ce qui est les serve. Ils tombèrent dans les ténèbres, dans le matérialisme absolu. Nous devons les plaindre, comme nous plaignons le serpent, sans aucune haine, mais, si le serpent auquel nous ne souhaitons aucun mal vient dans nos maisons et menace la vie des occupants, il n'y a plus qu'une chose à faire : protéger la maison et le sang. Les Juifs sont une menace mortelle pour le corps et l'âme des peuples, ils doivent sortir.

MÉTISSAGE
L'Appel du sang
c. 1933

Croiser un Blanc avec un Noir, ou un Noir avec un Sémite, ce qui est le but du cri libéral de la non-distinction de race, est un crime contre la Nature et la volonté de Dieu.

LA CROIX GAMMÉE
1933

[...] Devant l'assaut des Juifs contre les races blanches ou japhétiques (issues de Japhet), celles-ci tendent à graduellement se liguer dans un vaste mouvement défensif. Ce n'est pas par suite de propagande allemande, mais parce que tous ont conscience de la même attaque et ressentent le même danger, que

tous les pays tendent simultanément vers un antisémitisme pro-
tecteur ; c'est parce que chaque nation voit et constate ce que
l'on a vu en Allemagne Aussi a-t-on le spectacle d'une immense
contraction, dans tous les pays de race blanche, pour se garer
contre un péril dont on ne peut plus nier l'existence. La descendance de Japhet, dans un grand mouvement général et sous certains aspects inconscient, se lève pour répondre à l'offensive de
la descendance de Sem. [...]

La croix gammée n'est pas un symbole hitlérien ni un
emblème national. C'est un étendard générique qui rassemble
sous son ombre tous les membres de la race indo-aryenne, à
laquelle les blancs appartiennent. [...]

Les fascistes antisémites de tous les pays ont adopté pour
emblème la croix gammée, symbole de leur race. Bien que le
fascisme soit énergiquement nationaliste, il trouve dans la croix
gammée la clef d'un internationalisme qui doit répondre à l'internationalisme juif, puisque le combat engagé ne peut être
gagné autrement. De même, bien que les fascistes antisémites
soient positivement chrétiens, ils ne veulent pas traîner dans la
poussière du combat la croix chrétienne, symbole religieux,
parce qu'il ne s'agit pas d'une guerre religieuse.

La croix gammée est et restera le symbole de ralliement de
la race blanche, dans son effort mondial pour se dégager de la
domination économique et politique des Juifs. Comme les Juifs
s'inspirent de leur Étoile de Sion, l'affichent, en font un mot
d'ordre au sein de leur race, il faut que les « Japhétiques » arborent sans crainte leur swastika, s'en inspirent, s'en fassent un
mot d'ordre, afin que les peuples de race blanche cessent de
s'entre-déchirer, de se craindre, de se laisser diviser par les Juifs,
afin qu'ils puissent se comprendre, s'entendre et, écoutant la
voix de leur sang et leurs instincts communs, parviennent à la
véritable paix mondiale. Que partout flotte fièrement et victo-
rieusement la croix gammée !

MIT BRENNENDER SORGE

Lettre d'Adrien Arcand au curé de Saint-Joseph-de-Lanoraie qui lui faisait remarquer que le Pape Pie XI avait condamné le national-socialisme dans l'encyclique Mit brennender Sorge

27 novembre 1961

J'ai peut-être cent fois lu, dans ses textes allemand, latin, anglais et français, cette lettre encyclique et je n'y ai jamais rien vu qui condamnât le national-socialisme. Certes, il y a des allusions contre Alfred Rosenberg et ses 90 000 wotanistes (sur 80 000 000 d'Allemands) mais aucune contre Hitler. En temps opportun, j'avais écrit à une très haute autorité pour exiger, en tant que catholique et pour le salut éternel de mon âme, qu'on me renseigne sur ce qu'il y avait de condamnable dans *Mein Kampf* et dans les discours d'Hitler. On ne put m'indiquer rien de condamnable. Hitler a mis au ban de la loi : le communisme, le socialisme, les clubs d'athées et de libres-penseurs, les Témoins de Jéhovah, les clubs d'homosexuels, la Franc-maçonnerie, toutes choses que l'Église a toujours condamnées. Seul chef de l'Occident, il a eu l'immense honneur de lancer ses forces armées contre l'URSS. Il a imposé le port du brassard aux Juifs, copiant les Papes du Moyen Âge qui imposaient le port de la rouelle aux mêmes Juifs.

LOI DU PARDON

Entretien avec Jean Côté

1965

Entre la loi du talion « œil pour œil, dent pour dent » et la loi du pardon, « aimez-vous les uns les autres », c'est celle-là que j'ai choisie car elle rejoint les fibres les plus profondes de mon être. Pour un chrétien, la spiritualité est le carburant qui alimente son âme et l'engage dans un dépassement de lui-même dans les tâches qui lui sont assignées sur terre.

LA VÉRITÉ EST INTOLÉRANTE.
Extrait d'une conférence enregistrée
1965 ou 1966

[…] On me dit que je suis violent ; je suis radical.

On me taxe d'« extrémiste ». Est-ce qu'il peut y avoir de l'extrême dans la Vertu, la Vérité, le Bien ? Est-ce qu'un juge peut être trop juste en rendant un jugement ? Est-ce qu'un marchand peut être trop honnête en faisant commerce ? Est-ce qu'un saint peut être trop saint ? Il n'y a pas d'extrémisme dans le Bien et dans le Vrai. Mais le plus petit mensonge, le plus petit vol, c'est déjà de l'extrémisme. L'extrémisme n'existe que dans le mal. […]

Le Bien, le Vrai, le Juste ont des droits en eux-mêmes et par eux-mêmes. Mais le mal, l'erreur, le mensonge n'ont aucun droit. […] La Vérité est intolérante, elle est brutale, comme Dieu Lui-même qui a dit : « Je suis la Vérité. » Et Il a dit — et ça c'est de l'extrême intolérance nous disent les gauchistes — : « Qui n'est pas avec moi est contre moi. » Certains disent être pour le juste milieu. Dites-moi où est le « juste milieu » entre être pour Jésus-Christ et être contre ! « Les tièdes je les vomirai de ma bouche. » […]

« ANTISÉMITISME »

« Antisémitisme » et « antisémites » sont des mots polémiques de propagande qui furent inventés et propagés à l'occasion du procès de Dreyfus en France. Ces mots n'avaient qu'un but : cacher l'antigentilisme de l'assaut judaïque contre la civilisation occidentale et chrétienne, créer une diversion, empêcher d'en parler. Ce que l'on appelle « antisémitisme » n'est en somme qu'un acte d'amour et de loyauté portant le Gentil à la défense de ses valeurs spirituelles et matérielles attaquées par le Juif infiltré dans la Gentilité.

LE BIEN COMMUN
Date inconnue, publié dans *Serviam* début 1981.

[...] Le « bien commun » n'est pas un collectivisme utopiste et rêveur [...], c'est un harmonieux ensemble composite de toutes les responsabilités, devoirs, obligations, droits et impératifs PERSONNELS.

Si on admet l'abstraction « bien commun » comme une réalité « *in se* » et « *per se* », on tombe infailliblement dans le collectivisme et on devient prêt, comme tant de nos petits théologues, à suivre Karl Marx dans tous ses pièges synagogards.

Pour moi, le « bien commun » c'est uniquement le résultat du devoir accompli par tout être humain, gouvernant ou gouverné, chef ou subalterne, riche ou pauvre, etc., qui respecte les lois de Dieu, les lois de la Nature et les lois du législateur humain qui respecte les deux premières. Le « bien commun » n'est rien en soi, c'est la SOMME des bonnes activités de chaque être humain qui est partie composante de la société.

Toujours, toujours, toujours, il faut revenir à la personne HUMAINE, image de Dieu, qui est presque un centre du monde, centrée en Dieu et non un simple numéro anonyme dans l'anonyme société du matérialisme. C'est exactement pourquoi notre Dieu Jésus-Homme n'a pas institué de sacrements pour la collectivité ou la société, mais pour chaque âme en particulier. [...]

NE LÂCHEZ PAS !
À des membres de son parti quatre mois avant son décès
1967

Hitler, en 1933, a été le premier politicien au monde à faire face à la Banque Mondiale de l'Or. Il a dit à ces bandits : « Désormais, l'Allemagne contrôlera sa propre monnaie ! » Et au lieu d'être basée sur l'or, la monnaie fut basée sur la production ; plus le pays produisait, plus la monnaie prenait de la valeur. En moins de deux ans, sept millions de chômeurs étaient au travail. Hitler a complètement transformé le jeu du commerce international.

Gardez vos esprits clairs, lucides, arrachez les masques de vos tourmenteurs et servez fanatiquement la Vérité. Notre combat a commencé il y a longtemps et ce que nous avons semé ne sera pas dispersé, car les enfants de vos enfants reprendront le flambeau pour la plus grande gloire du Christ, notre père à tous. Restez forts et unis. Ne craignez ni la mort ni vos adversaires. Les œuvres humaines sont périssables. Ce monde insensé et dément finira par s'écrouler sous le poids de sa turpitude. [...] Ne vous préoccupez pas de ce qui vous tombera dessus. Vous vous sentirez seuls [...] mais ne lâchez pas !

★ ★ ★

ESSAI

À PROPOS DE CERTAINS THÈMES CENTRAUX DE LA PENSÉE D'ADRIEN ARCAND : QUELQUES ESQUISSES DE DÉVELOPPEMENTS

par Joseph Mérel

S'il est un mérite qu'il convient tout particulièrement de reconnaître à cette anthologie soigneusement élaborée par Paul Beaumont, c'est qu'elle parvient, en soulignant le caractère complémentaire — parce qu'il est organique — des différents aspects de la pensée d'Adrien Arcand, à manifester de manière éclatante — mais par là terriblement inquiétante — l'actualité de cette pensée.

Des idées, des thèses religieuses, philosophiques, politiques, historiques, dont l'expression n'était possible, il y a peu encore, que dans les humbles officines de ce qu'il est convenu de nommer « extrême droite » ou « droite radicale », et qui ne trouvaient qu'en ces dernières un auditoire éclairé, en sont venues, depuis ce début de millénaire et sous la pression désormais physiquement tangible des poisons de notre temps, à susciter l'intérêt d'une frange non négligeable, désenchantée mais aussi désillusionnée, du grand public. Ce dernier est enfin touché plus volontiers en sa jeunesse, dégrisée qu'elle est par les vagues violentes — qu'elle subit de plein fouet, au rebours de ses aînés décadents ivres de bonne conscience — de l'héritage gangrené des bien-pensants confondant depuis toujours, avec une fausse candeur, esprit de sérieux et lucidité, technicité amphigourique et compétence, tiédeur traîtresse et sens de la mesure. À la différence des « bien-pensants » constipés par l'esprit de sérieux qui les rend dérisoires et que fustigea Abel Bonnard, Adrien Arcand n'est pas un « modéré ».

Le mensonge polymorphe en lequel vit le monde européen (ou d'origine européenne) depuis l'avènement de l'esprit de 89 (et depuis — de manière toujours plus précipitée — la « victoire » américano-soviétique de 1945) s'apprête à produire ses ultimes effets destructeurs. Le pressentiment de ce fait, lié à l'instinct de survie, revitalise peut-être, contre toute attente, cet esprit critique sain, c'est-à-dire non pas sceptique mais méthodique, mis au service de l'esprit dogmatique dont se nourrit en droit l'intelligence en quête de vérité, esprit critique sans lequel, de surcroît, il n'est pas de véritable obéissance :

– révision des jugements convenus portés sur les événements marquants de la Deuxième Guerre mondiale, sur ses acteurs les plus déterminants, sur le discernement des causes réelles des deux dernières guerres mondiales ;

– révision des condamnations, formulées par les « Intellectuels » stipendiés, des thèses dédaigneusement nommées « complotistes » ; l'esprit dégrisé des victimes de la mondialisation en vient à comprendre que susciter le mépris à l'égard des thèses du complot fait en vérité partie du complot ;

– révision des jugements portés sur l'identification des véritables détenteurs des pouvoirs économique, culturel, médiatique, politique, tant au niveau national qu'à l'échelle mondiale ;

– remise en cause, dans une perspective plus doctrinale qu'événementielle — par là plus intéressante parce que plus déterminante pour l'avenir — de maints préjugés sédimentés dans l'esprit naïf des dépositaires patentés de l'héritage culturel occidental ; en particulier, remise en cause de cette idée selon laquelle le fascisme et le national-socialisme d'une part, le catholicisme et le meilleur de la tradition monarchiste d'autre part, seraient par essence incompatibles.

Adrien Arcand s'est voulu homme d'action, à toute distance de l'activisme. À ce titre, il s'est appuyé sur une doctrine religieuse, métaphysique, politique, tout en prenant soin toujours

— contre toute séduction volontariste ou passionnelle — de cultiver un sens intellectualiste (au sens thomiste du terme) de la mesure dans la formulation de ses jugements généraux, et de la prudence dans la prise de ses décisions pratiques : l'extrême qualitatif, qui répudie toute « modération », n'en est pas moins un juste milieu quantitatif (on n'est jamais assez courageux, même si le courage tient le juste milieu entre la témérité et la lâcheté). En tant qu'homme d'action, il était en demeure, éclairé par une vaste et profonde connaissance du passé, de discerner dans son présent les grandes lignes de force à l'œuvre dans l'élaboration de l'avenir, lequel est précisément notre présent. Or, s'il est permis de mesurer la pertinence d'une action politique et de la doctrine qui l'inspire, à l'aune du degré de lucidité prospectiviste de leur auteur, force est de convenir qu'Adrien Arcand fut un penseur politique de premier plan.

Adrien Arcand s'est prononcé en précurseur sur tous les thèmes ci-dessus évoqués, avec brio et courage. À quoi il convient d'ajouter une critique originale du libéralisme objectivement et dialectiquement porteur du communisme (sous ce rapport, Adrien Arcand précède Claude Rousseau et Claude Polin), ainsi qu'une critique non moins novatrice de l'esprit démocratique.

Avec une douceur obstinée, Adrien Arcand montre, dans le présent ouvrage, que le refus le plus radical de la vision juive du monde — mais aussi l'arme la plus puissante pour s'en émanciper — n'est autre que la foi catholique et la vision du monde qui en procède : contre les dichotomies représentatives et non conceptuelles, passionnelles et non rationnelles, opérées par l'antichristianisme des « wotanistes » (toujours plus ou moins marcionites) aux ovaires fragiles (tels les thuriféraires des « papes » aujourd'hui énurétiques de la pompeuse « Nouvelle Droite »), le christianisme, qui accomplit en le transfigurant tout l'héritage du meilleur du paganisme, s'anticipe dans le judaïsme à la manière dont le papillon s'anticipe dans la chrysalide, de sorte que :

1) Ce n'est pas le christianisme qui procède du judaïsme qui en serait le fondement, c'est le judaïsme qui procède proleptiquement du christianisme et qui, de ce fait, avait vocation à se consommer dans ce dont le propre est de le réduire à néant ; être « contre » le judaïsme, comme si ce dernier n'avait pas vocation à être assumé et digéré, c'est encore se définir par rapport à lui, c'est le présupposer pour se poser soi-même, c'est être limité par lui et s'en rendre dépendant, c'est se reconnaître suspendu à ce que l'on conteste, c'est en dernier ressort être « tout contre » lui ; et c'est pourquoi les thèmes gnostiques (dont la véritable origine n'est pas juive, mais indo-iranienne puis babylonienne) inspirateurs du Talmud et de la Cabale sont ces mêmes thèmes inspirateurs des mythes néo-païens ; c'est pourquoi, tout autant, l'antichristianisme des néo-païens, inspiré par une haine du judaïsme vétérotestamentaire, est fondé sur une illusion d'optique imputable à l'incapacité de ces mêmes « wotanistes » contemporains à penser dialectiquement, illusion qui objectivement fait des Juifs et des néo-paganistes des *contraires*, c'est-à-dire des termes antagonistes secrètement solidaires en tant qu'ils appartiennent *au même genre*.

2) Le judaïsme, dans ce qu'il a de spécifique, ainsi considéré dans ce qui l'oppose au christianisme, est né avec la déchirure du Voile du Temple ; faire mémoire, dans la liturgie catholique, d'Israël et de Sion, ce n'est nullement faire l'aveu d'origines judaïques qui conditionneraient l'esprit du christianisme, c'est au contraire user de ces mots afin de désigner adéquatement les réalités surnaturelles (l'Église catholique, la Jérusalem céleste) dont les réalités terrestres primitivement désignées par les mêmes mots n'étaient que la préfiguration temporelle et inadéquate. C'est parce que le papillon ose faire mémoire, jusque dans sa structure interne, de la chrysalide dont il se fait procéder, qu'il sait corrélativement la dissoudre de manière exhaustive, la nier adéquatement pour la faire advenir à sa propre vérité qui la parfait en la supprimant. S'il refusait d'assumer la chrysalide, il la laisserait prospérer pour elle-même et lui donnerait licence d'en venir à prétendre se nourrir de lui et s'y substituer. Ce que

fait sans vergogne le judaïsme contemporain à l'égard du christianisme qu'il corrompt pour l'occire, avec la complicité objective des néo-païens.

Si l'Église catholique se contentait de nier le judaïsme, d'être le résultat de cette négation, elle serait essentiellement relative à ce qu'elle conteste, elle serait obligée d'en appeler en permanence à l'existence de ce dernier pour se poser en tant qu'Église : si le papillon n'était que victoire sur la chrysalide, il dépendrait de ce qu'il n'est pas, il serait contraint d'en appeler à la consistance de la chrysalide (dont il est pourtant la vérité) pour subsister, alors que, en vérité, la chrysalide est engendrée par le papillon. Si au contraire l'Église rappelle qu'elle est, dans le Christ, l'origine de ce dont elle se fait procéder, alors, en se posant telle la négation du judaïsme, elle ne lui est relative qu'en étant relative seulement à elle-même, puisqu'elle fait de ce dernier un moment de sa vie propre, ou encore la matière sacrificielle de sa propre advenue à l'existence concrète, historique. C'est à cette condition seulement que le judaïsme est effectivement mort, comme assumé et dépassé. Mais en déclarant qu'elle est l'origine du judaïsme, l'Église s'impose de faire mémoire du processus dont elle est le résultat et l'origine, et c'est pourquoi toute la liturgie du catholicisme est légitimement pétrie de renvois à l'Ancien Testament. Les antichrétiens ne comprennent pas ce discours, et font du christianisme un rejeton du judaïsme.

3) Les Juifs n'ont plus aucune fonction dans l'économie du Salut, la vérité du judaïsme est le catholicisme, et la véritable et définitive race élue — « race » spirituelle et surnaturelle, qui n'abolit nullement les différences raciales naturelles et les hiérarchies qu'elles induisent moyennant les talents différents qu'elles conditionnent — est le peuple des baptisés ; les Juifs appartiennent aux poubelles de l'histoire du Salut. Et il fallait bien que ce en quoi s'anticipa le christianisme n'eût aucune vocation naturelle propre, ainsi aucune valeur naturelle de civilisation déterminée l'habillant, dans l'acte de se sublimer, à se conserver en tant que tel, dans sa spécificité ethnique et

nationale (« *gratia non tollit naturam, sed perficit* », selon l'Aquinate), dès lors que, aussi bien, la chrysalide *s'achève* (aux deux sens du terme) dans le papillon, s'y accomplit *en s'y supprimant sans reste* ; et c'est pourquoi le Sauveur ne s'est pas incarné dans un peuple naturel et naturellement fécond (la sublimation d'un tel peuple naturel en Église surnaturelle eût frustré l'ordre naturel d'une de ses composantes), mais dans un peuple artificiel (forgé par l'art divin) et naturellement stérile, doté d'une vocation seulement surnaturelle et provisoire. Dans cette perspective, on conçoit, comme le remarqua Bernard Lazare dont Arcand fait mémoire, que le Juif soit insupportable à lui-même (point sur lequel insista beaucoup Otto Weininger) en tant qu'il ne se maintient, depuis la Résurrection du Christ, en son identité de Juif, qu'en s'insurgeant contre sa vocation, ainsi contre son identité véritable (la nature d'une chose est sa fin, ainsi sa vocation profonde) ; et l'on comprend aussi qu'il soit insupportable au monde parce qu'il est insupportable à lui-même. C'est pourquoi le Juif est substantiellement menteur. Il est menteur d'abord en tant que le mensonge est la seule arme dont il sache se servir : se croyant surnaturellement choisi ou élu en se dispensant de faire preuve de talents naturels pour justifier cette élection (ce qui ne l'empêchera pas de tenter de mériter aux yeux d'autrui cette élection, par là de rechercher pathologiquement la réussite sociale), il ne peut que céder aux pulsions sempiternelles de la revendication geignarde, laquelle se substituera chez lui à l'instinct combattant. Il est menteur, ensuite, non seulement parce que la duplicité est requise par sa prétention à subvertir le monde à défaut de s'élever au-dessus de lui par des talents naturels dont il est précisément complètement dépourvu (quand on veut dominer autrui sans avoir la force de le dépasser dans un surcroît d'excellence, on l'abaisse en le corrompant) ; mais il est encore et d'abord menteur parce qu'il est structurellement porté au mensonge, au *mensonge à soi* s'entend, afin de ne pas se résoudre à sombrer dans la schizophrénie et le suicide, et que l'induration d'un tel habitus de se mentir à soi-même induit nécessairement le mensonge à autrui : autrui est un autre que

moi, mais comme moi, il est un autre moi, identique à moi sous
le rapport de la moïté ; de telle sorte que la seconde nature con-
tractée par un tel habitus enjoint à la victime (consentante) du
mensonge à soi de mentir à autrui. Et s'il est vrai, selon le mot
fameux de Chesterton, qu'en ôtant le surnaturel on détruit jusqu'à l'ordre naturel (la grâce est nécessaire non seulement pour
élever la nature, mais encore, depuis le péché originel qui l'a
blessée, il est nécessaire pour la soigner, ainsi pour la restituer à
elle-même), alors l'acte de se soustraire à sa vocation surnaturelle, acte malheureux faisant de lui un Juif proprement dit, ne
pouvait que disposer le Juif à déchoir — lui qui se veut sur-
homme seul doté de la « Neschama » ou âme humaine proprement spirituelle (les Goïm n'étant gratifiés que de la
« Nephesch », âme animale) — de sa propre humanité, dans les
vices innommables en lesquels il tente depuis deux mille ans de
faire tomber le reste de l'humanité, comme le montre avec une
acribie téméraire, fondée sur une documentation peu contestable, notre contemporain Hervé Ryssen : propension en milieu
judaïque à cultiver l'inceste, l'homosexualité, l'histrionisme,
l'angoisse, la paranoïa, la mauvaise conscience pathologique ;
disposition à se jeter dans tous les trafics les plus ignobles :
racket, proxénétisme, jeux d'argent, meurtres sur commande ;
tendance devenue atavique à développer les thèses les plus mor-
tifères : freudisme, féminisme, utopies égalitaires, théorie du
genre, etc. Le Juif, de surcroît, toujours sous l'effet de ce mensonge à soi, croit fanatiquement que son « messie » ne viendra
que lorsque la Terre d'Édom (l'Europe chrétienne) aura été sub-
vertie par l'islam (d'où, dès l'invasion de l'Espagne par les
mahométans, l'activisme juif en faveur des envahisseurs barba-
resques) ; il croit aussi, « sincère » dans sa mauvaise foi portée à
l'incandescence, que ce « messie » ne paraîtra que lorsque la
« paix » sera acquise sur cette Terre ; et parce que selon lui les
fauteurs de guerres sont d'abord les différences naturelles entre
peuples, leurs qualités propres différentielles naturellement
portées à l'émulation exacerbées par le christianisme qui les
transfigure, alors il est dans la logique du judaïsme de favoriser

partout le métissage et l'égalitarisme (qui se fait toujours par le bas), l'oubli des origines (pour favoriser le déracinement), l'abrutissement et l'avilissement dans l'hédonisme, la surrection d'un État mondial ablatif des nations et communautés de destin potentiellement conflictuelles, afin d'exténuer dans une chute de tension mortifère — la « paix » de fin des temps, cette paix que nous donnera l'Antéchrist singeant Notre Seigneur, en lequel il n'est pas difficile d'identifier le « messie » que reconnaîtront les Juifs — toutes les différences de potentiel physiques et spirituelles qui font la richesse naturelle du monde et constituent le moteur de ses véritables progrès.

Toutes ces choses, Adrien Arcand les décrit avant presque tout le monde, et en déduit les effets avec plus de cinquante années d'avance, puisque c'est sous nos yeux qu'elles commencent à se manifester sans voiles. Mais les catholiques (Pie XI et Pie XII en tête) n'ont pas écouté Adrien Arcand, comme ils n'ont pas écouté Léon Degrelle.

4) Le meilleur de la vitalité païenne indo-européenne, en ses composantes philosophiques, esthétiques, techniques, morales et politiques, est le substrat naturel le plus approprié, en vertu de son sens éminent de l'universel et du rationnel (ainsi du « catholique » !, le mystère n'étant pas ce en quoi il n'y a rien à comprendre, mais ce en quoi il y a trop à comprendre, c'est-à-dire à embrasser du regard par l'intelligence humaine finie), à l'instauration de cet ordre surnaturel promu par le catholicisme. Cela contre un certain traditionalisme catholique mais surnaturaliste, d'inspiration souvent maistrienne (quelque fulgurantes que soient certaines intuitions de l'esprit génial mais confus de Joseph de Maistre, qui croyait discerner dans le christianisme une négation stricte du paganisme), mais aussi contre un certain nationalisme étroit et revanchard d'inspiration maurrassienne, pathologiquement anti-allemand, caporaliste et mesquin, oublieux du bien commun de l'Europe, étroitement latin, à courte vue (« la France seule », dût-elle emporter une victoire sur l'Allemagne au profit de la mâchoire américano-soviétique, c'est-à-dire judéo-maçonnique, en laquelle elle serait bientôt

dévorée) et en dernier ressort judéomorphe (« la France, nouvel Israël »). Cela vaut encore contre une certaine Curie démocrate-chrétienne (depuis le Ralliement) et souvent judéophile, politiquement opportuniste, et contre un certain clergé (de tous les bords) gâté par le cléricalisme (dénaturation de la véritable dignité du clerc) et l'esprit théocratique.

Ce sont là autant de thèmes chers à Adrien Arcand, que ce dernier illustre remarquablement ici. Adrien Arcand voyait une urgente nécessité dans le fait de les développer et de les marteler, dès les années 30 du vingtième siècle. Que devrait-il dire aujourd'hui, où ils sont d'une brûlante actualité ? On conviendra que tout ce contre quoi il nous mettait en garde lui a donné le triste privilège d'avoir raison, contre la pusillanimité de ses contemporains. Adrien Arcand fut sincèrement et sans réserve fasciste et national-socialiste, et ce de telle sorte que, pour lui, ces doctrines non seulement ne se contentaient pas de se révéler *compatibles* avec le catholicisme, mais telles que c'est *parce qu'il était catholique qu'il reconnaissait en ces engagements politiques l'expression de l'ordre des choses*. Et l'on ne saurait aujourd'hui trop saluer l'audace lucide d'Adrien Arcand.

Les vertus d'analyste politico-théologien d'Adrien Arcand ne se limitent pas à sa courageuse lucidité relativement à la question juive et à l'opportunité de soutenir sans réticence les forces de l'Axe. Il a parfaitement compris, certes avec d'autres (mais qui n'eurent pas son aptitude à proposer les remèdes qui s'imposaient, et d'abord à en tirer les conséquences théoriques et pratiques), que le libéralisme de la Révolution française est l'expression d'un subjectivisme radical ayant vocation à se consommer dans la déification de la personne humaine, et que ce subjectivisme trouve objectivement les conditions de sa réalisation consommée dans le communisme. D'aucuns penseront aujourd'hui que cette obsession du péril communiste est datée. Il n'en est rien, comme on le verra bientôt.

Nous voudrions, afin de rendre les lecteurs de ce livre plus sensibles aux richesses doctrinales qu'il contient, revenir sur quelques points de la pensée d'Adrien Arcand.

I. Le libéralisme est intrinsèquement pervers.

Anticipant les observations pertinentes mais tardives du sociologue Jean-Claude Michéa et du philosophe marxiste Michel Clouscard, Arcand montra qu'il est logiquement impossible de déconnecter le libéralisme économique du libéralisme philosophique et moral.

Le catholique bien-pensant, tout affairé à concilier les intérêts de son portefeuille avec ceux de son âme, se justifie au nom de sa crainte de voir surgir une « estatolâtrie » (déification païenne de l'État) aussitôt qu'on lui parle de justice sociale, et qu'on en appelle à l'État pour réguler les relations conflictuelles entre appétits individualistes tissant l'écheveau de la société civile. Il ne se sent politiquement à l'aise que dans les gouvernements conservateurs toujours plus ou moins oligarchiques, qui voudraient concilier un capitalisme paternaliste, c'est-à-dire un capitalisme supposé modéré parce que tempéré par la charité et les bonnes mœurs, avec une société d'ordre véritable reconnaissant le règne du Christ-Roi. Tel est là le leurre du bien-pensant, la cause de son irréalisme, lui qui se veut « réaliste » par haine celée de l'idéal et le goût inavoué pour la médiocrité. Tel est aussi le point sur lequel triomphe le réalisme — parce qu'il est idéaliste — du fasciste. Le fasciste ne transige pas avec la justice, surtout face à ceux qui s'accommodent de l'injustice au nom de l'imperfection obligée des choses humaines, et du thème sulpicien de la vie terrestre réduite à une vallée de larmes, d'iniquités qu'il faudrait subir indéfiniment sans broncher pour faire son salut dans un esprit de résignation ; que le chrétien plébiscite l'attitude résignée face aux iniquités qu'il se sait incapable de changer, et qu'il les offre à Dieu en esprit de sacrifice, n'implique pas qu'il ne serait pas en demeure d'essayer d'actualiser l'ordre des choses et les exigences de la justice chaque fois qu'il le peut ; est fausse et révoltante l'idée selon laquelle le seul climat social compatible avec l'esprit chrétien devait être celui de la condition de vaincu et d'esclave, comme s'il fallait être un raté et un sous-homme pour être chrétien, ou bien comme s'il fallait cyniquement s'accommoder avec une douce violence et fausse répugnance des égoïsmes et des vices. Notons que le capitaliste catholique se satisfait volontiers, au nom du malheureux « Ralliement » de 1892, d'une démocratie censitaire, à tout le moins toujours plus ou moins oligarchique, pourvu qu'elle soit dite chrétienne :

L'« Action catholique », corollaire de l'esprit du « Ralliement », est cette œuvre supposée pieuse consistant à réduire l'activité politique des catholiques à celle de sous-curés servant de supplétifs à leurs clercs dans l'exercice de l'apostolat opéré dans la société civile qu'il s'agira de gagner de l'intérieur à la « bonne cause » en se rendant indifférent à la forme de l'État. Une telle déresponsabilisation des laïques au nom de l'apostolat est une mesure qui relève du *surnaturalisme*, envers symétrique de celle du naturalisme : ne concevoir le rapport entre nature et grâce ou surnature que sur le mode d'une frustration obligée de l'ordre naturel lui-même ; et il y a bien ici frustration puisque l'homme est *par nature* un animal politique. Dans un tel contexte, l'orgueilleuse volonté de puissance des clercs est satisfaite (l'esprit théocratique aime la démocratie qui affaiblit le politique, et attend — illusoirement — de cet affaiblissement une plus grande disponibilité à l'égard de la grâce), cependant que les intérêts du capitaliste le sont aussi : puisqu'il s'agit de se rendre indifférent à la question politique au nom des intérêts du salut individuel, ainsi de subordonner la politique à la morale, et le bien commun au bien privé « vertueux », le citoyen en sera d'autant plus docile, tant à l'égard des patrons qu'à l'égard des clercs, lesquels se satisferont en retour aisément, dans la pratique d'un silence pudique, et pourvu que les caisses des évêchés soient pleines, du réalisme trivial de l'économie dictée par les intérêts patronaux et bancaires.

Or c'est là un calcul de Machiavel au petit pied, une démarche catastrophique pour la cause catholique elle-même, ce que nous voudrions démontrer succinctement.

Il existe une convertibilité logique et métaphysique entre les affirmations suivantes : le bien en général est diffusif de soi ; le bien est d'autant meilleur qu'il est plus spirituel ; le bien est d'autant meilleur qu'il est plus commun ; le meilleur bien de l'homme est un bien auquel l'homme est rapporté, et non un bien qu'il rapporterait à lui-même. De sorte que si l'une de ces exigences est oubliée, les autres le seront aussi.

Est dit « participable » et indivisible un bien qui peut être tout entier en chacun des membres d'une multitude sans être diminué, au rebours d'un bien matériel, divisible et non participable, qui ne saurait habiter en plusieurs sans être diminué ; la possession d'une vérité, ou d'une vertu, est possible par tous, sans que cette dernière soit tronquée, mais un plat de lentilles ne saurait habiter tous les ventres sans être divisé. Ce qui, par définition, exige que le bien participable soit spirituel. Plus encore, un bien spirituel est tel qu'il s'enrichit et enrichit son possesseur par le fait que ce dernier communique son bien à autrui : on ne possède bien son savoir qu'en l'enseignant, on ne possède bien une vertu qu'en la communiquant par l'exercice de l'exemplarité, et ainsi, plus on donne plus on est riche, au lieu que le don d'argent et plus généralement de biens matériels a pour effet obligé d'appauvrir le donateur. Le bien spirituel se multiplie en se communiquant puisqu'il est comme multiplié par ceux auxquels il se donne. Il se régénère et s'enrichit dans et par l'acte d'être aliéné. Et c'est pourquoi le bien spirituel est diffusif de soi, et d'autant meilleur qu'il est plus spirituel : par là qu'il n'est communicable qu'en étant diminué, un bien matériel est potentiellement un facteur de division, de haine et de désordre entre les hommes ; il ne demeure un bien que s'il est voulu tel le moyen d'accéder à un bien spirituel. Cela dit, un bien spirituel est nécessairement un bien essentiellement commun : ne pouvant être possédé dans son intégrité (sans diminution) que par un seul, le bien matériel est par essence un bien privé, au lieu que le bien spirituel, susceptible d'être tout entier en tous, a pour effet obligé de rassembler les hommes, de les unir, de les faire s'aimer les uns les autres en les faisant communier au même bien (l'amour est bien « *vis unitiva et concretiva* », force d'union et de concrétion, selon saint Thomas d'Aquin), de les intégrer dans un tout dont le bien propre sera précisément cette unité même, laquelle, bien commun de tous parce que facteur de paix pour tous, fera du bien spirituel un bien commun, d'autant meilleur qu'il est plus commun parce que d'autant plus spirituel qu'il est plus universel. Un bien est d'autant meilleur qu'il répond à un désir plus profond et plus grand ; or seul le désir spirituel est virtuellement infini, parce qu'il est réflexif ; « *ipsum velle quoddam bonum* », l'acte de vouloir est lui-même appétible et bon, mais par là il est sans fin : aussi parfait soit le bien convoité, le désir réflexif est insatisfait, qui peut encore trouver à désirer dans le fait de revenir sur soi ; et, se révélant infini, le désir réflexif, et spirituel parce que réflexif (l'œil ne voit pas l'acte de voir, l'acte de manger n'est pas comestible, au lieu que l'acte de connaître est connaissable) ne peut se satisfaire que d'un bien spirituel, capable de le relancer dans l'acte de le combler, de le revitaliser dans l'acte de l'exténuer. Et un tel bien sera voulu pour lui-même, tel un bien qu'on aime en tant qu'on lui est rapporté et non en tant qu'on le rapporte à soi, pour la raison suivante : un bien que l'on rapporte à soi est nécessairement un bien imparfait et fini, parce qu'il est par définition un bien qui n'est pas aimé pour lui-même, mais aimé seulement au titre de moyen, pour celui qui l'appète, de s'aimer soi-même, lequel est supposé meilleur que le moyen puisqu'il a raison de fin ; or celui qui appète ne saurait être pour lui-même son bien ultime, puisque, en tant même qu'il appète (et ne peut pas ne pas appéter) un bien *extérieur* à lui, il révèle ipso facto qu'il n'est pas parfait, qu'il est en manque de quelque chose ; mais c'est là confesser que, n'étant pas parfait à raison de lui-même, il n'est pas parfaitement appétible, et exclut d'avoir raison de fin ultime ; dès lors, si aucun des biens que l'on rapporte à soi n'est le bien ultime, cependant que celui qui appète exclut d'être pour lui-même son bien ultime, c'est que le bien ultime de celui qui appète est un bien auquel il est rapporté. Ce qui signifie ceci : n'étant pas pour elle-même sa propre fin dernière (elle serait capable de se nourrir de soi-même et de trouver sa béatitude dans la connaissance de soi-même), la créature spirituelle *a* une fin qui est autre qu'elle et qui est son bien, de sorte qu'elle se reconnaît tel le *moyen de cette fin* (ultimement, c'est la gloire de Dieu), et qu'elle trouve sa béatitude naturelle en plébiscitant son statut ontologique de moyen : « *unumquodque suo modo naturaliter diligit Deum plus quam seipsum* » (saint Thomas d'Aquin, *Somme théologique*, Iª pars, question 60, article 5) ; tout être, chacun selon sa condition, aime naturellement Dieu plus que lui-même.

Puis donc, comme on vient de le voir, qu'il existe une convertibilité entre bien spirituel (1), bien commun d'autant meilleur qu'il est plus spirituel et plus commun (2), bien diffusif de soi (3), et bien aimé en tant qu'on se rapporte à lui (4), alors, s'il manque une seule de ces quatre déterminations au bien que l'on convoite, les autres manqueront aussi nécessairement.

Or il est à remarquer que la société libérale, ne le fût-elle que sous le rapport économique, ainsi la société capitaliste, est une société qui ne peut pas, mécaniquement, ne pas tendre à faire de l'activité commerciale la fin dernière d'une telle société. Et dès là que ne peut être objet de commerce que le bien matériel (l'amour de bienveillance, la vérité, la vertu, excluent par nature d'être objets d'échanges tarifés), alors la fin de la société *économiquement* libérale en viendra nécessairement tôt ou tard à consister dans la recherche du bien matériel au détriment de tous les autres biens, car ce qui a raison de fin est sans limite, étant voulu pour lui-même ; mais alors, le bien matériel n'étant pas participable, il ne sera ni commun ni diffusif de soi, il sera potentiellement facteur de haine et de désordre, il sera privé et non commun, et la société, privée du bien commun qui constitue en droit sa fin et sa raison d'être, deviendra une « dissociété », un agrégat humain antipolitique enjoignant à l'homme de se prendre pour fin, d'exacerber son subjectivisme, de se vautrer dans les biens exclusivement sensibles ablatifs de toute moralité, de toute retenue éthique et religieuse, ce qui est bien la société *philosophiquement* libérale.

Rappelons, pour l'établir, ce qu'est une société capitaliste. C'est une société dans laquelle l'échange obéit au cycle de type « AMA' » : la marchandise n'est que le moyen de passer d'un capital A à un capital plus élevé A', et ainsi l'argent est devenu fin de l'échange, au rebours des sociétés organiques dans lesquelles l'échange obéit au cycle « MAM' », faisant ainsi de l'argent ou du capital le moyen et non la fin de la relation commerciale. Une société économiquement libérale, par là capitaliste, est donc ainsi une société qui — refusant, au nom du dogme smithien de la « main invisible », toute intervention de l'État visant à finaliser les échanges, par là à limiter les compétitions technico-commerciales exercées dans le « *Kampfplatz* » du sacro-saint « marché » — laisse se déployer des comportements agonistiques illimités, virtuellement infinis, assujettis à ce que Clausewitz nommait la loi de l'action réciproque génératrice d'ascension aux extrêmes ; ce qui rend inflationnistes les actes agonistiques, par là infinis : le capitaliste est contraint, sous la pression de la concurrence, de tendre à conquérir des parts toujours plus grandes du marché, au point d'être en demeure de viser à acquérir tous les biens possibles en supprimant tous les concurrents, ce qui aurait pour effet de supprimer le marché et avec lui les échanges eux-mêmes ; et c'est au reste ce que prévoit le marxisme, qui annonce l'exténuation de la société capitaliste sous le poids de ses propres contradictions, qui rendra vaine et nulle la richesse privée du fait de sa concentration asymptotique abolissant la possibilité même de cette parité entre échangeurs nécessaire à tout échange. On ne peut subsister, en régime capitaliste, qu'en s'accroissant toujours plus, ainsi en détruisant, à peine de reculer et de mourir, mais de telle sorte que jamais le terme logique d'une telle compétition soit jamais atteint, et cela suppose que les marchés soient agrandis indéfiniment ; or ils ne peuvent l'être géographiquement parce que la Terre est ronde et finie ; ils doivent donc l'être par renouvellement indéfini, grâce au moyen des prouesses techniques génératrices de « gadgets », des types de biens produits, et avec eux par création artificielle mais elle aussi inflationniste de nouveaux besoins. Or ce qui est inflationniste ou infini a raison de fin, car seule une limite à lui assignée peut lui conférer le statut de moyen ordonné à une fin.

Clouscard et Michéa, de nos jours, montrent que l'esprit libertaire, collectiviste et gauchiste, inspirateur de la révolution culturelle de 1968, a rencontré l'esprit libéral capitaliste et mondialiste, au point de se fondre en ce dernier qui s'est anticipé dans le gauchisme pour s'en faire surgir : le consumérisme individualiste requérait que fussent abattues toutes les barrières morales qui subsistaient encore, toutes les structures communautaires résiduelles et enracinées qui avaient encore résisté aux diverses révolutions industrielles ; ce qui fut obtenu par la « libération » des mœurs prônée sur le mode argumentatif de la pensée de gauche ; mais c'est le cynisme libéral qui en bénéficia (femmes soustraites à leur vocation de mères de famille et désormais salariées, mondialisation des échanges, montée sans précédent de l'hédonisme, déchaînement des appétits sensibles, invasions migratoires, etc.). À la lumière de ce qui précède, et qui se contente de développer les intuitions d'Adrien Arcand, on peut ajouter que, en retour, en réalisant les promesses hédonistes de l'esprit libertaire, le libéralisme capitaliste, même « reagano-papiste », même nationaliste bien-pensant à la manière du franquisme, prépare l'avènement d'une nouvelle forme totalitaire de communisme qui, s'il n'est plus de type soviétique, n'en sera pas moins coercitif. Ce qui sera abordé ici dans un prochain sous-chapitre (III), ainsi qu'il le fut annoncé plus haut.

Puis donc que tout libéralisme économique induit nécessairement un libéralisme moral et politique, lequel est par essence incompatible avec la morale catholique et son esprit dogmatique, c'est seulement en se faisant fasciste que la société s'approprie adéquatement aux réquisits surnaturels de la vraie religion. Et telle était bien la courageuse conclusion, exclusive de toute concession, d'Adrien Arcand : on ne saurait rêver d'une nouvelle féodalité, ou d'un retour au Moyen Âge, avant l'avènement de l'État moderne, d'abord parce que l'irréversible progrès des techniques s'accompagne d'une complexification des rapports sociaux et d'une interdépendance accrue entre les hommes, qui exclut qu'il soit possible de poursuivre un bien commun en dehors de toute structure étatique forte centralisatrice et maîtresse du renouvellement de ses élites, par là non réductible à la fidélité à une famille ou dynastie princière qui ne serait que la suzeraine de ses vassaux provinciaux, qui se contenterait de coiffer un édifice hiérarchique dont elle ne serait pas l'origine. On ne saurait faire retour en arrière, ensuite, parce que l'aristocratie décadente d'avant 89 est la première responsable de l'avènement de la Révolution, de sorte que c'est par la fondation d'une nouvelle aristocratie, en contexte prolétarien et fasciste, qu'il serait possible de faire surgir les conditions d'une nouvelle monarchie catholique. En troisième lieu, on ne saurait faire retour à l'avant de 89 parce que les dysfonctionnements structurels de l'Ancien Régime étaient trop criants (comme le fit observer avec force Antoine de Rivarol) pour que l'on pût faire l'économie d'une révolution. À l'opposé des thèses de Joseph de Maistre, ce n'est pas par le moyen du contraire de la Révolution qu'on se soustrait au désordre et à la décadence de la révolution jacobine ; on n'y parvient que par une révolution contraire, fasciste (au niveau national) et national-socialiste (au niveau européen). En dernier lieu, on ne saurait revenir en arrière pour une raison plus profonde qui est tout simplement que le concept même de bien commun l'exclut en fait.

II. Le bien commun et l'État

Le « bien commun », c'est le bien commun à tous les membres d'une communauté, non pas à la manière dont l'air peut être dit bien commun à tous ceux qui vivent sous le même ciel, ce qui révélerait qu'il n'est que matériellement commun, mais en tant qu'il est aimable du fait même qu'il est commun, formellement commun, c'est-à-dire en tant qu'il est aussi le bien d'un autre, reconnu comme bon dans sa communicabilité même, telles la vertu ou la vérité, qui peuvent être tout entières (quoique non totalement, étant aussi en d'autres) en chacun des membres d'une multitude, possédées par chacun d'eux sans avoir besoin d'être divisées, ainsi participables. En termes plus techniques, le bien commun est dit tel d'une communauté qui n'est pas seulement de prédication, mais aussi et d'abord de causalité : ce qui peut être tout entier en tous, en chacun des membres d'un tout, c'est ce qui inhère en chacun d'eux non à la manière d'une partie de ce tout que constitue chacun, mais à la manière dont une cause commune, raison de plusieurs, se fait immanente à ce dont elle est cause, bref, à la manière dont une forme spécifique subsiste dans les singuliers en lesquels elle s'individue chaque fois de manière ineffable. Le bien commun se révèle, sous ce rapport explicitant, tel ce bien que tous désirent en tant qu'il a raison pour chacun de *cause* ; il est le bien de la nature humaine, laquelle subsiste tout entière et non totalement en chacun. Or ce qui a raison de cause efficiente immanente, dans le vivant, est aussi ce qui a raison de fin : la nature d'un être est son essence (ou forme) même, en tant que principe de sa genèse, de sa croissance et de ses opérations, mais à ce titre même elle est cause finale, car l'individu existe afin de faire se réaliser au mieux les potentialités de sa nature. Dès lors, en tant que bien de la nature humaine, le bien commun a raison de fin pour l'individu ; si le marteau pouvait désirer en tant que marteau, il ne désirerait rien d'autre que d'être dans sa fin qui est son bien, à savoir planter des clous, et il se consacrerait intentionnellement à cette tâche nonobstant le fait de s'y épuiser, de s'y user et de s'y sacrifier au point d'en venir à se corrompre ; il aimerait un tel bien, ainsi une telle fin, en lui voulant du bien, en se rapportant à elle. Si tout appétit, dans un être, est suscité en lui par son essence, si de plus désirer est manquer, quand manquer consiste à être malade, inadéquat à son essence ou concept, il est clair que tout désir est implicitement désir de se rendre adéquat à son essence ; tout appétit procède de l'essence et ramène à elle ; mais par le fait même, tout *désir* (de l'essence) est en son fond désir (de soi) *de son essence* en lui, au point que ce désir qui l'habite vient de plus loin que lui, est antérieur à son individualité, et en retour se subordonne cette dernière. Chaque homme porte en lui la marque entière de l'humaine condition, comme le disait Montaigne, mais aucun homme n'est habilité à faire s'actualiser, en sa manière singulière d'être homme, toutes les potentialités de la nature humaine, et c'est pourquoi il est naturellement habité par la tendance à s'excéder, ce qui s'opère de deux façons : d'un point de vue diachronique, il engendre (loi de tout être vivant), communique son essence par la procréation ; d'un point de vue synchronique, il entre en société, en cette société qu'il fait être en s'y subordonnant, parce que seule une société est capable de faire se réaliser en acte toutes les virtualités de la nature humaine, à l'intérieur certes d'une communauté historique de destin donnée (nation). On voit donc se dessiner la conclusion qui s'impose : le bien commun du politique est le bien du tout pris comme tout, ainsi de la Cité considérée en tant que tout, mais en tant que ce bien est aussi le plus précieux ou le plus aimable des biens que le singulier puisse appéter ; il est le meilleur bien du bien du particulier. Quand bien même la Cité n'est pas substance, elle n'a pas vocation à être réduite à un instrument de recherche, par le particulier, de son bien propre, elle a raison de fin, non de fin ultime (elle n'est pas divine), mais tout de même de fin pour le particulier. C'est pourquoi le citoyen vertueux aime la Cité tel un bien auquel il est rapporté, il se sacrifie pour elle comme la main spontanément, naturellement, sans délibération, se sacrifie face à une agression pour préserver le visage, instrument des facultés spirituelles. Il aime la Cité à la manière dont une partie aime le tout dont elle est la partie. Or précisément, dans un tout organique, ainsi vivant, plus unifié qu'un tout mécanique dont l'unité n'est qu'accidentelle, cette réciprocation de causalité entre partie et tout s'accomplit au profit et sous l'égide du tout qui ne se fait dépendre des parties en lesquelles il s'anticipe que pour se les subordonner en les hiérarchisant. Dès lors, il n'y a bien commun que si l'instance chargée d'hypostasier le tout, ainsi le dépositaire de l'autorité (à savoir l'État personnifié dans le chef), ne finalise les parties qu'en tant qu'il maîtrise leur position dans le tout. En d'autres termes, il n'y a bien commun que si l'État est maître de la détermination et du renouvellement de sa propre aristocratie. Ce qui n'avait lieu dans l'Ancien Régime que de manière inchoative. Et il n'y a bien commun que si la multitude politiquement organisée a conscience de constituer une communauté de destin, à savoir une nation, une manière paradigmatique d'être homme, laquelle encore n'était, dans l'Ancien Régime, pas encore thématisée comme telle. Voilà pourquoi les exigences théoriques du bien commun requièrent un mode d'organisation de la société qui soit explicitement organique, analogue à celui d'un être vivant. Et c'est dans la mesure où l'homme respecte cette exigence naturelle d'organicité — qui veut qu'il soit au tout comme sa partie ordonnée à lui — que, épousant le vœu profond de sa nature communautaire, il habilite cette dernière, dans la recherche du souverain bien qui excède le politique, à dépasser le service du bien commun terrestre. C'est en mourant à lui-même comme citoyen de la cité terrestre, en s'ordonnant à elle comme à sa fin (se reconnaître comme ordonné à une fin, c'est bien lui donner sa vie, par là mourir, et cela, que cette mort soit physique et brutale comme pour le soldat tombé au champ d'honneur, ou spirituelle et discrète comme celle du citoyen vertueux accomplissant son devoir noble et obscur), que l'homme vertueux fait se sublimer en lui le citoyen de la cité terrestre en citoyen de la cité céleste : la chrysalide meurt à elle-même du fait même d'épouser le désir l'ordonnant comme à sa fin au statut de papillon, elle se parfait dans un acte qui la supprime ; et de même, le citoyen meurt à lui-même, se parfait dans un acte qui le supprime en tant que citoyen terrestre, pour le convertir au statut de citoyen céleste ; refuser l'ordination de soi au bien politique sous le prétexte que l'on est promis à une destinée plus haute que celle de l'ordre politique, c'est là le moyen le plus approprié pour rater lamentablement cette sublime vocation. Ainsi donc, se soucier d'en finir avec les principes faux du mondialisme et de l'individualisme, ce n'est pas faire retour à la lettre de l'Ancien Régime (en répandant l'idée fallacieuse selon laquelle le fascisme serait « de gauche », sous le prétexte qu'il n'est pas conservateur de tout ce qui est passé, et insurgé contre les tares du passé), c'est se rendre fidèle à l'esprit des principes qui l'animaient en radicalisant leur exigence d'organicité gravide du bien commun, afin de faire revivre ces principes à partir d'un matériau humain ayant vécu les fruits amers de leur oubli ; mais c'est là être fasciste.

Il n'y a pas de « meilleur régime » idéal et unique, parce que cet idéal devrait conjuguer deux choses qui sont incompatibles à ce niveau terrestre de réalité qu'est le politique en général. Une société humaine est composée de vivants, elle est donc elle-même vivante et à ce titre elle est habitée par le mouvement et la diversité : est vivant ce qui a en soi-même le principe de son *mouvement* (en particulier celui de sa genèse et de sa régénération qui conjure toute entropie létale), mais d'un mouvement spontané quant à son origine et immanent quant à son terme ; mais, comme réalisation en acte, autant que faire se peut, des potentialités idéales de l'âme humaine, la cité est comme un homme en grand qui serait stabilisé dans l'immobilité de sa perfection essentielle ; dans le même ordre d'idée, la Cité compose harmonieusement des êtres différents d'autant plus complémentaires (gage de la solidité et de l'unité ou *identité* à soi du tout) que plus différenciés (nécessité de la *différence*), ainsi est-elle identité de l'identité et de la différence. Or l'unité de la hiérarchie statique et de l'organicité dynamique ne peut pas s'effectuer dans l'élément du politique, qui se réalise dans un cadre nécessairement spatio-temporel, par là sensible, lequel exclut que puissent s'identifier l'identité et la différence, parce que le propre d'une réalité sensible ou matérielle est d'être incapable de se contenir, d'avoir à l'intérieur de soi sa propre extériorité : une trousse de cuir peut bien contenir des crayons, elle ne saurait, par invagination, s'absorber de manière exhaustive, de sorte qu'elle ne se contient pas, ne se possède pas, et se révèle comme extérieure à elle-même, mais par là comme différente d'elle-même, puisqu'elle n'est ce qu'elle est, qu'à être à l'extérieur de soi-même ; elle n'est identique à soi que comme différente de soi, d'une différence insurmontable qui fait précisément qu'elle est irréductiblement matérielle ; la matérialité est cette instance de potentialité à raison de laquelle une chose est extérieure à soi. Seul l'esprit détaché des pesanteurs du corps peut actualiser l'identité concrète de l'organicité (qui dit la vie et le mouvement : action réciproque entre le tout et les parties qu'il engendre et régénère en son sein, mais en lesquelles il se pose et dont il se fait dépendre) et de l'immobilité (qui dit l'immutabilité du parfait) : penser est penser qu'on pense, c'est dans un même acte que l'esprit s'objective le connaissable et revient réflexivement sur soi, vit le processus de se réfléchir et s'émancipe de son processus en s'objectivant. En d'autres termes, penser ou connaître consiste à s'identifier intentionnellement au connaissable (« *cognoscere est fieri aliud inquantum aliud* », enseignait Cajetan), à devenir l'autre en tant qu'il est autre (ainsi sans le réduire à soi-même de manière unilatérale, et sans se fondre en lui), ce qui suppose que l'intellect devienne (en tant qu'actualisé par lui) le réel (qu'il connaît) sous le rapport de la forme ou essence de ce dernier, ainsi qu'il s'identifie à lui, *et* qu'il se différencie, de manière concomitante, de lui, sans cesser de lui demeurer identique, et ce réquisit est satisfait par l'acte, opéré par l'intellect informé par le connaissable, de s'objectiver lui-même (ainsi de se dire en quelque sorte à lui-même ce qu'il est devenu), et de ce fait par l'acte de se connaître lui-même en tant que devenu l'autre ; il en résulte que c'est dans un même acte qu'il connaît le réel et se connaît lui-même connaissant le réel ; or se connaître est une réflexion, par là un processus circulaire ; dès lors, l'acte de connaître est toujours l'acte de s'objectiver « soi-même en tant que devenu l'autre », ainsi de se réfléchir dans son processus d'identification à soi réflexive, ce qui est bien une identité concrète d'identité et de différence, ou d'extériorisation intérieure, ce dont — on l'a vu — la réalité matérielle est incapable. Dès lors, le politique, qui n'est pas tout esprit, atteint son maximum de perfection sans se sublimer en un mode d'être qui le transcende, ainsi parvient à se maintenir en son être de politique, en consentant à osciller entre un moment privilégiant la fixité hiérarchique des sociétés figées se contentant, dans leur perfection acquise, de se proroger, et un moment privilégiant l'organicité où se refondent les hiérarchies. Ainsi la société parfaite est-elle celle qui oscille entre moment monarchique et moment fasciste. Et c'est pour avoir été incapable de se risquer dans un moment d'organicité refondatrice que la société d'Ancien Régime s'est effondrée. En retour, c'est en se donnant les moyens de se stabiliser en monarchie que le fascisme s'habilite à ne pas dégénérer en pétaudière démocratique.

III. Actualité du danger communiste

N'est-il pas risible de parler de danger communiste quand on sait que l'Union soviétique, bastion de la révolution mondiale, s'est effondrée depuis moins de trente ans ? N'est-ce pas là la preuve que le libéralisme s'est rendu victorieux du communisme, et que ce dernier ne fut qu'une étape désormais obsolète dans le projet de conquête du monde mené par les mondialistes bancaires, seul véritable danger ? Sous ce rapport, les analyses d'Adrien Arcand, encore traumatisé par le stalinisme, ne sont-elles pas elles aussi dépassées ? Voyons cela de plus près.

Comme l'a montré le philosophe français contemporain (hélas libéral et moderniste) Claude Bruaire, l'homme est libre (capable d'autodétermination) sans être sa propre origine, puisqu'il ne décide pas d'exister, supposant bien plutôt son existence pour décider quoi que ce soit ; c'est à un acte d'exister dont on n'est pas l'auteur et qui toujours précède nos décisions, que nous empruntons pour agir et pour nous décider, fût-ce pour décider de ne plus exister. Quand on entend des révoltés, insatisfaits d'eux-mêmes et de leur condition, déclarer d'un air entendu et fat, avec une suffisance hargneuse, que tout leur est permis dès lors qu'ils n'ont pas demandé à exister, que donc ils n'ont aucun contrat à respecter, ou qu'on les a mis devant le fait accompli, on est saisi d'effroi mais aussi d'indignation, aussitôt qu'on réfléchit en prenant acte du fait que ce raisonnement fallacieux suppose une absurdité de principe : j'aurais des devoirs, des comptes à rendre, dit le révolté, si on m'avait demandé mon avis relativement à la question de mon futur acte d'exister, ce qui n'a pas eu lieu, de sorte que je me sens délié de tout engagement moral ou social à l'égard de qui que ce soit ; ce faisant, le révolté ne s'aperçoit pas qu'il suppose dans son raisonnement l'acte d'exister de celui qui entend délibérer sur l'opportunité de la décision de le faire exister, ce qui est contradictoire ; c'est encore à l'acte d'exister qu'il remet en cause, que le révolté emprunte pour le remettre en cause, et c'est là l'autre aspect de la même contradiction *in actu exercito*. Ainsi donc, libre sans être son origine, l'homme dispose de soi (en tant qu'il est libre), se possède, mais, en tant que n'étant pas son origine, il se possède en tant que possédant quelque chose qu'il ne s'est pas donné, mais qu'on lui a donné ; être libre sans être son origine, c'est être donné à soi, dans un don faisant s'identifier le don et le donataire, moyennant, pour qu'il s'agisse d'un don et non d'un échange ou d'une relation synallagmatique, une extrême discrétion du Donateur qui par là se voile ou s'efface dans l'acte de donner, de dispenser ses bienfaits, et tel est le Dieu caché. Mais être donné à soi, c'est congénitalement être en dette de soi, et là se trouve le fondement de l'obligation morale, ce qui a pour double conséquence, d'une part, qu'il n'est pas au fond de véritable obligation morale sans référence implicite au moins à un Donateur divin dispensateur d'existence, et d'autre part qu'il n'est pas de véritable liberté qui ne soit immédiatement assomptive de devoirs moraux : ce qui me fait libre est aussi ce qui m'oblige ; c'est à raison même du fait que je suis libre, que j'ai des devoirs ; non seulement la liberté a le devoir de choisir le bien et d'éviter le mal, mais encore la liberté n'est véritablement telle qu'en tant qu'elle choisit le bien, de sorte que, ainsi que le rappelle Adrien Arcand, ne mérite pas d'être nommé liberté ce qui œuvre pour le désordre et le mal. On comprend, dans cette perspective, la logique nihiliste, ainsi satanique de Kirilov, ce héros des *Possédés* de Dostoïevski : me révélant tel un être de don qui par là se sait en dette de lui-même à l'égard d'un Donateur, je refuse le don pour ne rien devoir au Donateur, mais par là je me suicide. Le nihilisme est inspiré par le subjectivisme échevelé, par la radicalisation de ce dernier culminant dans l'affirmation de la liberté absolue de l'homme, ainsi par la déification de sa liberté.

Le problème est que cette solution ne peut satisfaire le candidat à l'autodéification, qui entend tout de même jouir de sa déification, ainsi qui entend exister pour en jouir. Or peut-être est-ce là la source, révélatrice de son essence cachée, du communisme matérialiste, l'équation dont il se veut la résolution. Qu'on n'aille pas, à ce sujet, au nom d'un aristotélisme de deuxième main, condamner Platon au nom de son communisme, et condamner à travers lui toute politique à prétention totalitaire (mais qu'est-ce que le totalitarisme ? et est-il par essence ou par accident mauvais ?) visant à relativiser la valeur de la sacrosainte propriété privée et des sacro-saints « droits de la personne humaine ». Le communisme platonicien, certes critiquable, est l'antithèse stricte du communisme matérialiste moderne. Pour Platon, les hommes vertueux et sages aiment si peu les biens matériels qu'ils les mettent en commun, telles des choses utilitaires qui n'ont pas grande importance. En revanche, pour les Modernes, les hommes aiment tellement les biens matériels que, leur conférant une valeur pratiquement absolue, ils en exigent la répartition égalitaire du fait que, tous les hommes étant également hommes en tant que spécifiquement égaux, alors, le bien matériel étant le bien propre ou spécifique de l'homme, tous les hommes doivent être ces hommes égaux dans l'ordre de l'avoir.

Donnons-nous un subjectiviste conséquent. Il ne se reconnaîtra pas une nature humaine, parce que le propre d'une nature ou essence est de lui assigner des limites et des fins que sa liberté est invitée à épouser sans se les donner, ce qui offense sa prétention à la liberté absolue ; pourtant, il se refusera à n'être rien ou à tous égards indéterminé (d'une indétermination ayant cependant le privilège à ses yeux d'être principe d'autodétermination), parce qu'il faut être quelque chose, pour être ; une pure existence (identifiée à la liberté) déconnectée de toute manière essentielle d'exister équivaut au néant ; ainsi se définira-t-il tel un animal fruit du hasard de la lutte pour la vie, et produit des potentialités de la matière éternelle (ainsi se soustrait-il à la causalité d'un projet divin), mais tel un animal doué de cette négativité lui donnant, dans et par la praxis — ainsi par le travail, par la transformation de la nature — de se poser lui-même en s'opposant, de se donner sa nature en contestant la Nature, de se naturaliser en l'humanisant, ainsi de se faire cause libre de soi-même. Ce faisant, il entre avec la Nature et avec les autres hommes en des rapports déterminés, rapports de collaboration ou de conflit (lutte des classes), rapports de production transcrits par les modes de propriété, rapports sociaux dont la complexification sera l'expression objective de la nature ou essence que l'homme se donne. Et c'est ainsi que, pour le marxiste, l'essence humaine est l'ensemble des rapports sociaux ; parce que l'homme a pouvoir sur la société qu'il fait être, il a de ce fait un pouvoir démiurgique sur lui-même. Et parce que l'homme individuel n'est pas l'humanité (il est unique sans être l'Unique, à la différence de l'anarchisme individualiste et nominaliste de Max Stirner), puis donc qu'il y a *des* hommes appelés à vivre ensemble et à créer ensemble leur propre humanité, le travail sera nécessairement collectif. Toute l'histoire de l'homme, comme le dit Marx, n'est rien d'autre, dans cette perspective, que le processus d'auto-engendrement de l'homme par le travail humain. Mais alors l'ensemble des objets produits par l'homme, la Nature en tant que transformée par l'homme, la Nature en tant que corps générique de l'homme (elle est commune à tous les hommes), ne sont rien de moins que l'objectivation par l'homme de l'humanité qu'il se donne, ils sont son essence, la réalité objective du fruit de la négativité de sa vie subjective. Et c'est pourquoi tout salariat est selon Marx intrinsèquement aliénant, ainsi déshumanisant, puisque ce que vend le travailleur n'est pas moins que son essence. La libération de l'homme passera donc par la libération du salariat, de l'exploitation de l'homme par l'homme objectivement transcrite, en termes économiques, par la plus-value. Il reste que l'homme se crée en se donnant son essence par le travail, une essence spécifique (Marx parle de « l'homme générique ») identique en tous les hommes (on parle bien de « condition » — à défaut de nature — humaine), tout entière en chacun d'eux, de telle sorte que si l'essence humaine est le fruit d'un labeur collectif, elle doit avoir valeur de fruit du labeur individuel, au point que chaque homme doit être, pour lui-même et pour tous, l'homme générique, ou la société entière, sans cesser d'être un homme parmi tous les hommes. Et cette exigence est obtenue par la *suppression de la propriété privée*, par la collectivisation des moyens de production : si rien n'appartient à personne, tout appartient à tout le monde, ainsi tout appartient à chacun pour autant qu'il reconnaisse son essence dans le tout, et qu'il ne prétende pas avoir une essence en dehors du tout ; et si tout appartient à chacun, chacun est possesseur de son essence qui est l'essence de tous, maître de son essence qu'il se donne ; sous le même rapport, la collectivisation a pour sens que chaque individu est décrété possesseur et maître souverain de l'opérateur universel de transformation de la Nature (les moyens de production), et de ce fait est reconnu tel le maître des instruments de donation de sa propre essence ; sous un autre rapport encore expressif du même fait, la collectivisation est libératrice parce que si toute la société est l'essence de chaque homme, ce dernier peut bien demeurer soudeur à l'arc ou laboureur toute sa vie sans avoir besoin de changer de condition et de métier à chaque heure de la journée, car il n'en sera pas moins *et* artiste, *et* philosophe, *et* ingénieur, *et* joueur d'échecs, etc. ; il le sera dans et comme les autres hommes auxquels il se sait identifié par le fait que tous se savent et sont autant de déterminations de la même substance sociale ou société substantielle et divine. Plus brutalement, la collectivisation a ceci de libérateur, pour le subjectiviste, qu'elle actualise son vœu de voir se substantifier la société dont il est la conscience, parce que par là, si la société est bien l'ultime dépassement des contradictions de la nature matérielle ou réelle, c'est-à-dire de l'Être même (il n'y a pas pour le monisme matérialiste marxiste d'autre être que la Nature matérielle), si donc elle est la Nature — ainsi l'être même — en tant que réconciliée avec elle-même, en retour chaque homme privé d'être singulier ou privé (il serait en tant que privé « abstrait », disent les marxistes), par là réduit à une hypostase de la société substantielle, n'est pas moins que la société même advenant en lui à la conscience d'elle-même. Le communisme se révèle ainsi la condition à raison de laquelle le subjectiviste se donne les moyens de *réaliser* — sans se contenter de les rêver, comme le font les socialistes utopistes et les existentialistes — ses vœux d'autodéification, c'est-à-dire de concrétiser son subjectivisme. Par où se révèle que le matérialisme est le cache-sexe innocent d'une métaphysique sataniste, celle du « *eritis sicut Dei* ».

On a vu plus haut en quoi le libéralisme économique induit nécessairement le libéralisme philosophique et moral, lequel, à la vérité, est le véritable inspirateur du premier, son moteur immanent ; toute la question est de savoir si l'hédonisme rendu possible par l'abondance libérale peut échapper à la logique — qui vient d'être esquissée — égalitaire et totalitaire du subjectivisme, ainsi, pour le dire autrement, si ce moteur immanent du consumérisme est *sui generis,* ou sous-tendu par le subjectivisme, et par un subjectivisme qui ne trouverait en lui que sa réalisation inadéquate. L'histoire contemporaine semble suggérer que le subjectivisme investi dans le libéralisme, par là dans la radicalisation de ce dernier qu'est le mondialisme bancaire, est plus satisfait, concrétise mieux son concept, que lorsqu'il entend se couler dans le communisme, puisque, aussi bien, c'est le mondialisme bancaire qui semble au moins ces derniers temps l'avoir emporté, dans le moment où la Russie ruinée par soixante-dix ans de communisme soviétique cherche (ou semble chercher) hors de l'esprit démocratique, dans une tentative de retour à l'ordre naturel, les conditions de sa survie et de son relèvement.

Le consumérisme, en sa version libérale, est un subjectivisme consistant à poser que, le moi étant un absolu, tous ses désirs sont légitimes, lesquels, d'origine spirituelle, sont réflexifs, mais par là infinis, inflationnistes : comme le rappelle Platon (dans le *Philèbe*), « il n'y a pas de désir corporel », en ce sens que les désirs qui s'exercent dans le corps n'ont pas en lui leur origine première, puisqu'ils peuvent le détruire, de sorte que c'est dans l'âme qu'ils s'enracinent, laquelle est par nature ordonnée à des biens spirituels ; l'inflation des désirs sensibles favorisée par le libéralisme n'est que l'effet d'un investissement, dans l'élément du corps, d'un appétit spirituel qui transcende l'ordre de la matérialité. Que le désir soit d'essence spirituelle ne le rend pas *ipso facto* vertueux, parce que la liberté lui donne le redoutable pouvoir de décider de la manière dont il a vocation à s'actualiser. S'il obéit aux injonctions de sa nature, il tend vers des biens spirituels qui, comme il l'a été ici démontré, sont autant de biens que l'on aime en étant rapporté à eux. Mais cette obéissance aux injonctions de sa nature ne se fait pas sans le plébiscite de l'abnégation, puisque le moi, en l'occurrence, aspirant naturellement à reposer dans sa fin, se reconnaît ici tel le moyen de cette fin, au point de consentir à se sacrifier dans le service de cette dernière. Et l'orgueil, qui déifie le moi, est évidemment incompatible avec cette vocation au sacrifice et à l'oubli de soi. Cela dit, si les désirs sensibles sont inflationnistes, tendant d'eux-mêmes à l'infini, ils sont exigitifs de la possession de tout par chacun, ce qui instaure entre les compétiteurs (et il y a nécessairement compétition puisqu'il s'agit de biens sensibles, à ce titre divisibles et non participables) un climat obligé d'hostilité et de haine, un souci toujours plus accusé de se différencier d'autrui en le supplantant, cependant que, entre des petits moi dont chacun est reconnu tel un absolu — et qu'autrui reconnaît comme tel à peine de n'être pas en retour reconnu par lui, ainsi entre des petits dieux —, seule une relation d'égalité peut être consentie et supportée par eux ; il y a donc ici contradiction entre la nécessité de produire et de viser de l'inégalité pour faire advenir une société d'abondance, et l'exigence d'égalité attachée à ce qui est supposé justifier l'instauration d'une société abondanciste. Et la pratique du consumérisme nourrit de manière concomitante, en exacerbant la contradiction qui les oppose, tant la pulsion consumériste que la pulsion égalitaire. Aussi longtemps que la société est en mesure, par ses prouesses techniques, de renouveler indéfiniment ses gadgets et ses capacités de divertissement (au sens fort d'acte d'être détourné de soi-même), elle se donne les moyens de satisfaire la pulsion consumériste en court-circuitant la pulsion égalitaire. Mais à supposer qu'un dysfonctionnement assez pérenne dans les rouages économico-techniques de la production vienne à surgir, c'est la pulsion égalitaire qui reprend le dessus, mais qui par là fait préférer l'égalité dans la pénurie à l'inégalité dans l'abondance, car l'abondance est toujours relative, par là toujours susceptible d'être remise en cause et de décevoir, au lieu que l'égalité dans la pénurie est parfaitement accessible sans conditions techniques drastiques. On peut retenir de cette brève analyse que la pathologie égalitaire, objectivement génératrice de communisme, est lovée au cœur même de la pathologie consumériste génératrice de libéralisme et de mondialisme bancaire, en tant qu'elle est solidaire du principe subjectiviste inspirant le consumérisme lui-même. Dès lors, et précisément parce que le consumérisme ne s'est jamais aussi bien porté, il est à prévoir que le rêve communiste est loin d'avoir été extirpé des cœurs de nos contemporains. C'est sous ce rapport que l'anticommunisme d'Adrien Arcand demeure d'actualité.

Pour étayer ce qui précède, autorisons-nous le développement suivant, inspiré de Louis Lavelle. Comme on sait, dans *Le Mal et la Souffrance*, Lavelle fait observer qu'il convient d'opposer douleur physique à douleur morale, qu'il nomme souffrance. La douleur physique éclipse les ressources de l'intelligence, est vécue passivement, et ne concerne qu'un aspect de nous-mêmes. La souffrance au contraire développe les ressources de la conscience, « je souffre » est un acte et non une passion, le moi y est engagé tout entier ; sans doute la conscience ne voudrait pas souffrir, et pourtant, par une sorte de contradiction, c'est elle qui nourrit la souffrance, par l'imagination, le souvenir, etc. Retenons ici de cette observation que ce qui vaut pour la douleur et la souffrance vaut aussi, *mutatis mutandis*, pour le plaisir physique et la joie morale : il éclipse les ressources de la conscience, elle les exalte. Un plaisir physique qui serait seulement physique aurait quelque chose d'innocent dans sa bassesse, il n'engagerait pas le tout de l'homme s'il n'était que physique, il peinerait à se rendre peccamineux. Mais la chair déréglée n'est pas innocente, parce qu'elle est nécessairement solidaire de l'orgueil, de la volonté libre qui s'y investit et se la subordonne, ainsi du subjectivisme même ; de sorte que l'acmé d'un plaisir purement physique coïnciderait avec l'inconscience. Mais qu'est-ce donc qu'un plaisir pour moi, si je n'en ai pas conscience ? Il semble bien sous ce rapport que la délectation sensible qui n'est que sensible ait une limite supérieure naturelle aisément expérimentable, excluant qu'elle puisse par soi prétendre — ne le fût-ce que de manière toute subjective et en dehors de toute considération morale — au statut de raison d'être d'une vie terrestre ou de cause finale de la vie individuelle et sociale. Si donc le plaisir physique, si les délectations sensibles offrent cette aptitude au renouvellement et à l'accroissement indéfini que leur rendent possible la technicité et l'atmosphère hédoniste de la société libérale, c'est que, à travers le plaisir physique érigé en horizon de l'espérance humaine, quelque chose de plus profond s'anticipe, qui n'est autre que la jouissance, éprouvée par le moi, consistant à célébrer sa divinité ; le plaisir physique ne peut, par un être d'esprit, être éprouvé, en tant que physique, tels la fin ultime de la vie et le bien suprême, que parce qu'il est vécu, par cet esprit, tels le signe, le « sacrement » (diabolique) et l'expression extérieure de la délectation *spirituelle* perverse consistant à jouir de soi-même infiniment, à se repaître de soi-même. Or une approximation de cette impossible délectation autarcique et aséique est accessible beaucoup mieux par le subjectivisme égalitaire que par le consumérisme lui-même, qui requiert, comme sa condition technique de fonctionnement, des exigences de travail, d'effort, d'angoisses consenties, d'inventivité, dont le caractère douloureux va au rebours de l'hédonisme trivial en tant que tel, de sorte que le consumérisme supposé habité par des pulsions seulement hédonistes et matérialistes n'est possible que parce qu'il vise lui aussi, à sa manière, une espèce dévoyée de délectation spirituelle, à savoir le subjectivisme, la liberté se prenant pour fin et se célébrant sans fin. Or on a vu plus haut que la logique du subjectivisme le conduisait plus sûrement vers le communisme que vers la société libérale. Au reste, quand la Banque judéo-sataniste, judéo-protestante et judéo-maçonnique (ou maçonnico-sataniste, comme on voudra), aura drainé dans ses coffres toute la richesse du monde en se subordonnant les États (et leurs systèmes fiscaux) auxquels elle a ravi depuis longtemps leur droit régalien de battre monnaie, il faudra bien que, faute d'un État à l'ombre duquel elle pouvait proliférer en parasite corrupteur, elle s'intronise elle-même État mondial, et État *communiste* (pour l'immense majorité de la population), puisque, ayant aspiré toutes les fortunes, elle aura rendu impossible cette condition de possibilité de l'échange commercial qu'est la parité économique des échangeurs. Si le libéralisme a fait s'éclipser le « communisme dans un seul pays », ce n'est probablement pas pour s'y substituer définitivement, c'est pour le désenclaver et lui enjoindre, en préparant son retour, de se faire mondial.

IV Nécessité du corporatisme

Dans une formule audacieuse propre à scandaliser les bourgeois conservateurs toujours focalisés par le souci de préférer le moindre mal à la cause du vrai Bien, Adrien Arcand enseigne, sans goût pour le paradoxe ou idéalisme chimérique, mais par vrai réalisme, que le fascisme est plus fanatiquement antilibéral et anticapitaliste que le socialisme collectiviste lui-même. C'est qu'il a compris avant beaucoup d'autres la solidarité de principe qui unit libéralisme et communisme, de sorte qu'il entend étayer avec beaucoup de soin les raisons qui doivent inviter tout nationaliste conséquent à ne pas voir dans le corporatisme un mode contingent et/ou historiquement daté d'organisation de la vie économique d'un pays. L'organisation corporative du travail, ainsi que l'enseignait saint Pie X, est un mode actuel très opportun d'organisation du travail, tout simplement parce qu'elle désigne un concept essentiel — par là intemporel — à la philosophie politique relativement aux conditions d'obtention de la véritable justice sociale.

La Cité n'est pas sans l'homme qui la fait exister en s'inscrivant en elle, mais l'homme n'est pas sans la Cité hors de laquelle il aurait tôt fait de dépérir au terme d'une vie animale indigente et courte ; cette causalité ou implication réciproque de la partie et du tout fait qu'ils sont équivalents l'un à l'autre ; or deux choses sont équivalentes quand elles sont identiques sous un certain rapport ; donc, n'étant pas identiques sous le rapport de leurs matières respectives (le corps de l'homme n'est pas le corps social), la partie et le tout sont identiques sous le rapport de leur forme : la forme de la Cité est telle une extériorisation de la structure de l'âme humaine, comme l'enseigne Platon (*République* IV) et comme le rappelle Georges Dumézil : « *oratores* », « *bellatores* », « *laboratores* » ; c'est au reste pourquoi l'homme est « chez lui » dans la Cité, intérieur à ce qui est une extériorisation de lui-même. Si la justice dite « justice générale », vertu morale, perfectionne l'âme en assignant sa vraie fonction à chacune de ses facultés par mise en ordre hiérarchique de ces dernières, on doit s'attendre, dans ce contexte, à ce que lui corresponde une exigence sociale de justice, qui sera la recherche du *bien commun*, cause finale de la Cité.

(Rappelons au passage que la cause matérielle de la Cité est l'existence d'un peuple voué par la race, l'histoire, la langue, la volonté de vivre ensemble, la conscience d'hériter d'un patrimoine commun, la conscience d'avoir un destin commun en incarnant et ayant vocation à incarner une identique manière paradigmatique d'être homme, et que tout cela constitue la *nation* ; que la cause formelle de la Cité est *l'État* agissant — par là se communiquant —, à travers les institutions qu'il fonde et les lois qu'il promulgue, et que de ce fait la nation est à l'État comme la puissance l'est à l'acte ; que la cause efficiente de la Cité est la *nature politique* de l'homme, immanente à tout homme mais tout spécialement rassemblée dans *le chef* où elle prend conscience d'elle-même en s'unifiant dans une intelligence et une volonté personnelles).

La justice générale, en sa version politique, est ainsi la justice qui ordonne au bien commun les actes des membres d'une société. Mais, dans cette optique communautaire, la justice générale se particularise nécessairement dans les formes complémentaires de la justice distributive et de la justice commutative, qui constituent ainsi les deux formes de la justice particulière. La justice distributive est cette justice qui s'exerce en allant du tout à la partie, qui concerne les rapports de la société avec ses membres, et qui opère une distribution des biens et des charges publics proportionnelle aux mérites, talents et aptitudes de chacun (quand on dit qu'elle concerne les biens et charges *publics*, il ne faut pas oublier que toute charge privée a une vocation publique, puisque le bien commun est cause finale des activités privées, de sorte que la justice distributive concerne médiatement toutes les activités de la société, même les plus privées : il n'est presque pas un acte privé qui n'ait une répercussion publique) ; la justice commutative, qui opère dans les échanges privés, concerne les rapports de la partie à la partie ; la justice distributive est fondée sur le principe de l'égalité géométrique, la justice commutative sur le principe de l'égalité arithmétique. Ces deux grandes formes de la justice particulière, en laquelle se projette, s'explicite et s'actualise la justice générale, doivent être distinguées, parce que la relation de la partie à la partie n'est pas, à raison d'elle-même, génératrice de la relation de la partie au tout, dès lors que la Cité n'est pas substance ; dans une substance vivante, les relations qu'entretiennent les parties entre elles sont immédiatement accordées aux relations que chacune entretient à l'égard du tout, parce que c'est la même vie — celle du tout — qui s'exerce en chacune d'elles : chacune des parties vit du tout parce qu'elle est engendrée par le tout qui en retour se fait exister en et par elles ; il en est *fonctionnellement* de même pour la Cité puisque, comme on l'a vu plus haut, la raison d'être de la Cité est de faire s'actualiser synchroniquement toutes les potentialités de la nature humaine immanente à chaque homme mais qu'aucun homme particulier ne saurait maîtriser par lui-même et faire advenir à elles-mêmes ; mais il n'en est pas de même *entitativement* pour la Cité, parce que, à strictement parler, la Cité, comme tout d'ordre et non comme substance, n'est pas génératrice des individus qui la composent, elle actualise leurs facultés mais elle ne les fait pas être. Si l'État est organique (pour promouvoir le bien commun, cause finale de la société) sans être une réalité substantielle, c'est qu'il vit de la vie de ses parties plus qu'elles ne vivent de sa vie propre, sans pour autant cesser de les finaliser, de sorte qu'il ne saurait les créer à partir de lui-même, et il ne saurait, pour appliquer la justice distributive, se dispenser de laisser les parties tisser librement entre elles des relations sociales relevant de l'ordre du privé que la sphère du public n'a pas vocation à créer, mais qu'il est en demeure de finaliser et de structurer par des lois. Ce qui signifie que, dans l'ordre économique, l'État n'a pas vocation à se substituer aux initiatives privées ; pourtant, elles n'ont d'autre vocation que de promouvoir le bien commun, lequel est le bien propre du tout, ainsi de l'État (contre un préjugé « droitier » antifasciste, l'État ne se limite pas à cette instance fonctionnelle qu'est le pouvoir exécutif, ou que seraient le gouvernement et ses différents ministères, il est d'abord la forme de la société, sa cause formelle, et sous ce rapport il est immanent à toutes ses parties) ; donc l'État doit définir les *cadres* dans lesquels doit se vivre la libre et spontanée constitution de ce que Hegel nomme la société civile (l'ensemble des relations privées), de telle sorte que, du libre jeu des activités professionnelles et commerciales privées, régies par la justice commutative, puisse sourdre l'ordre défini par la justice distributive. Or c'est aux *corporations professionnelles*, en tant qu'organismes semi-publics (médiation entre le privé et le public) qu'il revient, aussi bien logiquement qu'historiquement, de définir les modalités et le détail de cet encadrement. Le monde du travail et de la production, mais aussi des échanges, doit être *a priori* structuré de telle sorte que, du libre jeu des initiatives privées régies par la justice commutative, puisse surgir l'ordre politique en quoi consiste la justice distributive qui, ainsi, se fait procéder de ce dont elle est la raison. La corporation professionnelle est le médiateur entre justice distributive et justice commutative, bien commun et bien particulier, et à ce titre elle est une catégorie politique fondamentale indépendante des conditions contingentes en lesquelles elle est née.

Adrien Arcand fut un vigoureux défenseur du corporatisme, et du corporatisme *fasciste*, c'est-à-dire d'une conception de la corporation voulant qu'elle soit matériellement constituée par des individus et personnes morales privés, mais qu'elle se termine formellement dans les instances administratives de l'État. Ce qui est la seule manière adéquate de faire remplir à la corporation son rôle de médiateur entre privé et public.

Procéder autrement, comme semble bien le concevoir un François-René de La Tour du Pin, dans la ligne de la funeste « doctrine sociale de l'Église » (funeste parce qu'elle est celle d'hommes d'Église déjà gangrenés depuis le « Ralliement » par le prurit démocratique), type même de « troisième voie » heureuse dans son intention mais ratée dans les faits, ainsi cantonner la corporation dans la sphère du privé en interdisant à l'État de collaborer à sa gestion, c'est réduire l'État au rôle d'arbitre des initiatives privées, c'est le frustrer de son essentielle vocation de guide et de conscience de soi du Tout social organisé, c'est-à-dire du bien commun ; et interdire au bien commun d'accéder à la conscience singulière de lui-même, c'est le condamner à se chercher toujours sans jamais se trouver dans une précaire et indécise coexistence de biens particuliers plus ou moins vertueux ; c'est au fond avoir déjà cédé, quoi qu'on en ait, et fût-ce au nom des plus pieuses intentions ostensiblement mouillées d'eau bénite, à la tentation libérale. Le très catholique Adrien Arcand est de ceux qui ont compris que pour être bien servie, l'Église, en sa dimension humaine et pour les domaines qui ne concernent pas la foi et les mœurs, exigeait parfois qu'on lui désobéît. Si l'ordre naturel est en droit finalisé par l'ordre surnaturel, cela ne fait pas des dépositaires de l'ordre surnaturel — à savoir les hommes d'Église — la cause efficiente de l'ordre naturel lui-même, de sorte qu'un régime politique respectueux de l'ordre naturel sert mieux, objectivement, les vrais intérêts de l'Église — fût-il en délicatesse avec elle sur le plan diplomatique —, qu'un gouvernement maçonnique et/ou négligent quant aux réquisits de l'ordre naturel, mais développant d'excellentes relations diplomatiques avec les princes de l'Église.

Qu'on se souvienne à ce sujet des tergiversations et reptations diplomatiques de Pie XI dans la tragique affaire des Cristeros, et en retour des regrets de Pie XII après la défaite de 1945 :

Mary Ball Martinez, dans *The Undermining of the Catholic Church*, page 33 de la traduction française (*La Sape de l'Église catholique*), rappelait :

« Malachi Martin, dont les abondants écrits sur l'Église tendent davantage vers la fiction que vers la réalité, a peut-être bien révélé cependant dans son livre *Déclin et chute de l'Église catholique* des faits significatifs, lorsqu'il décrivit les conversations entre le Pape âgé <Pie XII> et le cardinal Béa, plus âgé encore. Malachi Martin avait été jeune expert auprès de Béa lors de la première phase du Concile, et il est vraisemblable que le vieux Jésuite allemand ait aimé dans ses vieux jours à évoquer des souvenirs de sa vie avec ceux qui avaient été ses collaborateurs. D'après Martin, Pie XII ne cessa à la fin de sa vie de demander à Béa qu'il réponde à cette question lancinante et terrible : Béa pensait-il que, lui, le Pape de la Deuxième Guerre mondiale, avait commis une erreur en jugeant qu'Hitler représentait une menace plus grave pour le monde que Staline ? Avait-il, en fin de compte, choisi le mauvais côté dans la guerre ? Avait-il commis là une horrible faute ? Béa essayait de le consoler : "Comment aurions-nous pu savoir que les Anglo-saxons laisseraient les Russes aller si loin ?" Mais cela ne consolait pas Pie XII qui répétait : "Nous aurions dû savoir, nous aurions dû savoir." »
Oui, comme Pie XII aussi incapable de prévoir la dangerosité du mondialisme bancaire et anglo-saxon que celle du communisme, les catholiques bien-pensants, monarchistes et nationalistes germanophobes auraient dû savoir, et la lecture d'Adrien Arcand nous invite à nous souvenir de ce qu'ils auraient dû savoir à l'époque où le redressement pacifique de l'Occident était encore possible, afin de ne pas renouveler les mêmes erreurs quand — au terme des épouvantables tribulations désormais incontournables que nos pauvres peuples occidentaux s'apprêtent à subir, et dont la cécité non innocente de ces mêmes

bien-pensants aura été responsable — le temps du combat par les armes fera retour.

Cette observation (mieux vaut, pour être catholique, respecter l'ordre naturel et être fâché avec les gens d'Église, que d'être exemplairement soumis à eux en poursuivant sous leur injonction une politique antinaturelle) pourrait évidemment avoir bien d'autres champs d'application que celui du désaccord entre corporatisme fasciste et corporatisme inspiré par la doctrine sociale de l'Église.

Contentons-nous, pour clore ces remarques succinctes relatives à la corporation professionnelle, de faire observer que de manière générale l'activité économique n'a pas et ne peut pas avoir en elle-même le principe suffisant de sa propre régulation, parce que cela reviendrait à confesser — avec le credo libéral — que la recherche par chaque partie de ses intérêts égoïstes engendre nécessairement le bien commun ; mais cela ne serait possible que si la vie de la partie était immédiatement et strictement la vie du tout, ce qui supposerait que la société fût substance, strictement et non seulement analogiquement. C'est au nom de la « dignité de la personne humaine » supposée transcender les intérêts de l'État que les personnalistes, conscients et revendiqués ou inconscients, excluent, quand ils sont corporatistes, que l'État s'ingère dans le fonctionnement des corporations, comme ils excluent, au nom d'un antitotalitarisme supposé dénoncer ce totalitarisme résultant d'une substantification de la Cité, que la personne puisse être ordonnée au bien commun du politique comme à sa fin ; ce faisant, ils sont en pleine contradiction, parce que si un libéralisme économique réussi (générateur de l'ordre politique) supposerait que la société fût substance, en retour tout libéralisme, à moyen ou long terme, en vient à substantifier la Cité :

Impuissante à fonctionner, sous la pression de sa logique mécaniste, autrement qu'en convoquant la dynamique de l'hubris consommatoire, la société économiquement libérale ne peut pas corrélativement ne pas se débarrasser des différences

naturelles — raciales et culturelles (par le recours à l'immigration et l'indifférence à l'égard de tout ce qui est hors du domaine
quantitatif), familiales (il faut réduire chaque homme à un individu sans attaches pour le déraciner et le rendre vulnérable aux
sollicitations de la publicité), sexuelles même (il faut favoriser
toutes les déviances et les rendre légales en leur conférant une
légitimité morale, parce qu'elles sont porteuses d'une exacerba-
tion des appétits sensibles) — afin d'homogénéiser la population en réduisant chacun de ses membres à un consommateur
pur. Et si aucune partie ne se trouve plus capable de tenir de sa
nature propre le principe de sa différence, c'est du tout qu'elle
recevra sa différence, ce qui suppose que la forme du tout
devienne substantielle, et que ce tout, de surcroît, ne soit plus
régional ou national mais mondial, parce que le libéralisme ne
fonctionne qu'en s'accroissant, et ne supporte pas de ne pas
s'étendre à l'infini. La société capitaliste est finalisée par l'accroissement du capital, ainsi donc et trivialement par l'argent.
Or l'argent est par nature un principe indifférenciant. Comme le
fait observer Aristote (Les Parties des Animaux), il faut donner
des flûtes au flûtiste plutôt que d'apprendre à jouer de la flûte à
qui se trouve posséder des flûtes ; de même, on attribue un per-
cheron au laboureur et un destrier au chevalier, une bibliothèque à un philosophe et un métier à tisser au tisserand ; il
serait vain d'essayer, dans une société d'ordre, de vendre des
tracteurs à un prêtre et des calices à un cultivateur ; mais tout
change quand la fin de l'échange n'est plus l'ordre social et le
bien commun, mais la maximisation du profit, laquelle suppose
que l'on persuade tout homme qu'il a besoin de n'importe quoi,
qu'il peut être assigné à n'importe quelle espèce de tâche ou de
loisir, et c'est en cela que les sociétés fondées sur l'argent en
viennent à homogénéiser la population de manière mécanique,
avec pour effet d'abolir toutes les différences naturelles, de
rendre tous les hommes interchangeables, par là de les égaliser
qualitativement, au point que toute inégalité nécessaire à la
complémentarité entre parties que requiert le fonctionnement
d'une société sera introduite dans la masse indifférenciée telle

une matière prime par l'État ou l'instance qui s'y sera substituée. De sorte que c'est paradoxalement le « totalitarisme » du fascisme qui constitue le meilleur garde-fou pour préserver l'initiative privée, respecter les différences personnelles, et promouvoir la véritable dignité de la personne humaine. Ajoutons que, de manière toute théorique, l'État d'un État libéral doit, pour exercer efficacement son rôle d'arbitre (le libéralisme philosophique d'un Locke ne reconnaît d'autre fin à l'État que celle de faire respecter les contrats passés entre particuliers), être fort ; or, comme nomocratique et non téléocratique, l'État libéral s'interdit par essence d'assigner au corps social d'autre fin que celle, privée et même égoïste, résultant des rapports de force qui tissent la société civile. Dépourvu qu'il est d'une finalité propre autre qu'arbitrale, ainsi sans projet moral, un tel État n'a d'autre légitimité que celle de rendre possible l'insociable sociabilité ou insociabilité à forme sociable d'individus essentiellement rivaux. Mais si la finalité de la vie sociale est essentiellement privée, si l'on n'entre en société que pour y trouver son intérêt (de sorte qu'elle ne peut être fondée que sur un contrat), c'est alors que l'État est réduit au rôle d'instrument qui sera nécessairement la proie de la convoitise du plus puissant des rivaux en présence, de sorte que le supposé garant des règles régissant les conflits deviendra nécessairement objet ou enjeu de conflit, et c'est pourquoi un tel État sera tôt ou tard démocratique, car la démocratie est un régime faible aisément manipulable par des puissances d'argent : le pouvoir appartenant au peuple, il suffira de se rendre maître, par l'argent, de tout ce qui peut influencer le peuple. Et c'est ainsi que l'État réduit au rôle d'arbitre sera incapable de conserver sa force, et finira dans la fonction peu glorieuse de factotum de la puissance financière qui sera parvenue à l'acheter. Et c'est bien ce qui se produit aujourd'hui dans tout État libéral, qui ne reconnaît d'autre justice que la justice commutative, quand l'État communiste ignore la question de la justice sociale en supprimant l'existence même d'un marché. L'unique manière de faire servir au bien commun la dynamique investie dans l'activité commerciale est bien, en dernier ressort, l'organisation corporative du travail, des métiers et de l'industrie. Et c'est bien cette organisation corporative qui — précisément parce qu'elle s'inscrit dans un régime qui n'est pas démocratique, soustrait aux convoitises des instances privées — réhabilite l'idée démocratique dans ce qu'elle a de légitime, et conforte l'organicité en favorisant une praxis faisant activement participer les parties à la bonne marche du tout : dans les domaines où ils ont égale compétence, à savoir les domaines professionnels, tous les membres du peuple ont égale vocation à participer, sous l'égide de l'État et à titre consultatif mais solennel, à la détermination des règles du métier.

V. Racisme et vérité historique

Avant que d'aborder les rares thèses de la philosophie politique d'Adrien Arcand susceptibles d'appeler, avec le recul du temps, quelques nuances, soulignons succinctement la diversité et l'actualité de quelques autres riches intuitions de cet auteur trop méconnu.

Contre toutes les édulcorations ou réserves euphémiques de la droite conservatrice même catholique, Adrien Arcand se déclare franchement raciste, sans que cette position n'offense de quelque façon que ce soit sa morale catholique. Et nous devons aujourd'hui lui savoir gré de cette franchise, parce que le problème qu'il dénonçait à ce sujet a atteint un degré de gravité qu'il n'eût pas de son temps seulement soupçonné. Parce qu'il est fidèle à la *doctrine thomiste de l'individuation de la forme par la matière*, Adrien Arcand sait que le métissage des corps implique nécessairement celui des esprits, que donc l'identité spirituelle d'un peuple est en partie dépendante de son intégrité biologique.

Qu'il faille être révisionniste en histoire est aussi un thème cher à notre auteur, précurseur extrêmement courageux dans ce domaine comme dans d'autres, qui a une double raison de promouvoir le révisionnisme. D'abord parce que seule la vérité sur la question des chambres à gaz homicides permettra, selon lui, d'instaurer ce climat intellectuel serein nécessaire à l'étude des faits et des doctrines relatifs aux puissances de l'Axe. Les propugnateurs les plus enragés du Mythe ne s'y trompent pas, qui savent que la dissipation du mensonge des 666 millions de coccinelles occises par une poignée de sanguinaires chrétiens germaniques aboutirait nécessairement à un dessillement des peuples abusés et comme politiquement paralysés depuis soixante-dix ans, et avec lui à un écroulement — sinon sans retour, à tout le moins durable — de la prétention « coccinellique » à détruire le christianisme, les nations et l'intégrité des races de la Terre afin de prendre la direction de cette dernière pour l'exploiter jusqu'à la fin des temps sous l'œil bienveillant de l'Éternel « écarlate »... De plus, Arcand a compris qu'on ne pouvait au fond être un catholique conséquent sans être révisionniste, et cela pour des raisons proprement religieuses, car la « Shoah » n'est pas seulement un sujet controversé d'histoire, elle prétend avoir une portée théologique. Le plagiaire talmudique de Sartre, Emmanuel Lévinas, évoque avec Auschwitz la « Passion » du peuple juif. Ce qui revient à dire que le peuple juif est pour lui-même son propre messie, qu'il est consubstantiel à Dieu, qu'il est l'immanence du divin dans l'Histoire, qu'il est le « corps mystique de Dieu » (dixit un André Chouraqui), et qu'il meurt au Golgotha d'Auschwitz pour ressusciter, en rachetant le monde, sur la terre d'Israël. Et il est inutile d'insister sur l'énormité de cette captation juive de l'héritage chrétien.

De même Arcand rappelle-t-il avec rigueur qu'il est impossible d'être catholique sans condamner le sionisme dans son essence même. Revendiquer la terre de Palestine au nom de l'Ancien Testament, c'est considérer que l'on est membre d'un peuple ayant une raison d'être actuelle. La raison d'être d'un peuple est soit naturelle (incarner une certaine manière d'être homme, actualiser un aspect idéal de la nature humaine), soit surnaturelle (être une préfiguration temporelle, nationale, ethnique et politique, d'une institution à vocation intemporelle, internationale, trans-ethnique et ecclésiale), mais alors il en est de ce peuple comme de la chrysalide à l'égard du papillon dont la surrection est précisément la négation de la chrysalide, sa sup-pression sans reste, et c'est pourquoi le peuple juif est, théologi-quement parlant, un peuple de morts-vivants, ce qui le destine logiquement au destin de vampire. Et un peuple sans raison d'être (sa raison d'être est l'Église) n'a aucune raison d'avoir un territoire. Reconnaître aux résidus d'une religion morte le droit d'avoir une terre qui soit plus qu'un ghetto, qui revendique à ce titre le statut d'État souverain, c'est par le fait même confesser qu'il n'est pas théologiquement mort, et que donc le Messie n'est pas encore venu ; c'est par là enseigner que l'Église catho-lique est une imposture.

Évoquer ici la question du racisme antisémite nous permet-tra d'exprimer une modeste réserve à propos de deux points mineurs de la doctrine d'Adrien Arcand. Au reste, ces réserves concernent plus une lecture réductrice de l'œuvre de cet auteur que sa pensée elle-même, au point qu'on a des raisons d'estimer qu'il eût pu les formuler lui-même ; par certaines remarques brèves, discrètes mais déterminantes, Adrien Arcand montra dans ses travaux qu'il avait pressenti aussi les origines des maux dont souffrait son propre camp, en particulier un certain surna-turalisme castrateur rendant inefficace le zèle de trop de catho-liques, et leur propension à reporter sur des ennemis à la dange-rosité hypertrophiée la responsabilité de leurs échecs et de leur stagnation.

VI. Les Juifs ne sont pas une race.

Pour illustrer notre propos, nous reprendrons ici quelques lignes d'un ouvrage que nous avons récemment publié (*Présen-tation de l'Institut Charlemagne*).

Si la communauté juive était dotée d'un patrimoine biolo-gique spécifique, elle serait dotée d'une dimension matérielle l'habilitant à revendiquer potentiellement un mode national d'existence, puisque sur le plan naturel (par opposition à l'ordre surnaturel), la race est un élément constitutif de l'identité natio-nale, au titre de sa cause matérielle ; il faudrait alors dire que la judéité, en tant que détermination surnaturelle, est abolie par le christianisme, mais que, en tant que détermination naturelle, elle est vivante et pérenne ; que donc un converti au catholicisme est un « Juif catholique » (comme on peut parler d'« Arabe catholique » à propos d'un Arabe musulman converti au catholicisme). Mais comment alors serait-il possible de maintenir en même temps que la destinée des Juifs, s'ils avaient été fidèles à leur vocation, était de constituer chronologiquement le vivier des premiers prêtres de l'Église, les premiers évêques répandus dans toutes les nations à évangéliser, ce qui supposait qu'ils se fondissent dans tous les peuples et y perdissent leur identité ethnique et leur vocation à une vie nationale ? En vérité, comme le rappela récemment l'historien israélien Shlomo Sand (*Comment le peuple juif fut inventé*, Fayard, 2009), les Juifs ne sont pas une race, mais un peuple artificiel forgé par l'art divin. Shlomo Sand a montré, en dépit de l'hostilité évidemment compréhensible de ses coreligionnaires, que le peuple juif actuel n'est nullement formé de descendants du peuple vétérotestamentaire. Les Juifs chassés par Titus (dont le nombre fut beaucoup moins élevé que ne le rapportèrent les Pères de l'Église, saint Justin en particulier) après la chute de Jérusalem, ont fait maints prosélytes en Europe et dans le Moyen-Orient, aussi bien en Gaule, en Espagne, en Italie, qu'en Europe centrale, lesquels sont tout simplement (si l'on ne tient pas compte des alliances familiales postérieures à leur conversion) des Européens d'origine chrétienne ou païenne convertis au judaïsme. Les Ashkénazes sont les descendants des Khazars, qui se convertirent brutalement au judaïsme dans la deuxième moitié du premier millénaire, et qui n'ont pas une goutte de sang sémitique. Les seuls authentiques descendants des anciens Juifs sont, par une ironie amère de l'Histoire, les Palestiniens actuels, arabisés et islamisés depuis plus de douze siècles. Les Juifs actuels sont un ramassis de peuples issus de toutes les nations, minoritairement sémites, qui revendiquent une identité nationale fondée sur une appartenance religieuse (pour le Juif, réalité nationale et réalité ecclésiale se confondent) ; la judéité est d'abord et même exclusivement, objectivement parlant, un engagement spirituel personnel, une mentalité, un état d'esprit se résumant dans l'idée de peuple élu voué à dominer le monde par le fer, par le mensonge (« *By the Way of Deception* » est la devise du Mossad) et par l'argent ; subjectivement, le Juif se dit membre d'un vrai peuple fondé sur une histoire et revendiquant des racines ethniques définissables, afin de cautionner sa prétention à posséder la terre palestinienne : on ne peut revendiquer un droit historique à occuper une terre que si l'on est une vraie nation. C'est entre la révolte des Maccabées (IIe siècle avant NSJC) et celle de Bar Kokhba (IIe siècle après NSJC) que l'hellénisme propagé par Alexandre le Grand « insuffla au judaïsme un élément vital d'universalisme anti-tribal, et augmenta ainsi la soif de conversion massive chez les souverains <juifs>, leur faisant oublier les commandements exclusifs du Deutéronome » (Shlomo Sand, *op. cit.*, page 221). « La religion juive prit son envol sous l'aile protectrice des Hellènes » (page 226, *ibid.*). « Comment un peuple essentiellement paysan, qui tournait le dos à la mer et qui n'avait pas créé un vaste empire, a-t-il pu produire autant d'émigrants ? » (page 208) Unique réponse possible, déjà esquissée par Cicéron, Tacite, Flavius Josèphe, Don Cassius et confirmée par Mommsen et Renan : il ne s'agissait pas tant d'émigrants que de convertis, avant et après la destruction du second Temple.

Parce que le judaïsme n'est plus rien, sinon dans la tête de ceux qui se déclarent juifs, il n'a plus aucune vocation dans l'économie surnaturelle du Salut. Les Juifs ont aujourd'hui, et depuis deux mille ans, vocation à se convertir au catholicisme et à se fondre dans les nations qu'ils parasitent aussi longtemps qu'ils sont juifs, en se mettant à leur service et en renonçant à leur identité fictive. Et, parce que les Juifs ne sont pas un vrai peuple (ils n'ont aucune identité ethnique naturelle ; le constitutif formel de leur identité était d'essence religieuse ou surnaturelle, mais cette vocation est aujourd'hui obsolète), ils n'ont plus aucune vocation naturelle, de sorte que l'État d'Israël a, selon le point de vue du catholicisme traditionnel, c'est-à-dire du catholicisme, vocation à être détruit.

VII. Les Juifs ne sont pas la cause première et souveraine de toutes les formes de la Subversion anticatholique et antinaturelle.

Ce qui précède devrait disposer le lecteur à comprendre que l'auteur de cet essai n'entend nullement innocenter les Juifs des responsabilités dont les accuse Adrien Arcand dans les processus de décadence des peuples catholiques. Il demeure que faire de la communauté juive le moteur premier et quasi exclusif des processus de décadence du monde chrétien, c'est au fond faire beaucoup d'honneur à ceux que l'on entend combattre, en leur reconnaissant une importance qu'ils ne méritent pas, fût-ce dans le mal.

On croit trop souvent, dans les milieux que cette question intéresse, au nom de l'adage « *corruptio optimi pessima* », que les Juifs, supposés dotés de talents naturels particuliers corrélatifs de leur élection surnaturelle passée, seraient redoutables du fait même de l'excellence naturelle et surnaturelle qui leur eût été conférée en vertu de la vocation qui leur avait été providentiellement confiée, et qu'ils ont refusée. Mais c'est là oublier qu'il y a incommensurabilité entre nature et grâce ; que d'autre part il fallait qu'ils n'eussent aucune excellence naturelle particulière pour que leur sublimation sans reste en premiers Chrétiens ne fût pas l'envers du sacrifice d'une excellence naturelle. C'est encore oublier que la communauté juive — l'histoire l'atteste, et quelque effort que fasse cette communauté pour faire accroire au monde qu'elle est composée de génies et se persuader elle-même qu'elle est le sel de la Terre — se caractérise par une remarquable stérilité dans le domaine intellectuel et artistique ; les Juifs sont capables de produire de grands interprètes et de brillants « premiers de classe », mais non des créateurs ; tout affairés à mériter leur élection (en vérité caduque, et de nature surnaturelle alors qu'ils la croient naturelle), obsédés (comme le sont les calvinistes à l'égard de signes matériels de leur prédestination pour le Ciel) par le souci de se donner des preuves tangibles de leur excellence intellectuelle, ainsi de gravir les échelons des sociétés qu'ils phagocytent, ils sont incapables de constituer ce terreau populaire obscur à partir duquel peuvent pousser les fleurs de l'exception individuelle créatrice ; ils se contentent d'être de bons imitateurs, d'excellents assimilateurs (leur histoire les y contraignit pendant deux mille ans), pour ensuite faire oublier leurs emprunts et se poser en novateurs. Aristote et Platon n'étaient pas juifs, non plus que Plotin ou Proclus, saint Augustin ou saint Thomas d'Aquin, Duns Scot, Shakespeare, Vinci, Raphaël, Jules César, Leibniz, Hegel (en lequel un Emmanuel Lévinas reconnaît à regret — Hegel n'était guère philosémite, pour le moins — le plus grand génie philosophique de tous les temps), Archimède, Lagrange, Henri Poincaré ou Heisenberg. Évoquons, pour illustrer ce propos sur un seul exemple, le cas emblématique d'Albert Einstein :

La théorie de la Relativité ne sortit pas toute cuite du cerveau d'Einstein. Dans ses lettres, Albert parle de « notre travail », évoquant le souvenir de sa première femme qu'il avait engrossée avant de l'épouser (l'enfant mourut probablement, elle abandonna ses études), et à laquelle il donna le montant de son prix Nobel obtenu par lui en 1921 (ils avaient divorcé en 1915). Excellente mathématicienne autant que physicienne émérite, Mileva Einstein, vulgaire goy d'Europe centrale (serbe), avait suivi les cours dispensés au « Polytechnicum » de Zurich, et son compagnon d'un moment sut beaucoup profiter de ses talents et de ses géniales intuitions. Le contrat de mariage entre Albert et Mileva est un chef-d'œuvre d'abjection : il stipule d'avance que toutes les découvertes de Mileva seront attribuées à Albert. En fait d'intuitions géniales, on considère dans certains milieux bien informés que le véritable découvreur de la théorie de la Relativité est Henri Poincaré, mort en 1912. Dans une conférence tenue lors du premier congrès de mathématiques réuni à Zurich en 1896, il annonce : « L'espace absolu, le temps absolu, la géométrie euclidienne même, ne sont pas des conditions qui s'imposent à la mécanique. On pourrait énoncer les faits en les rapportant à un espace non euclidien. » Einstein, de l'aveu de son biographe et condisciple Maurice Solovine, avait lu *La Science et l'Hypothèse*, paru en 1902, avant donc 1905. On y trouve, sous la plume de Poincaré, la formule : « loi de la relativité ». Dans d'autres textes, il évoque la courbure de l'espace-temps, le « postulat de la relativité », l'idée d'une quatrième dimension de l'espace, celle aussi de propagation de la gravitation à la vitesse de la lumière (et non instantanément). Bien entendu, la voix génialement écrasante des Génies « génialeux » donnés au monde pour sa rédemption, étouffa vite le souvenir de l'impertinence « poincaresque »... Récemment (dans les années 2000), le professeur Umberto Bartocci, de l'Université de Pérouse, a révélé que c'est un industriel italien originaire de Vicenza, Olinto De Pretto, qui le premier formula la célèbre équation « $E=mc^2$ », dans un article publié en 1903 par le magazine scientifique *Atte*. Michele Besso, suisse d'origine italienne, aurait attiré l'attention d'Albert Einstein sur cette formule, dont on allait bientôt — à tort évidemment — lui attribuer la paternité (le « Grand Albert » l'utilisa en 1905). Après avoir offert l'original de son manuscrit sur la Relativité, il le récrivit, mais cette fois pour le vendre. Les seuls Juifs — tel Baruch Spinoza (encore qu'il doive l'essentiel de sa doctrine panthéiste à Giordano Bruno) — ayant fait preuve d'un certain esprit novateur se sont la plupart du temps révélés être des antisémites déclarés ou honteux.

De plus, rendre malgré soi un grand hommage aux Juifs en leur reconnaissant la primauté dans l'ordre de la puissance subversive, c'est adopter un mode de pensée qui systématise les théories du complot, au point d'innocenter les peuples qui en sont victimes de toute responsabilité. Et cela est fâcheux pour ces derniers, qui équivaut à les dispenser d'avoir recours aux remèdes vraiment salvateurs, faute d'avoir identifié les véritables causes du mal. Il serait vraiment grotesque de prétendre que les complots n'existent pas, que l'histoire officielle est honnête et complète ; que la diffusion du mal, dans les phénomènes humains, est un événement impersonnel explicable par des lois universelles dépourvues de toute intention mûrie dans des cerveaux identifiables et cachés au grand public. En retour, il semble réducteur de penser qu'un corps physique ou spirituel, telle une civilisation, ne contient jamais en lui des raisons immanentes de sa propre destruction, et que les raisons de ses maladies lui seraient toujours extrinsèques. Le problème n'est donc pas de savoir si toutes les théories du complot relèvent du fantasme : il est clair qu'elles n'en relèvent pas, et que maintes d'entre elles apportent un éclairage singulièrement précieux sur de nombreux phénomènes et événements historiques. Il est de savoir si de tels complots suffisent à expliquer les décadences, ou s'ils ne requièrent pas, pour être efficaces, une démission des forces d'autodéfense du corps contre lequel ces complots sont dirigés. Il est donc de savoir si les complots sont causes premières ou causes secondes, causes principales ou causes instrumentales. Et notre avis est plutôt qu'il convient de leur reconnaître le statut de causes secondes et subordonnées. Et ce diagnostic concerne les manœuvres de l'Internationale juive, de l'Internationale maçonnique, ou de l'Internationale sataniste, si toutefois elle existe dans des formes moins folkloriques et anecdotiques que celles des journaux et émissions à sensation.

En tant que transcendantal, l'être est un concept convertible avec le bien, le beau, le vrai et l'un. Tout être en tant qu'il est être est doté d'unité. Or le mal en général, physique ou moral, est, considéré en lui-même, non-être ; tout l'être de la cécité est le non-être de la vue sa privation, et cela ne l'empêche pas d'avoir un être de non-être, en tant que déficience terriblement réelle et douloureuse : le mal a le statut ontologique de privation, laquelle « est », mais en tant que relative à l'être qu'elle conteste ; tout mal, en tant qu'il est, est un certain être, ainsi un certain bien, mais il est réellement un mal en tant qu'il prive ce qu'il affecte d'un bien plus grand, c'est-à-dire de la perfection qu'il devrait avoir en vertu de sa nature, et c'est pourquoi le concept de mal absolu est intrinsèquement contradictoire ; le mal se détruirait en s'absolutisant. Dès lors, n'ayant pas d'être par soi, le mal n'a pas d'unité, ce qui revient à dire qu'il exclut d'avoir en lui-même le principe d'une unification de ses forces. Il est, seul et livré à lui-même, divisé contre lui-même, affaibli à raison de lui-même et déjà vaincu par lui-même. En même façon, la racine première de toute révolte est l'orgueil, qui est l'amour démesuré, déréglé, désordonné de soi-même, dont l'expression est le subjectivisme. Ces deux points rappelés, il est alors possible de comprendre pourquoi on ne voit pas comment un subjectiviste pourrait s'insurger contre l'ordre des choses et contre Dieu son Auteur, pour en venir à se subordonner à un Démon exigeant lui aussi d'être adoré, ainsi sommant son disciple et adorateur de crucifier sa subjectivité ; si la raison de la révolte est l'exaltation de la subjectivité, on ne voit pas comment cette même subjectivité pourrait consciemment et volontairement consommer sa révolte dans le crucifiement du Moi ; le culte rendu à un absolu luciférien, sommet supposé de la Subversion, et religion de supposés « Supérieurs inconnus », n'est logiquement concevable et psychologiquement viable, au moins un temps, que s'il est pensé dans une perspective gnostique, ou gnostico-panthéiste : un Lucifer ami des hommes qui lui seraient consubstantiels aurait pour propos d'achever, en s'en faisant la conscience de soi, la déité inconsciente, inchoative et impotente d'un Dieu primitif ayant créé (ou plutôt fait émaner de lui-même) sans sagesse un univers mauvais que Lucifer Rédempteur aurait pour propos de refaire. Mais un tel point de vue, rationnel dans son délire, au moins jusqu'à un certain point, expression représentative de la matrice de tous les millénarismes, de toutes les utopies, de tous les constructivismes, de toutes les inversions, ne laisse pas lui-même, en tant qu'antithéisme (position explicitement revendiquée, dans un cadre maçonnique, par un Proudhon par exemple) d'être un théisme inversé, ainsi une doctrine enseignant la transcendance d'un Principe que la subjectivité humaine ivre d'autodéification ne saurait en vérité supporter ; car, que ce luciférianisme déclare l'homme — particulièrement en ses Initiés juifs, francs-maçons ou autres, quelle que soit la confrérie ésotérique à laquelle ils prétendent appartenir — consubstantiel à l'Ami des hommes, cela ne suffit pas pour que, en adorant Lucifer, les Initiés puissent se donner le sentiment de n'adorer qu'eux-mêmes, puisqu'ils font l'aveu, dans l'acte même de vouer un culte à Satan, d'être à jamais incapables de percer le secret et d'accéder à la maîtrise du processus de leur propre genèse à partir de la substance divine ; de sorte que la vérité sans voile et la radicalisation exhaustive de la révolte d'inspiration sataniste ne peut être autre que l'athéisme pur et simple, selon lequel Dieu n'est pas mais est à inventer, et à inventer par et comme l'homme lui-même, dans un refus consommé de toute transcendance. Or cette position n'est plus celle d'une praxis des complots, mais tout simplement celle du communisme matérialiste et dialectique de Engels, véritable inspirateur, dans le sillage de Feuerbach, de la doctrine de Marx.

Ainsi donc, puisque la gnose culmine dans le satanisme ainsi entendu, puisque par ailleurs la gnose est le noyau de l'ésotérisme maçonnique, force est de conclure que la maçonnerie, ou la doctrine juive inspirée par le Talmud et la Cabale (Gerschom G. Scholem a bien montré que le judaïsme moderne, c'est-à-dire le judaïsme proprement dit, antichrétien et né avec la déchirure du Voile du Temple, s'est constitué en empruntant aux Gnostiques historiques nés en milieu chrétien et initialement violemment antijuifs les schèmes fondamentaux de sa métaphysique) ne sauraient constituer l'horizon de la Subversion, quelque efficaces que soient leurs offices, en tant que causes instrumentales, dans les manœuvres séculaires de décomposition de l'Occident chrétien.

Si le mal est par nature divisé contre lui-même, il ne peut pas se fédérer et se conférer l'unité que requiert l'élaboration d'un complot mondial et séculaire. Et s'il est enté sur le subjectivisme, il est métaphysiquement impossible qu'il puisse se doter de cette discipline de fer — condition de toute efficacité mais aussi génératrice d'offenses infligées aux revendications subjectivistes — à laquelle sont suspendus son pouvoir de nuisance et sa capacité de subsister longtemps ; par là, derechef, c'est la condition de son unité qui est encore rendue problématique. Il faut, pour qu'il contracte cette unité positive dont il est par nature dépourvu, d'abord que le corps qu'il attaque mais qui aussi le pourchasse lui confère, par sa résistance à de tels assauts, cette unité négative et défensive qui sera le substitut de l'unité positive qu'il est incapable de contracter, et, dans un second moment, que cette résistance soit assez maladroite et fragile pour succomber à ses coups. Ces considérations reviennent trivialement à rappeler, avec saint Pie X, que la force des méchants est la faiblesse des bons, ou encore que la maladie ne trouve pas sa première raison dans l'existence des microbes, mais dans l'impuissance d'un corps sain à leur résister. Si la vie est métaphysiquement le propre de ce qui se meut par soit, d'un mouvement spontané quant à l'origine (le vivant n'est pas mû du dehors) et immanent quant au terme (le terme du mouvement du vivre est intrinsèque au vivant : le « *terminus ad quem* » du mouvement de croître, ou du processus d'auto-organisation ou auto-régénération du vivant, est bien le vivant lui-même, son « *terminus a quo* »), alors le vivant est bien ce qui *se* meut, opère une réflexion — et une réflexion qui est ontologique avant que d'être, dans les vivants spirituels, noétique —, de telle sorte que le vivant, structurellement, se fait positionnel, dans lui-même, du « *terminus a quo* » potentiel d'un processus dont il est le résultat actuel. Ce qui revient à dire qu'il est de manière essentielle le résultat d'une victoire sur sa propre aliénation qu'il assume tel le moment obligé de sa vitalité : « *Quanto forma magis **vincit** materiam, tanto ex ea et materia magis efficitur unum* » (saint Thomas d'Aquin, *Somme contre les Gentils*, II 68) ; plus la forme se fait victorieuse de la matière, plus l'unité de la matière et de la forme — ainsi de la substance — est parfaite. La positivité de l'identité à soi du vivant a la forme intemporelle d'une négation de négation, et cette négativité opérant dans tout vivant en tant que vivant n'est pas de soi peccamineuse ; le mal moral ou physique n'est pas tant le négatif en tant que tel, que la langueur dont il se révèle affligé, ainsi l'impuissance en laquelle se trouve le pécheur de se rendre victorieux du non-être (relatif ou absolu) en lequel s'anticipe la perfection à laquelle le destine la vie vertueuse. Tout mal est du négatif, mais tout négatif n'est pas du mal. Est foncièrement mauvais ce négatif qui refuse de s'assumer afin de se dispenser de se réfléchir (par là de s'abolir en se convertissant en positif), telle une chrysalide refusant à se renier en ce papillon qui s'anticipait (se niait) en elle, ou bien tel ce papillon refusant de s'épuiser à engendrer des chrysalides. C'est donc par défaut de négativité que le negatif reste du négatif, c'est par privation de négativité qu'il est privation d'être, ainsi qu'il est du mal. Dans cette perspective, le mal n'est pas le fait d'un négatif contre lequel il faut lutter, il est le fait d'un refus de lutter contre le négatif, et ce refus de lutter contre lui se traduit par une pérennité du négatif, une excroissance tératologique lui donnant de prétendre à subsister comme négatif non sublimé sur le mode positif de ce que serait la sublimation de lui-même, et c'est en cela qu'il prétend être du bien et se donner l'apparence du désirable. Relève du mal physique ou moral ce bien fini qui s'infinitise quantitativement en refusant la sublimation qualitative de lui-même qui devrait être corrélative de sa démesure quantitative ; relève du mal cette prétention à l'absolu dans l'élément du fini.

Aussi est-on invité à comprendre que le mal en acte est le résultat de la non-sublimation d'un négatif qui préexiste sur le mode non peccamineux au cœur de ce qui est bon, et qui constitue comme l'étoffe du bien. Ainsi par exemple l'orgueil n'est-il pas du tout l'amour de soi, il est si peu l'amour de soi que l'amour de bienveillance pour autrui, marque d'oubli de soi et référent naturel de la vertu théologale (surnaturelle) de charité, requiert cet amour de soi, comme le prouve Aristote dans l'*Éthique à Nicomaque* (Livre VI) : « je m'aime » signifie, en tant qu'acte de la philautie vertueuse, « j'aime la manière dont mon essence condescend à s'individuer en moi, je m'accepte tel que Dieu m'a voulu, j'aime mon essence en moi et son œuvre que je suis, mais par là, aimant mon essence et ses œuvres, j'aime la manière dont elle décide de s'individuer en d'autres, j'aime les autres de l'amour même dont je m'aime moi-même ». L'amour de soi de la personne devient peccamineux lorsqu'elle en vient à oublier (et cet oubli est toujours intentionnel) que l'amour qu'elle se porte à elle-même n'est que l'effet en elle, ou un moment subordonné, de cet amour que son essence — dont elle est l'individuation — se porte à elle-même en elle, pour en venir à subordonner son essence à elle-même, et bientôt à prétendre qu'elle serait, en tant que subjectivité, créatrice de sa propre essence. Et la personne pèche en tant que cet amour de soi de son essence en elle — qui a la forme d'un amour exercé par son essence pour l'individu en lequel elle se risque en s'y contractant, mais tout autant d'un amour faisant s'arracher l'individu à sa propre complaisance en lui-même pour le faire se subordonner à son essence, ainsi qui a la forme d'une négation de négation — se court-circuite et en vient à inverser le sens de cette réflexion constituée par la négation de négation de l'amour qui s'exerce en elle. Ce n'est pas à dire que le bien serait une victoire sur le mal *qu'il faudrait assumer* pour qu'il y eût du bien, ce qui serait en effet une position relevant du gnosticisme, qui ferait du mal un partenaire obligé du bien ; c'est-à-dire que le mal préexiste non comme mal mais comme négatif dans le bien dont il est un moment, et que ce négatif se convertit ou s'actualise en mal seulement quand il refuse de s'exercer réflexivement sur lui-même. Le mal qui nous est extérieur, provoquant notre désir de bien en se faisant séducteur, et qui nous agresse tel un étranger, n'a d'autre consistance que celle de la réalité en acte d'un négatif non peccamineux qui nous est *naturellement* immanent et que nous sommes invités à vaincre ; l'homme sain est ainsi constitué qu'il a la forme d'une victoire sur le négatif — intérieur à lui — de son excellence positive, et qui se révèle être le germe du mal s'il n'est pas surmonté, de telle sorte que, quand un mal extérieur nous menace, il n'est victorieux de nous que si nous avons déjà capitulé devant l'instance négative à nous consubstantielle dont le référent extérieur n'est que la figure. Il n'est pas d'ennemi extérieur à nous, destiné à nous faire pécher, ainsi à nous faire dévier de notre nature, qui ne préexiste *naturellement* en nous, ainsi de manière non peccamineuse, sur le mode d'un bien inférieur dont le bien supérieur que nous sommes chacun pour nous-mêmes est le résultat victorieux. De même que la paix a la forme d'une victoire sur la possibilité de la guerre (sans qu'il soit besoin que la guerre éclate de manière actuelle pour que la paix soit acquise) ; de même que la vie a la forme d'une victoire sur la mort sans qu'il soit nécessaire de faire existentiellement l'expérience de la mort en acte pour exercer l'acte de vivre (toute vie serait alors résurrection), de même enfin la vertu a la forme d'une victoire sur la possibilité du vice sans qu'il soit requis de connaître l'actualité du vice pour acquérir la vertu. Si donc le mal n'est pas tant une instance s'opposant au bien, qu'une démission de la pugnacité de l'énergie vitale naturellement en lutte contre un moment obligé d'elle-même, et bon lui-même en tant qu'il en est un moment *obligé*, si de ce fait le mal est l'effet du refus par le bien d'être pour lui-même sa propre matière sacrificielle (les biens finis sont à aimer, mais ne sont à aimer que pour être sacrifiés), on comprend en dernier ressort que le mal ait son origine radicale dans le camp du bien lui-même, de telle sorte que les complots ne peuvent jamais qu'amplifier une démission, une fissure déjà consommée dans le camp du bien ; **et le surnaturalisme consiste, comme tentation spécifiquement chrétienne suggérée par le « diable pieux », à se dispenser d'aimer les biens finis pour faire l'économie de l'effort de les surmonter, ainsi pour saper la dimension naturelle d'irascible convoquée par toute aspiration morale non anémiée et non déviée.** Dès lors, ce n'est pas tant à l'éradication des auteurs de complots que tient, dans ce qu'elle a d'essentiel, l'entreprise de réfection opérée par les soldats du « *bonum certamen* », mais à l'identification des faiblesses propres de ce camp du bien, de ses inachèvements, de sa propension à reposer sur ses propres lauriers.

Ainsi donc, aussi longtemps que la philosophie politique de l'Ancien Régime ne sera pas parvenue à intégrer l'organicité du fascisme, elle sera impuissante à lutter efficacement contre les assauts du jacobinisme mécaniste et individualiste. Aussi longtemps que la philosophie de la pensée catholique n'aura pas résolu, avec ses propres armes et dans le respect de ses propres conclusions, la question épineuse — posée au XVIe siècle dans l'élément de la Scolastique finissante et réactualisée par les travaux du moderniste Père de Lubac, inspirateur de Vatican II —

du point de suture entre nature et grâce, la communauté catholique dite traditionaliste, refusant cette « herméneutique de la continuité » au nom de laquelle elle serait sommée de digérer l'inacceptable (les données modernistes du conciliabule de Vatican II) pour se dire encore d'Église, sera incapable, *engluée dans le surnaturalisme polymorphe*, de rendre raison, de manière argumentée, de ses positions et de sa prétention (pourtant légitime) à être l'Église catholique elle-même en sa partie non gangrenée par le modernisme, ou à être cette instance vicariante en laquelle l'Église a fait se réfugier sa propre catholicité. Et cette langueur dont est affligée la Pensée traditionnelle tant en son corps doctrinal politique que dans sa doctrine religieuse, ne procède pas des entreprises subversives des Juifs, des Francs-maçons, ou des Satanistes.

Lorsque par exemple il déclare que le communisme international et la franc-maçonnerie mondialiste sont tous deux dirigés par les Juifs, qui les font se mettre en compétition, comme si le sionisme était la résolution, en forme de dépassement (ainsi l'« *Aufhebung* ») des formes les plus virulentes de la Subversion, Adrien Arcand donne un peu parfois l'impression de parler des Juifs comme s'ils étaient la *cause* de tels maux, alors qu'ils n'en sont peut-être, en dernier ressort, que l'épiphénomène, l'instrument amplificateur, l'objectivation fantomatique et la caisse de résonance bruyants. Hypothèse qui, à tout prendre, dénonçant nos propres démissions en même temps qu'elle nous invite à l'humilité, au travail et à l'effort, à la remise en cause de certaines de nos habitudes de pensée, a quelque chose de rassurant : notre premier ennemi n'est pas une sombre conjuration mystérieuse, insaisissable, formidable et invincible, il est nous-mêmes.

Que l'on retrouve des Juifs dans à peu près toutes les formes de la subversion antichrétienne est difficilement contestable, mais cela prouve qu'ils sont attirés par le vice comme la mouche l'est par la bouse et l'étron, cela ne prouve pas qu'ils seraient les créateurs de ces formes de subversion, ou leurs nécessaires dirigeants. On dit volontiers par exemple, dans les milieux antisémites (et Adrien Arcand le rappelle lui-même) : « *Si Lyra non lyrasset, Lutherus non saltasset* » (Luther n'eût pas dansé s'il n'avait pas subi l'influence de Lyre) ; mais Nicolas de Lyre, franciscain hébraïsant érudit mort en 1349, n'était pas d'origine juive, et rédigea même un *Contra perfidiam Judaeorum* (*Contre la perfidie des Juifs*) dont, précisément, s'inspira Luther pour rédiger son *Von den Juden und ihren Lügen* (*Des Juifs et de leurs mensonges*).

Conclusion

À toute distance des afféteries nietzschéennes prisées par les fascistes et paganistes de salon, Adrien Arcand — scandale pour les « surhommes » — fut, en voulant l'être, comme auteur de prières naïves et touchantes, un chrétien discret « doux et humble de cœur », et un réactionnaire déclaré. Mais, à la différence de trop de réactionnaires, il le fut sans nostalgie passéiste, sans cette forme subtile de subjectivisme qu'est la complaisance dans un certain quiétisme du désespoir : « c'était toujours et dans tous les domaines mieux avant, le passé sacralisé pourrait au mieux être imité mais ne saurait être réinventé, il ne saurait être révolutionné de l'intérieur pour le faire advenir à une figure plus parfaite de lui-même », celle-là même à laquelle il requiert d'accéder pour conjurer la révolution progressiste et démoniaque qui risque de le balayer ; mais Adrien Arcand, ayant compris que le véritable réactionnaire est celui qui sait faire la révolution *dans* et *de* son propre camp pour se dispenser de laisser les autres la faire *contre* son camp, fut un chrétien résigné — au sens chrétien du terme (consentir à renoncer aux biens finis, mais pour s'approprier aux réquisits du désir naturel de Dieu) — et sans jamais se départir de cette instance d'esprit critique lui permettant toujours de distinguer entre l'essentiel et l'accidentel. Et il sut encore exercer les vertus de cet esprit critique — lequel est, de soi, négatif en tant que pouvoir de mise à distance, ou pouvoir de dissipation des fausses évidences — en

l'intégrant à un désir positif, orienté vers le futur, de systémati-
sation et d'achèvement, tant sur le plan doctrinal que sur le plan
pratique. C'est peut-être pour ces raisons mêmes qu'il parvint
sans en avoir le dessein à faire s'actualiser, dans le chrétien résigné qu'il était, *c'est-à-dire selon une juste — antisurnaturaliste —
conception de l'humilité, immune de toute pathologie jansénisante,*
une personnalité vigoureuse d'une insolente jeunesse, qui peut
être donnée en exemple de courage, de lucidité, d'audace, de
ténacité et de cohérence aux jeunes générations.

★ ★ ★

BIOGRAPHIE D'ADRIEN ARCAND

par Rémi Tremblay

C'est sur la rue Laurier, dans un quartier ouvrier de Montréal, qu'Adrien Arcand, troisième de douze enfants, naquit le 3 octobre 1899. Ses parents avaient quitté la campagne pour s'établir en ville pour tenter d'améliorer leur sort. Sa mère Marie-Anne Mathieu, une femme à la foi ardente, était directrice d'école, organiste et maîtresse de chapelle, alors que son père, Narcisse Arcand, issu d'une famille bordelaise arrivée en Nouvelle-France au XVIIe siècle, était charpentier. C'était aussi un organisateur syndical dynamique, reconnu pour son engagement pour les droits des travailleurs et son implication politique, ayant tenté de se faire élire sous la bannière du parti qu'il avait lui-même fondé, le Parti ouvrier.

L'enfance du jeune Adrien fut relativement banale, mais contrairement aux autres enfants d'ouvriers, il eut la chance de poursuivre ses études, ses parents espérant ainsi qu'il puisse se hisser au-dessus de la misère qu'ils côtoyaient au quotidien. Il entra donc en 1916 au Collège de Montréal, alors administré par les Sulpiciens, où il s'initia à la littérature et au théâtre, art qui le passionna, se joignant même comme acteur à la troupe qui mit en scène *Claude Bardane*, une pièce sur les guerres de Vendée.

Après la fin de ses études secondaires, il entra au Collège Sainte-Marie en philosophie, mais le collège jésuite était en deçà de ses attentes. Aussi s'inscrivit-il en cours du soir en chimie à l'Université McGill pour devenir ingénieur chimiste. Cette idée lui passera rapidement ; l'appel de la plume se fit ressentir. Le jeune homme qu'il est rêve désormais de devenir journaliste.

Ses études et ses plans d'avenir connaissent par contre un arrêt aussi subit que dramatique : la grippe espagnole qui ravage le Canada le frappe de plein fouet et le force à vivre alité durant neuf mois. Pour un passionné de la vie, cette période d'inaction est un supplice. L'inaction lui pèse et il utilise les maigres forces qu'il a pour lire, approfondissant sa culture personnelle dans de nombreux domaines, mais aussi pour prier et méditer. La foi qu'il a héritée de sa mère se raffermit ; il ressort de cette épreuve plus croyant que jamais.

Après ces neuf mois d'études et de prières, il repart à neuf et délaisse définitivement ses études pour accomplir son rêve : devenir journaliste.

Malgré le peu d'emplois disponibles dans ce domaine, il parvint à décrocher un poste au journal *La Patrie*, une institution à l'époque, et se servit de cette position pour en décrocher un meilleur au *Montreal Star*, journal anglophone de la métropole québécoise. De là il se propulsa à *La Presse*, le journal canadien-français le plus lu, un journal qui est toujours édité quoiqu'uniquement en ligne.

À *La Presse* il écrit sur les faits divers et la justice, mais surtout comme chroniqueur artistique et littéraire ce qui lui permet de côtoyer l'intelligentsia canadienne-française. Il rencontre également les artistes étrangers venus en tournée, les politiciens canadiens et l'élite littéraire canadienne-française. Mais même ce poste prestigieux n'assouvit pas sa soif de vivre. Il participe à mille projets. En 1923, il produit l'un des premiers scénarios canadiens-français, celui du film *La Primeur volée*, un film muet qui sera réalisé par Jean Arsin. Il participera au premier congrès des exploitants du film français au Québec aux côtés de personnalité aussi diverses que le futur maire de Montréal Camillien Houde et le Consul de France Édouard Carteron. Il se joint également à la Société astronomique de France et continue de s'instruire sur des sujets touchant tous les domaines.

Il s'enrôle également dans l'armée de réserve, au régiment de Châteauguay, où il acquiert le grade de lieutenant. Il apprend la discipline, mais aussi comment mener des hommes. Peu de temps après, le 14 avril 1925, le jeune Arcand, personnalité en vue du tout Montréal épouse Yvonne Giguère, sa première et seule flamme. De cette union naîtront trois fils, Yves-Adrien, Pierre et Jean-Louis.

Le traitement qu'il reçoit au journal lui permet de vivre plus que confortablement malgré la crise financière qui débute. Pourtant, Arcand, fils de Narcisse Arcand le syndicaliste engagé, constate nombre d'injustices et décide d'y remédier en fondant le premier syndicat de journalistes au Québec, le Syndicat catholique des journalistes de Montréal. L'aventure sera de courte durée, son patron le rencontre avec son collègue Hervé Gagnon ; les deux fondateurs du syndicat sont tout simplement renvoyés.

Pour Arcand le coup est dur à encaisser. Père d'une jeune famille, il doit faire vivre ceux qui comptent sur lui. Mais plus question de travailler pour un patron qui lui dicte quoi faire et quoi dire, il souhaite voler de ses propres ailes. C'est pour cette raison qu'il prend en avril 1929 le risque de fonder son propre journal, un hebdomadaire du nom *Le Miroir*. Pour démarrer son projet il s'allie à l'imprimeur Joseph Ménard, un catholique qu'on pourrait qualifier d'antisémite qui publiera lui-même deux brochures, *Enseignement religieux et réveil économique* ainsi que *Le Clergé et les Juifs*, dans lesquelles il met en garde contre l'influence et le péril juif. Son journal, dont il dicte la ligne éditoriale donne dans le nationalisme, il exige « le Canada aux Canadiens ».

Fort des succès initiaux du journal, il en lance un second en août, *Le Goglu* dont le nom se réfère à un petit oiseau de proie nord-américain, mais au sens figuré à un plaisantin. Cette publication satirique et mordante devient sa carte de visite. Le ton est cinglant, il écorche petits et grands sous le pseudonyme Émile Goglu. Le public est comblé et en redemande, toute la province connaît *Le Goglu*. D'ailleurs, preuve de ce succès, la riche famille juive Bronfman y place des publicités dans les premiers mois tout comme le mythique club de hockey des Canadiens de Montréal.

Il faut souligner le fait que dans les pages de cet hebdomadaire, Arcand publie *Popeline*, un roman-feuilleton comme les journaux en publient fréquemment. Celui-ci mérite tout de même une mention particulière puisque c'est le premier roman écrit en joual (langage parlé québécois) jamais publié. Seuls quelques professeurs d'histoire littéraire québécoise mentionnent aujourd'hui ce roman révolutionnaire qui fit d'Arcand un précurseur du genre.

Fort de ce second succès et plein d'énergie, le 14 mars 1930 il lance un troisième hebdomadaire, *Le Chameau* qui est également un journal satirique, quoique plus sérieux que *Le Goglu*. Engagée politiquement, cette publication appuie ouvertement le Parti conservateur qui aidera à son financement. Alors que *Le Goglu* avait innové avec *Popeline*, le Chameau est digne de mention, car il s'agit du premier journal québécois à publier des bandes dessinées muettes.

À cette époque, le Québec s'embrasa au sujet du Bill David. Ce projet de loi, proposé par un député juif, visait à créer des écoles juives. Ceux-ci devaient fréquenter les écoles protestantes anglaises de Montréal, l'éducation étant alors gérée par les Catholiques et les Protestants. La levée de boucliers fut généralisée. Monseigneur Georges Gauthier archevêque-coadjuteur de Montréal se lança dans la mêlée pour dénoncer cet affront aux droits des Chrétiens, qui financeraient avec leurs taxes ces écoles, et fit appel à Arcand, connu pour sa foi et son nationalisme. Ce dernier accepte de faire campagne avec ses journaux contre le Bill David et commence à s'intéresser à la question juive en général. Le ton dans ses journaux change, non seulement il s'attaque désormais aux écoles juives, dossier sur lequel le gouvernement finira par reculer, mais il dénonce également l'influence juive et franc-maçonne, fait campagne pour le boycott des commerces juifs et contre le travail le dimanche.

Il sait que les journaux ont un impact limité, aussi décide-t-il de lancer l'Ordre patriotique des Goglus, une organisation « qui sera la plus forte, la plus nombreuse, la plus vivante et la plus puissante organisation patriotique canadienne ». Les assemblées rencontrent un succès indéniable, l'organisation qui se veut une « anti-franc-maçonnerie » prend son envol.

Cet activisme et les positions d'Arcand ne plaisent évidemment pas à tous et les procès s'accumulent contre le duo Arcand-Ménard. Des vandales, probablement payés par des ennemis puissants du tandem, incendient à deux reprises l'imprimerie dont Ménard avait hérité de son père. La seconde fois, à la veille des élections provinciales de 1931, les incendiaires avaient pris le temps de briser les appareils de linotypes et de renverser les contenants d'encre avant de faire brûler le local, rendant tout sauvetage du matériel impossible.

Malgré tout, les deux hommes ne se laissent pas abattre et continuent leurs publications qui rappellent à plusieurs égards la *Libre Parole* d'Édouard Drumont. D'ailleurs, si les attaques sont vicieuses, les nouvelles à l'international sont encourageantes, il y a Mussolini et Hitler qui connaissent des succès notoires. Pour Arcand, ce ne sont pas nécessairement des modèles à imiter, mais bien des alliés dans la lutte globale contre « le péril juif ». Il reçoit également des encouragements d'Henry Coston et de Mgr Ernest Jouin de Paris, directeur de la Ligue Franc-Catholique et de la *Revue internationale des sociétés secrètes* qui dira que « la dynamique et courageuse campagne du Canadien Adrien Arcand contre les forces du mal pourrait servir d'exemple à nos groupes similaires de France ».

Malheureusement, l'imprimerie est de nouveau attaquée et les annonceurs se font de plus en plus rares. Le lectorat semble au rendez-vous, bien qu'aucun chiffre ne puisse en donner une idée, mais la perte de l'équipement et le manque de revenus causé par la baisse des publicités force le tandem à mettre fin à leurs journaux à l'hiver 1933.

Le repos n'est évidemment que temporaire et deux mois plus tard, le tandem relance un nouvel hebdomadaire, *Le Patriote* dont le symbole est une croix gammée surplombée par une croix chrétienne pour éviter de choquer ceux qui croiraient en une divinisation de la race, la svastika étant ainsi dominée par le symbole chrétien.

Le 22 février 1934, Arcand tourne définitivement la page de l'Ordre des Goglus et décide de prendre exemple sur les mouvements fascistes qui gagnent du terrain en Europe. Il fonde en grande pompe le Parti national social chrétien (PNSC) devant 1 500 personnes réunies pour l'écouter parler. En cette soirée de fondation, il parle peu des Juifs, discutant davantage du bolchevisme, mais aussi du besoin de réformer le Canada et cela grâce à son parti qui est national de caractère, chrétien d'esprit et social, car il s'intéresse au bien-être de tous.

Arcand impose un uniforme à ses troupes : la chemise bleue, couleur symbolisant les travailleurs, ornée de deux croix gammées. On arbore également un brassard avec une croix gammée rouge. La devise de ce mouvement, mais qui guidera aussi la vie d'Arcand, est simplement *Serviam*, qu'il oppose au *Non Serviam* de Lucifer.

Pour celui que l'on surnomme désormais Le Chef, la croix gammée n'est pas un symbole exclusivement allemand et c'est d'ailleurs parce qu'elle devient trop associée au régime hitlérien qu'il l'abandonnera en 1938, dénonçant alors ceux qui tentent de monopoliser ce symbole à des fins nationales. Comme les Juifs qui se « rangent tous unanimement sous la bannière de l'Étoile de Sion », la croix gammée est « un emblème commun » pour la race blanche. « C'est un étendard générique qui rassemble sous son ombre tous les membres de la race indo-aryenne, à laquelle les blancs appartiennent. »

En juin 1935 le PNSC se dote de son propre organe de presse, *Le Fasciste Canadien*. Le parti s'organise, les discours et assemblées se multiplient. Léo Brunet, un ancien de la police fédérale dirige la Garde de fer, la garde rapprochée du Chef dont les membres arborent des chemises noires, et le major Scott s'occupe des Légionnaires, qui font office de service d'ordre.

Yvonne, ou la Bourgeoise comme la surnomme affectueusement son mari, est impliquée dans le parti. Non seulement elle l'accompagne et l'aide lors de ses apparitions publiques, notamment en préparant et décorant les salles, mais elle chapeaute également les sections féminines et donne même à l'occasion des discours fort appréciés des auditeurs. L'orateur par excellence, celui qui envoûte les auditeurs et les séduit tant par sa verve que par son charisme, c'est par contre le Chef, dont même les ennemis soulignent ses talents de discoureur.

En février 1936, il entre comme journaliste et administrateur à *L'Illustration nouvelle*, le compétiteur de *La Presse*, ce qui lui amène une sécurité financière. Il cesse quelques mois plus tard *Le Patriote* et publie une brochure qui le rendra célèbre à travers le monde, *La Clé du Mystère*, un pamphlet rassemblant diverses citations juives illustrant un complot mondial.

Grâce à cette brochure, sa renommée s'étend au-delà de la Francophonie et le 30 octobre 1937 il est invité par le German Bund à donner un discours à l'Hippodrome de New York dont le titre est sans équivoque : *A Jewish Criminal Plan*. Dans ce discours-fleuve, prononcé dans la langue de Shakespeare qu'il maîtrise parfaitement, il dénonce d'une part le complot juif, mais aussi les amalgames le liant à Hitler ; malgré les rumeurs lancées par ses ennemis, il n'est pas lié au Troisième Reich d'une façon ou d'une autre.

Le reste du monde commence à s'intéresser à Arcand et lui-même porte un intérêt sur ce qui se passe ailleurs. Il se réjouit des succès de Franco mais aussi du Parti fasciste hongrois de Csillery, du Parti national socialiste chrétien d'Afrique du Sud mené par Weichardt, de Degrelle, de Codreanu et évidemment de Mosley. Au Canada, il s'intéresse au Canadian Nationalist Party de Jos Farr à Toronto et le parti du même nom mené par William Whittaker à Winnipeg. Les liens se resserrent d'ailleurs entre ces organisations. Arcand encourage les Canadiens anglophones du Québec à se joindre à ces organisations et en retour celles-ci encouragent les Canadiens français à se joindre au PNSC, un parti uniquement francophone.

En 1938, cette amitié se consolide par la fusion des trois partis sous le nom de Parti de l'unité nationale du Canada (PUNC).

Arcand est nommé chef de ce parti pancanadien qui compte désormais des membres dans toutes les provinces. On adopte également le Flambeau qui vient remplacer officiellement la croix gammée. *Le Fasciste Canadien* devient *Le Combat National*, mais les changements sont minimes, on peut d'ailleurs dire que c'est le groupe d'Arcand qui a absorbé les groupes anglophones.

Impossible de nier que cette année-là, le Chef et son parti ont le vent dans les voiles ; les assemblées devant des centaines, voire des milliers de personnes, s'enchaînent, de nouveaux membres de partout se joignent aux forces fascistes. Même Louis-Ferdinand Céline s'intéresse au phénomène et voyage à Montréal où il participe à une réunion des chemises bleues, une présence immortalisée par un photographe du parti. Arcand jouit également de l'appui de plusieurs notables et même d'élus. Ottawa est désormais dans la mire des Fascistes. Les médias du monde tels *Life, Macleans, The New York Times, The Boston Globe*, et *The Nation* se penchent sur le succès de ce groupe nord-américain et pour plusieurs commentateurs, Montréal est devenue la capitale du fascisme en Amérique du Nord.

Malheureusement, l'année se termine avec le spectre de la guerre ; pour le public le fascisme et les régimes s'en réclamant sont devenus des ennemis qu'il faudra finalement combattre. Arcand ne se leurre pas et sait que la guerre est inévitable, mais contrairement à ce que croient les va-t-en-guerre, elle n'apportera que désolation et la fin des empires européens.

Les assemblées se poursuivent tout de même jusqu'au 2 septembre 1939, veille de la déclaration de guerre par l'Angleterre, lorsque le Chef suspend toutes les activités publiques du parti qui tombe en dormance. Quelques mois plus tard, il démissionne de son poste à *L'Illustration nouvelle*, il sent que sa position est des plus précaires, surtout que dès le début de la guerre, l'extrême gauche et les organisations juives comme le Congrès juif canadien et le B'nai B'rith s'étaient déchaînées contre Arcand et les nationalistes canadiens dont elles réclamaient l'emprisonnement.

C'est le 30 mai 1940 qu'Arcand sera finalement arrêté, quelques jours après Oswald Mosley en Angleterre et au lendemain des arrestations du major Scott, d'Henri Arcand, son frère, de Marius Gatien, et autres membres influents du parti.

Il est d'abord accusé d'avoir nui à l'effort de guerre, mais les accusations seront rapidement mises de côté puisque le PUNC a entre-temps été déclaré illégal par décret et de ce fait l'incarcération ne requière pas de procès. Il est donc envoyé avec ses plus fidèles militants au camp de Petawawa, où il côtoie nombre de personnalités comme le maire Camillien Houde (incarcéré pour son opposition à la conscription) et le peintre Guido Nincheri qui avait peint une fresque en hommage aux accords de Latran dans l'église italienne Notre-Dame-de-la-Défense à Montréal. Ce dernier enseigne au Chef comment peindre. Arcand, homme d'action, ne perd pas son temps à se morfondre ; il sculpte, peint, joue du violon, lit, entretient une correspondance volumineuse, s'adonne aux sports et prie. À la fermeture du camp, les internés seront redirigés au camp de Fredericton au Nouveau-Brunswick.

C'est dans ce camp que le major Scott, fidèle bras droit du Chef, meurt d'une crise cardiaque le 1er mars 1944. Arcand tiendra toujours les autorités comme responsables de cette mort. Lui-même ne sortira des camps que trois mois après la fin des hostilités, le 3 juillet 1945.

Il ne sera jamais accusé, les plaintes déposées contre lui ayant été écartées au grand désarroi d'Arcand qui exigea un procès pour se laver des accusations portées à son endroit, procès qui ne lui sera jamais accordé. Pour l'historien Pierre Trépanier, « l'État n'a jamais osé l'envoyer à son procès parce qu'il en serait sorti blanchi. Arcand n'a pas de sang sur les mains. »

À son retour de camp, il retourne voir sa fidèle Yvonne qui l'attend à Lanoraie où la famille s'installe de façon permanente. Le réseau se remet lentement en place, seulement, les mouvements de masse comme dans l'avant-guerre sont désormais impensables, même le nom et les symboles fascistes sont abandonnés. Les militants et membres du parti sont invités à donner des conférences et distribuer des tracts et les publications du parti dans les régions où ils habitent. Durant la guerre et suite à l'incarcération, nombreux sont les membres qui ont fait défection, mais le noyau dur résiste.

Il reprend la plume, et contribue à *L'Œil* d'Alfred Ayotte (certains de ces articles seront d'ailleurs repris par Héritage-Québec sous le titre *Du communisme au mondialisme*) et à *L'Observateur* édité par la Fédération anticommuniste du Canada.

En 1949, il décide de faire ce qu'il n'a jamais fait à ce jour, soit se présenter aux élections. Seul candidat du PUNC, il se présente dans Richelieu-Verchères où il obtient 5 590 voix arrivant en deuxième position derrière le libéral Gérard Cournoyer qui récolte 12 795 voix. Quatre ans plus tard, il tente sa chance une deuxième et dernière fois. Il arrive second derrière le libéral Joseph Langlois avec 7 496 contre 10 709. Pour expliquer ce résultat relativement serré, il faut dire que l'Union nationale de Maurice Duplessis, au pouvoir à Québec, avait appuyé la candidature d'Arcand. Loin d'être ostracisé par la guerre et son internement, il continue d'entretenir des relations avec des hauts placés de l'Union nationale, et même les dirigeants de ce parti bien que Maurice Duplessis et Daniel Johnson restèrent toujours discrets sur cette relation. D'autres députés tant conservateurs fédéraux que de l'Union nationale invitent à l'occasion Arcand à prononcer des conférences dans leurs circonscriptions pour le bénéfice de leurs électeurs.

Cette même année, il relance un journal de combat, *L'Unité nationale*, dont la devise est « Dieu, patrie, famille, travail ». La publication sera tenue à bout de bras grâce à des donations durant cinq ans, mais les efforts et les dons ne suffiront pas à la garder à flot.

La verve et la passion qui caractérisaient les discours enflammés du Chef ont fait place à un ton plus calme, pédagogue en fait. Il ne souhaite plus soulever les masses, mais répandre ses idées de façon plus détachée. Il s'éloigne de la politique active pour se concentrer sur les idées et leur diffusion, particulièrement chez les jeunes comme Ernst Zündel et Raymond Barbeau qui représentent pour lui l'avenir de la nation. Il est temps de passer le flambeau à une nouvelle génération. Les conférences se donnent dans des salles paroissiales, des écoles ou des salles privées, le décorum de l'avant-guerre est bel et bien révolu.

La décennie des années 60 sera dure pour Arcand à tous les niveaux. En 1960, on doit l'opérer pour lui retirer une tumeur cancéreuse à l'estomac, ce qui minera sa santé et son ardeur durant les dernières années de sa vie. Son fils Jean-Louis sera emporté par un cancer en septembre 1966 à l'âge de 37 ans, ce qui représentera la pire épreuve de la vie du Chef.

Au niveau politique et religieux, la décennie est marquée par la Révolution tranquille et Vatican II, deux dérives qui incarnent l'antithèse de la pensée d'Arcand. Le combattant pour un Canada chrétien voit soudainement son pays éjecter le Catholicisme de la vie publique et son Église se saborder de l'intérieur. C'est la victoire du libéralisme tant à Québec qu'à Rome.

Malgré tout, la foi d'Adrien Arcand reste inébranlable. Sa santé va en diminuant, aussi en 1965 laisse-t-il Gérard Lanctôt, patriote catholique, prendre la relève de la section québécoise du PUNC, la seule réellement active. Il publie cette même année *À Bas la Haine !*, son seul véritable livre, et entame la publication d'un mensuel *Serviam*, dont les derniers numéros seront imprimés en 2001 après des années de parution sporadique.

La maladie gagne du terrain, et il doit même annuler une conférence en décembre 1966. Pourtant, il n'est en rien amer, et écrit dans une lettre à son ami Jean-Claude Bleau (14 janvier 1966) : « Je bénis la maladie, la retraite qui m'ont permis de penser, de réfléchir, de méditer... » À l'été 1967, sentant sa fin arriver, il passe les pouvoirs à Lanctôt et est hospitalisé. Le 1er août à 10 h 45, il s'éteint, le chapelet à la main, entouré de ses fidèles lieutenants. Le cancer a eu raison de lui ; il va rejoindre son fils Jean-Louis.

Ses funérailles, trois jours plus tard, seront mémorables pour le petit village de Lanoraie. Son corbillard est suivi de centaines de véhicules de fidèles et amis. L'église est pleine à craquer et un cortège marchant au pas cadencé et faisant le salut fasciste défile derrière une fanfare recrutée chez ses amis italiens jouant la marche funèbre de Chopin. Une simple plaque marque l'endroit où repose le Chef, qui fut pourtant une figure marquante tant de son époque que de l'histoire canadienne-française.

★ ★ ★

BIBLIOGRAPHIE

Publications d'Adrien ARCAND :

- *Chrétien ou Juif ?*, Montréal, Adj. Ménard, 1930.
- *Fascisme ou socialisme ?*, Montréal, Le Patriote, 1933.
- *Exposé des principes et du programme du Parti national social chrétien*, Montréal, Le Patriote, 1934.
- *Mon livre d'heures*, Montréal, Éditions Béluga, 2006.
- *La Clé du mystère*, Montréal, Ligue féminine anticommuniste de Montréal, 1937.
- *La République universelle*, Montréal, Service canadien de librairie, 1950.
- *L'Inévitabilité d'une reconstruction sociale*, Montréal, Service de librairie du Parti de l'unité nationale du Canada, 1982.
- *Le Communisme installé chez nous*, Montréal, La Vérité, 1966.
- *Du communisme au mondialisme : le monde à la croisée des chemins*, Saint-Lambert, Éditions Héritage-Québec, 1995.
- *Le Christianisme a-t-il fait faillite ? (Le malaise qui angoisse le monde actuel est-il voulu ?)*, Montréal, Service canadien de librairie, 1954.
- *À bas la haine !*, Montréal, La Vérité, 1965.
- *La Révolte du matérialisme*, Montréal, La Vérité, 1966.
- *Popeline*, Reconquista Press, 2018.

L'éditeur recommande par ailleurs :

- *Les Cahiers d'Histoire du nationalisme* consacrés à Adrien Arcand réalisés par Rémi TREMBLAY, Synthèse éditions, 2017.

ANNEXE I

Je vous salue, Marie.

Je vous salue, la belle entre les belles, la pure entre les pures.

Je vous salue, enfant immaculée qui vient de naître, la seule des enfants des hommes qui, depuis Ève, ait été épargnée du péché originel.

Je vous salue, gentille fillette élevée dans le Temple, sous l'aile protectrice de l'Esprit Divin, votre époux.

Je vous salue, jeune vierge de quatorze ans, tellement blanche et tellement pure que Dieu Lui-même devait s'unir à votre chair pour former le corps humain de Son Fils, le Rédempteur, le Sauveur, le Juge des hommes.

Je vous salue, fille parfaite du Père, en qui Il a mis de toute éternité Ses complaisances.

Je vous salue, épouse immaculée de l'Esprit Saint, Lequel procède de l'amour du Père pour le Fils et de l'amour du Fils pour le Père : donc de l'Amour-Dieu Lui-même.

Je vous salue, mère du Fils ; mère joyeuse de la Nativité, mère souffrante de la Passion, mère triomphante de la Résurrection, mère glorifiée de l'Assomption.

Je vous salue, fille-épouse-mère de Dieu. C'est le plus ineffable et le plus charmant mystère qui soit en vous, ô Marie. Aucune autre créature ne fut et ne sera jamais digne et capable de ce triple rôle de fille-épouse-mère d'un même être, et encore moins de Dieu : c'est contre la Loi. Il fallait donc l'intervention personnelle et immédiate de Dieu, auteur et maître de la Loi, pour vous combler de cette gloire unique. Et il fallait que Dieu Lui-même fût l'objet de votre filiation, de votre union et de votre maternité pour que ce fût possible. L'*Ave Maria* devrait être repris et complété afin qu'on vous chante, vous bénisse et vous glorifie dans le triple mystère dont vous êtes le sujet, ô Marie, et qu'on chante ainsi la deuxième strophe du doux *Ave Maria* :

Sainte Marie, Fille parfaite du Père, Épouse du Saint-Esprit, Mère du Fils, priez pour nous, pécheurs, maintenant et à l'heure de notre mort.

Je vous salue, Marie, apothéose et glorification de la création rachetée.

Je vous salue, Marie, revanche de l'humanité déchue, car c'est à cause de vous que le Sauveur a pu nous être donné. Si, lorsque l'archange Gabriel fut envoyé par Dieu pour chercher votre réponse, vous aviez refusé de servir, comme le fit Ève notre mère commune, combien de siècles encore aurait-il fallu attendre le Promis si désiré ? Comme Lucifer dans les premiers temps, Ève céda à la tentation de devenir comme Lui, d'être au-dessus de la création, de n'avoir plus à Le servir, afin de se faire servir elle-même. Vous, ô Marie, n'avez pas hésité un seul instant à vous proclamer la servante du Seigneur, à vous soumettre à sa volonté.

Je vous salue, Marie, plus grande qu'Ève dans sa splendeur première, car vous ne deviez pas tomber ; vous deviez vous-même devenir le tabernacle vivant du Rédempteur ; Son premier temple ; Son premier calice ; Son premier ciboire.

Je vous salue, Marie, qui avez fourni au Sauveur des hommes la substance de Son sang, de Ses os, de Sa chair, de Son être physique tout entier ; et Qui, ressuscité et toujours vivant, est au ciel avec ce corps divinisé.

Je vous salue, Marie, dont il me semble que je communie lorsque je communie au corps de Dieu votre fils ; car le sang et la chair dont Il nourrit ceux qui ont faim et soif de vie, n'est-ce pas le sang et la chair qu'Il a tirés de vous, ô Mère compatissante et magnanime ?

Je vous salue, Marie, qui, par anticipation de votre soumission et votre consentement de servir, avez été soustraite aux flétrissures du péché originel, et avez été ainsi élevée au-dessus de toute humanité, de toute race et nationalité. Ne portant pas ce misérable fardeau qui nous afflige tous, vos pauvres enfants, vous n'avez en vous aucun atavisme de sang ou de race, aucune particularité de famille ou de nation. Vous ne fûtes d'aucune race, pas plus de la juive que d'aucune autre, parce que votre sang n'était pas du sang juif, mais du sang de toute perfection, du sang de la quintessence humaine comme l'était celui de la première Ève, qui n'était d'aucune race ou nation, mais dont sont toutes les races et nations. Il fallait qu'il en fût ainsi pour que le Sauveur fût, comme être humain, la perfection des hommes.[1] Et parce qu'il en était ainsi de vous, ô Marie, aucun être humain n'était d'essence assez pure et parfaite pour être uni à vous. Personne n'était digne de la Fille parfaite du Père, sauf Dieu Lui-même. Aucune autre que vous n'était digne d'être Mère de Dieu. Et il ne se pouvait pas que la Mère de Dieu eût connu d'autre époux que Dieu.

Je vous salue, Marie, infaillible et immortelle enfant de la race humaine. Car, ô Marie, après votre réponse qui devait sceller le sort du genre humain : « Je suis la servante du Seigneur », vous ne pouviez plus faillir ni tomber dans l'imperfection : Dieu était en vous, comme Père, comme Époux, comme Fils.

Immortelle, ô Marie, car, ne portant pas la faute originelle, vous n'avez pas porté la sentence « Tu mourras de mort ». Non, cette sentence ne pouvait pas frapper la Fille parfaite, l'Épouse, la Mère de Dieu. Vous n'êtes pas morte, car vous n'avez pas eu besoin de résurrection pour monter au ciel avec votre corps triomphant. Votre

---

[1] Le chanoine Panneton recommandait de supprimer ces deux dernières phrases, estimant erronée la théorie voulant que la Très Sainte Vierge ne fût point de race juive et reprochant à Adrien Arcand d'oublier que « Dieu [était] assez puissant pour purifier par sa grâce même un sang plus ou moins contaminé par les faiblesses de certains ancêtres du Christ ».

assomption, dans une apothéose béatifique de tous les glorifiés, fut l'entrée vivante au ciel d'un corps que la terre déchue ne pouvait prendre. Le Fils devait réserver à Sa Mère bien-aimée la même entrée triomphante qu'il fit Lui-même dans son royaume.

Je vous salue, Marie, la seule de toutes les créatures humaines qui n'avez pas eu besoin du baptême ni du pardon.

Je vous salue, Marie, qui glorifiez la race humaine dans le ciel. Grâce à vous, au-dessus des purs esprits, la race humaine tient dans la création, dans le ciel, la première place après Dieu. Lucifer fut autrefois le premier après Dieu ; en le conquérant, en lui écrasant la tête vous vous êtes rendue digne de sa place, et ainsi l'humanité est glorifiée par vous, élevée au-dessus de toute autre créature. En votre personne, la création humaine est reine du ciel et de toute autre création ; parce que, grâce à vous, règne au ciel un Dieu-Juge inséparablement uni à un corps humain.

Je vous salue, Marie, devant qui tous les élus, purs esprits, prophètes, pontifes, martyrs, docteurs, apôtres, vierges, enfants sans tache, âmes régénérées, s'inclinent avec respect et amour comme devant leur reine, leur mère et leur sœur.

Je vous salue, Marie, seul trait d'union qui relie l'essence humaine créée à l'essence divine créatrice.

Je vous salue, Marie, qui êtes au ciel avec un corps humain comme le nôtre, comme votre divin Fils. C'est une attestation de votre élévation que, seule avec l'Homme-Dieu, vous avez le privilège de régner dans Son royaume avec un corps humain. Et là, vous avez des attitudes humaines comme Lui, dont vous être la fille, la mère et l'épouse, parce que vous avez voulu être Sa servante. Et là, vous avez, comme Lui, des oreilles humaines qui peuvent entendre notre voix humaine ; vous avez des yeux humains qui peuvent voir nos supplications, nos bras tendus vers vous, ô bonne Mère.

Je vous salue, Marie, mère de Dieu mais aussi Mère de l'humanité depuis que Jésus, du haut de sa croix, vous a donnée comme Mère aux hommes. Ô Marie, sœur de tous les êtres humains par la descendance d'Ève, ma sœur ; Mère humaine commune, ma Mère, vous par qui Dieu, Jésus, est notre frère en humanité, je vous bénis !

Je vous salue, Marie, don de Dieu à l'humanité affligée. Car si Dieu nous a donné Sa vie, Sa grâce, Sa chair et Son sang, Il nous a aussi donné Sa mère, à l'heure de Son agonie.

Je vous salue, Marie, médiatrice parfaite entre Dieu et les hommes. Si Dieu ne peut rien refuser à Sa fille-épouse-mère, quelle certitude nous avons d'obtenir ce que nous demandons de Lui, dans le cadre de Sa volonté, quand c'est vous qui le demandez pour nous !

Je vous salue, Marie, à qui, comme Jésus Lui-même, je puis dire « Ma mère ». C'est, ô Marie, le plus sublime privilège de l'humanité de pouvoir, comme le Dieu Éternel, vous appeler sa mère. C'est par ce côté que, sur la terre et dans le ciel, la créature peut le plus étroitement se rapprocher de Son créateur.

Je vous salue, Marie, objet des plus profonds mystères, source des plus grandes espérances, soutien de la plus robuste foi, prétexte du plus ardent amour, intermédiaire de tous les bienfaits divins.

Priez pour nous, misérables pécheurs, maintenant et à l'heure de notre mort. Ainsi soit-il.

Adrien Arcand
Mon livre d'heures

ANNEXE II

Belle, généreuse et admirable jeunesse de notre Canada d'aujourd'hui, toi qui es notre succession, notre espoir, notre dernière joie de vivre pendant que tes aînés déclinent et s'en vont, ne te laisse pas entraîner dans les complots de l'Ennemi implacable qui veut détruire ton héritage ; sache discerner les pièges qu'on veut te tendre, les poisons dont ton pire ennemi de tous les temps veut t'inoculer.

Réponds au cœur toujours vibrant de ta race, à l'appel de tes ancêtres qui t'ont faite ce que tu es !

Ramène la joie et l'allégresse dans le cœur angoissé de tes parents !

Reviens à ta Foi, sans discuter les mystères impénétrables qui ne tombent pas sous l'aberration de la petite raison humaine !

Belle jeunesse de notre pays, toi si pure et si généreuse et si enthousiaste, tâche de comprendre, non dans ton esprit mais dans ton cœur, non dans ton instruction mais dans ton baptême, que tu es affligée et torturée dans le plus grand combat de toute l'histoire humaine ; que tu as à faire un choix décisif et final dans cette bataille prédite depuis si longtemps : le choix entre le Christ ton Sauveur et l'Antéchrist ton destructeur, entre la Civilisation et la barbarie, entre la Liberté et l'esclavage !

Si toute ma vie de travaux, de sacrifices, de déboires et de tribulations n'aura réussi à ne te faire comprendre que cela, eh ! bien, je n'aurai pas vécu en vain.

Adrien Arcand
Causerie donnée au Sambo
à Montréal, le 2 octobre 1966.

TABLE DES MATIÈRES

Avril 2017 (1re édition) / Janvier 2020 (2e édition)
Reconquista Press
www.reconquistapress.com